TIPS FOR A
SOARING CAREER

职场无忧

你也可以成功

莘 强　黄云飞◎著

中国文史出版社

图书在版编目（ＣＩＰ）数据

职场无忧：你也可以成功 / 莘强, 黄云飞著. --

北京 ：中国文史出版社, 2023.3

ISBN 978-7-5205-4039-1

Ⅰ．①职⋯ Ⅱ．①莘⋯ ②黄⋯ Ⅲ．①大学生－职业

选择 Ⅳ．①G647.38

中国国家版本馆 CIP 数据核字(2023)第 052196 号

责任编辑：戴小璇

出版发行：中国文史出版社
社　　址：北京市海淀区西八里庄路 69 号院　邮编：100142
电　　话：010-81136606　81136602　81136603(发行部)
传　　真：010-81136655
印　　装：廊坊市海涛印刷有限公司
经　　销：全国新华书店
开　　本：1/16
印　　张：20.75　字数：282 千字
版　　次：2023 年 4 月北京第 1 版
印　　次：2023 年 4 月第 1 次印刷
定　　价：59.00 元

随着"后疫情"时代来临，整体经济增速放缓，产业结构不断发生变化，社会就业问题引起越来越多的关注。

特别是持续 20 年的高校扩招后，我国高等教育已进入普及化阶段，每年上千万大学生毕业，面临较大的就业压力。学生们的职业发展路径受到突发疫情、政策变化等因素的影响变得模糊和不确定，如何在职业发展的第一站做出明智的职业选择，亟待科学的职业规划指导。

一方面，如今毕业的大学生已经是 00 后，他们大多数是独生子女，成长在衣食无忧的家庭环境中，也是第一批互联网原住民，他们的就业观念更加注重精神的满足和自我实现，更愿意为"兴趣"、为"梦想"工作，而不是为"工作"而工作。

另一方面，大学生虽然已成年，但缺乏社会经验，家长的知识结构某种程度上也决定了大学生的职业发展路径走向，可以说父母是孩子的第一位"职业规划师"。然而 00 后的父母们的认知还停留在 70 年代，在就业这一关乎人生转折的节点上，许多父母还在利用多年积累的人脉和资源托关系帮助子女安排工作。但是父母所安排的工作是否符合孩子的职业性格，孩子工作是否幸福、开心，并未在家长的思量范围之内。

如何应对时代背景下对家庭知识结构的新要求，如何应对家庭对00后个体职业发展的影响，如何更好地在家庭教育的层面给予年轻家庭成员更有效的帮助，实现更高效的沟通，为满足这一需求，好友莘强应时提出了"家庭职业发展教育"的理念，以"职场无忧"的课程和服务满足家庭教育面临的新问题，打通职业发展教育新路径。

而本书则是"职场无忧"课程的精华提炼，不仅全面介绍了职业发展的影响因素和科学方法，还以相当篇幅突出了家庭文化观对学生职业规划的重要影响，将职业规划与家庭教育进行了有机结合，以实用的建议和方法，帮助家长在日常生活中充分利用家风和家教影响家庭成员的职业发展，帮助00后家庭成员了解和匹配职业性格，从而发挥自身最大的价值，走好职业发展第一步。在后疫情时代，依然可以职场无忧。

（彭剑锋　中国人民大学教授、博导，华夏基石管理咨询集团董事长）

《职场无忧——你也可以成功》是一本主要针对高中和大学生职业规划的书籍，对于刚步入社会的职场新人也有一定指导和参考性。

本书最鲜明的特色在于，不仅全面介绍了职业发展的影响因素和科学方法，还以相当篇幅突出了家庭文化观对学生职业规划的重要影响，首次提出了"家庭职业发展教育"的理念，将职业规划与家庭教育进行了有机结合，以实用的建议和方法，帮助家长在日常生活中充分利用家风和家教影响家庭成员的职业发展，特别是家庭中的准成年人、职场新人，从家庭出发，走好职业发展第一步。

本书在结构上分为家庭文化认知、职业发展认知、家庭沟通技巧三个篇章。

首先是家庭文化认知篇。因为在家庭职业发展教育中，最为重要的一点就是家庭对职业发展的影响。其实职业探索和认知的过程在我们很小的时候就已经开始了，也就是从家庭成员从事的职业开始，模仿、认知，甚至演绎。特别是对职业生活的认知，不是来源于对家庭成员的职业，就是来源于老师。家风和家教在很大程度上决定了未成年家庭成员对职业认知的高度和深度。

然而，中国的家庭职业发展教育现状却并不乐观。

首先，原本的大家庭结构已经逐渐分化为相对独立的小家庭，而基于传统家庭文化的家风和家教，没有很好地被小家庭继承和发展，逐渐形成了家庭职业发展教育的空洞，家长更加关心学习成绩、考取的高校，很少关注家风建设。

其次，家长的知识结构和子女的知识结构出现了很大的差别，交集变少，很难沟通。特别是关于职业发展的问题，家长很难有相关专业知识的积累，同时过往的经验可能与现实的职业发展状况有差异，逐渐形成了知识空洞，这是许多家庭都面临的问题。

最后，沟通技巧匮乏的问题也普遍存在，家长和孩子的无效沟通是常态。

针对以上现状，我们在"家庭文化认知篇"中，从言传身教的力量出发，着重阐述了家风、家教对职业发展的影响。

比如钱氏家族人才辈出的原因之一就是：重视教育，在后世分支旁系的发展中也将受教育作为家风进行传承。钱学森、钱伟长、钱三强、钱穆、钱钟书、钱七虎等众多文坛硕儒、科技巨擘、国学大师，都出自这个"千年名门望族、两浙第一世家"。

钱氏家训推崇正向的家国观，也造就了后世子孙国家利益至上的思想，成为国家建设的重要力量。

通过对钱氏家族的历史和钱氏家风、家教的了解，我们会了解到为什么钱氏家族世代人才辈出，钱氏家族用什么方式培养后代子孙，从中得到启发和借鉴。

本篇通过对具体案例的剖析，让家长更加直观地了解中国特色的家庭核心价值观形成的过程，并通过对比的方式，帮助大家厘清家庭职业发展教育的核心，科学、理智、有效、兼容并包地看待西方家庭文化教育方式，去伪存真，为家庭所用。构建符合"我家"特点的，可传承、复制和发展的家风、家教。让家庭成员，特别是成年子女、准成年子女能够在优秀的家风和家教指引下，更好地完善自身的职业发展路径，成就更美好的未来。

我们还提供相应的方法论帮助家长基于家风和家教的内容与子女新型职业发展为内容的互动，形成积极正向的影响。

在家庭知识结构方面，我们认为从家庭教育的目标来看，通用能力的培养、挖掘才是最重要的。应该利用家庭的优势给未成年家庭成员提供尽可能广博的通用知识，而不是强调基于素质教育的应试，比如，让家人学会欣赏音乐，而不是钢琴考级；让家人看懂写意山水，而不是美术考级；让家人对各国文化有了解，而不是英语学习。这才是家庭教育应有的角度。

以英家为例，在《人物周刊》的采访中，英达说起英若诚曾经给他讲过的一个道理：一个人想成功是非常非常困难的，有如你面前有一面墙让你徒手爬上去，墙上要没有几个附着点，像攀岩似的，根本不可能上去。但是像他这样的人，由于有了外语，有了西方文化的另一面墙，就可以在中西两面墙之间借力，蹭蹭蹭这么着就爬上去了。所以，英家的家庭教育，不是对外语这项专业技能的学习，而是借助外语了解西方文化，在中西方文化的对比上，上了一个层级，开阔了眼界。

职业规划知识也是现代家庭需要掌握的知识体系，特别是面对高考、大学专业选择、大学毕业后的职业选择等重要阶段，都有着决定性的作用，且家庭对职业发展的影响是真实存在的，因此家庭职业发展教育是家庭教育中不可或缺的组成部分。

所以，接下来的"职业发展认知篇"是职业规划的方法论部分。

本篇首先从个性特征、职业兴趣、职业能力、职业价值观这四个维度让读者了解职业规划的核心要素。同时也结合高中生、大学生家长的实际需求，增加了很多实用性的内容，比如专业与职业的选择、职业定位的策略、典型职业发展的案例、职业测评的应用建议与误区解析，为家长和学生匹配职业性格，选择职业生活提供了专业方法。

本篇首先强调的是，在正式踏入职场之前，分辨个性特征是职业发展道路的起点。

无论对于报考大学选择专业，还是大学毕业选择职业，都要正确认识自己的个性特征。我们以心理学家荣格的心理类型理论为基础，提炼了个性特征的八种"原型"，通过这些原型，可以在对比中，更清晰自己偏好的职业性格。

越了解自己，对个人的发展，就越有方向感，越有定力，不会轻易受到外界干扰信息的影响。对于职业定位来说，每种原型的职业性格和工作中的通用能力是有一定对应关系的，对于选择工作、提升职业满意度，都是非常重要的工具。

在互联网＋时代下，除了做到了解个性特征，还要了解新兴的专业和职业，以及不同职业的发展路径。也就是既要"知己"，还要"知彼"。本书对新工科专业以及互联网时代产生的新兴职业也进行了梳理和分析。帮助读者识别哪些专业和职业未来更有发展，哪些职业更适合作为副业。

"知己知彼"之后，接下来就要解决职业定位的问题，本书通过引入经典的霍兰德职业兴趣理论，结合实际职业人物案例，帮助读者区分爱好和兴趣，了解如何根据职业兴趣选择适合自己的职业。

对于大学生和职场新人来说，职业定位还有一个常见的误区，就是"职场艺术照"，自己以为的职业和真实的职业内容差距很大。比如产品经理和项目经理，虽然职位带着"经理"二字，其实并不是管理岗位。本篇通过真实职业人物发展案例，帮助读者了解常见职位的真实工作内容，还介绍了了解真实职业内容的职业访谈方法。

清晰了自己的职业定位，接下来就要了解进入自己期望的职业，需要具备哪些能力和优势。职场人必备的能力分为两种：专业能力和通用能力。本篇对于专业能力和通用能力分别有哪些，如何在家庭、学校和工作中进行针对性的培养进行了具体的介绍。本篇还通过"新木桶理论"阐述了找准自身的长板，发挥自身优势的重要性。

关于职业价值观的部分，我们认为家长和学生职业价值观的冲突，往往会对大学生的职业选择造成压力，而如果家长和学生开诚布公地对职业价值观进行彼此尊重的交流，吸取对方的合理因素，最终把双方的价值观方向统一，才能形成合力。这样大学生在进入职场后，会拥有清晰、坚定的价值观，更有力量在职业世界中试错迭代，打怪升级，还有家长作为强大的后方保障。

我们认为，清晰、坚定的价值观也是形成自己为人处事的原则的必要过程。当一个人树立了自己的原则，并内化为自己的思维定式，就更有清晰的人生方向、安全感、智慧和行动的力量。而没有清晰价值观的人，则在时代的变动中，容易患得患失，智慧难以生发，人生没有方向，多有惴惴不安的焦虑，缺少坚定行动的力量和反脆弱的韧性。

可见，越是变动的时代环境，一个人拥有强有力的清晰价值观和原则就越重要。

在关于如何看待薪酬福利的部分，本书认为应该正确地看待眼前的利益和长远的目标，更多地考虑这个工作能否给自己带来长远收益，从而在满足"现实利益"的前提下，给自己寻找更多的机会，去实现自己的未来收益。

"职业发展认知篇"作为职业规划的方法论，无论是学生、家长还是职场新人，都会从中获得启发和收获。

最后，"家庭沟通技巧篇"是关于沟通技巧的知识体系。

沟通能力是典型的通用能力，特别是在准成年人家庭面对职业生活选择的问题上，沟通技巧的作用就更加突出，所以本篇介绍了关于家庭沟通技巧的内容，为家长提供了有效倾听与提问的技术。

针对家长与学生对职业规划常见的沟通场景，帮助家长找到家庭沟通的问题和解决方案，通过讲故事达成共识的技巧，以及沟通态度与情绪管理的实用方法，让家庭成员之间的沟通更加顺畅无障碍。

总之，《职场无忧——你也可以成功》是一本为家长、大学生和职场新人提供职业发展指导的实用性书籍。通过阅读本书，可以学到如何为家庭成员的职业规划提供行之有效的支持和帮助，帮助家庭成员在职业发展的第一站做出明智的职业选择。

目 录
contents

┃ 第一篇　家庭文化认知篇 ┃

第二篇　职业发展认知篇

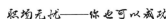

第三篇　家庭沟通技巧篇

第 一 篇

家庭文化认知篇

第一章
家庭价值观的认知与探索

第一节　家庭成员价值观的形成及探索
——教你认识真正的家风、家教

刚刚过去的暑假，让无数的熊孩子、熊家长登上了热搜，火车上、飞机上、电影院里……甚嚣尘上的各色家庭教育失败案例粉墨登场、层出不穷。感叹熊孩子的同时，更多地感叹熊家长的家庭教育。于是原生家庭这个词语出现的频率越来越高，原生家庭从一个社会学概念变成了一个谈及家庭教育的必备词汇。仿佛只要谈及家庭教育，言不称"原生家庭"如何如何，我们便无从开口、无从下手，缺少了剖析家庭教育的利刃，变得哑口无言。

本节内容就从解构"原生家庭"这个概念开始，和大家走出原生家庭的概念误区，谈谈真正的家庭文化核心——家风和家教。

原生家庭的概念来源于西方近代婚姻家庭治疗理论。

在弗里曼（David S.Freeman）于 1992 年出版的《婚姻家庭治疗：原生家庭法》一书中，明确地提出了原生家庭与新生家庭的概念，指出了二者之间的相互影响。婚姻家庭治疗理论不是鼓励你将不幸归咎于原生家庭，而是鼓励你去正视家庭遗留下来的问题，旨在帮助和恢复家庭中的亲密关系。因此，原生家庭，是一个充满解构与割裂的概念：指儿女还未成婚，仍与父母生活在一起的家庭；新生家庭就是夫妻双方组成的家庭，这样的家庭不包括夫妻双方的父母。由此我们可以看出：原生家庭的概念就是典型的舶来品。它是基于西方文明视角去看待和分析家庭关系的，即上帝面前人人自由平等，认为原生家庭和新生家庭之间不应存在依附关系，应该各自独立。

这种概念和理论的渗透，就是西方国家通过文化渗透形式对我们意识形态的影响，在这样的背景下，追求男女平等却要男性承担主要责任，以女权为借口追求女性收益最大化的单边利己的田园女权主义大行其道，与实现男女平权的目标背道而驰。包括"绝对原生家庭论"等一系列针对破坏中国家庭文化核心价值观的理论逐渐盛行。

家庭，是构成社会的最基本单位，在任何时代背景下，抛弃文化传承谈家庭、谈家庭教育都是错位和扭曲的开始。作为世界上唯一一个没有文化断层，且文化传承有序的国家，虽然我们曾经经历了近代的落后，经历了因为落后而面对的残酷战争，但一直支撑着这个多灾多难的东方巨人屹立不倒、负重前行的动力就是中华文化。

文化的力量，从来不是坚船利炮，而是润物细无声的渗透。来自我们内心的"文化自信"，才是我们追求探索家庭文化，建立家庭教育体系的正途。

2022年1月，随着中国第一部关于家庭教育的立法《中华人民共和国家庭教育促进法》正式生效，家庭教育开始受到重视，特别是关于未成年人的家庭教育更是被越来越多的人所熟知。与此同时，关于成年人和准成年人的家庭教育，特别是更为重要的家庭职业发展教育将更加直接地影响家庭成员的职业发展方向，进而决定了家庭生活质量，甚至社会发展的进程。在经历了40年改革开放后，社会的经济发展已经让中国的大多数家庭摆脱了贫困状态，这也对新时代下的家庭发展提出了新的要求。

家庭、家教、家风三者有机统一、紧密关联。家庭和睦，社会才能和谐；家教良好，未来才有希望；家风纯正，社风才会充满正能量。深入贯彻落实习近平总书记关于家庭家教家风的重要论述，必须全面把握新时代家庭家教家风建设的目标任务，建设好家庭、涵养好家教、传承好家风。

那么家风和家教为什么会被国家放在如此重要的位置上，为什么国家会从国家立法和政策的层面如此倡导家庭、家教和家风的建设呢？家风和家教又将如何树立、传承，并影响一个个家庭的走向和发展呢？这就是我们要探讨的主要内容：家风、家教——家庭核心价值观的形成和探索。希望能够帮助家长对家风、家教形成最基本的了解，并在日常生活中充分利用家风和家教影响家庭成员的职业发展，帮助家庭成员，特别是家庭中的准成年人、职场新人从家庭出发，走好职业发展第一步。

首先，我们来分析一个在中国近现代人才辈出，有重大历史影响的家族——浙江钱氏。

繁衍于江南一带的钱氏家族，自唐末以来开枝散叶，人才辈出，载入史册的名家逾千人。近代以后更是出现人才井喷现象，钱学森、钱伟长、钱三强、钱穆、钱钟书、钱七虎等众多文坛硕儒、科技巨擘、国学大师，都出自这个"千年名门望族、两浙第一世家"。

钱氏家族可追溯的始祖是五代十国吴越国开创者——钱镠，他出身平民，家中世代以田渔为生。《旧五代史》中记载，年轻时的钱镠"喜任侠，以贩盐为盗"，但是，对于当时的时代环境而言，这是时势所趋，却亦是成就他的"优点"。唐朝末年，藩镇割据，混战不断，民不聊生。钱镠很快选择了投军，乃至875年时他已经是董昌手下的偏将。而随着董昌势力的扩张，钱镠也一步步成为镇海军节度使的不二人选，896年，钱镠在打败董昌后据有两浙之地。钱镠是一位有道之君，在主政吴越的四十余年里，兴修水利、疏浚河道，大大促进了吴越之地的经济发展。在成就大业后，钱镠更是为警醒后人，留下了《武肃王八训》《武肃王遗训》，这也成了《钱氏家训》的基础。据统计，宋朝至清朝，进士便有350人之多。

近现代史上，钱氏宗族的人才更是熠熠生辉。在科技领域：钱学森，火箭之王；钱三强，两弹一星元勋；钱伟长，中国近代力学之父。而在文学、教育等领域，钱穆、钱玄同、钱钟书等，也都是耳熟能详的大家。

钱氏家规由《武肃王八训》《武肃王遗训》和《钱氏家训》三部分组成。

《武肃王八训》是武肃王钱镠于乾化二年（912 年）正月亲自订立。

《武肃王遗训》为钱镠辞世前作 10 条遗训晓谕子孙。

《钱氏家训》，传为忠懿王钱弘俶总结钱镠《起居录》所作，经后人不断完善，成为一部饱含修身处世智慧的治家宝典，共 635 字。《钱氏家训》分个人、家庭、社会、国家四个篇章，修身、齐家、治国、平天下的思想根植深厚，是钱氏家族的珍贵历史遗产，也是钱氏家族人才辈出的原因。

家训中关于个人修身，讲的是："读经传则根柢深，看史鉴则议论伟。能文章则称述多，蓄道德则福报厚"，与《礼记·大学》中"正心、修身、齐家、治国、平天下"的理念一脉相承。

家训中关于家庭篇中提到：子孙虽愚，诗书须读。更是在家训中提及设立"义塾"兴办教育。可见，钱氏家族人才辈出的原因之一就是：重视教育，在后世分支旁系的发展中也将受教育作为家风进行传承。钱氏家训推崇正向的家国观，也造就了后世子孙国家利益至上的思想，成为国家建设的重要力量。

通过对钱氏家族的历史和钱氏家风、家教的了解，我们禁不住要问三个问题：

1. 为什么钱氏家族世代人才辈出？

2. 钱氏家族用什么方式培养后代子孙？

3. "我家"能不能也培养出优秀的孩子？

不难看出，基于中国文化的家庭教育与西方背景下的家庭教育有着本质的区别，前者在家庭教育上更多地体现了家族的文化传承，后者更多地体现了家庭和个体的独立发展。当然中西方家庭教育的发展方式没有对错之分，在不同的时代和文化背景下，单纯地以西方家庭教育方式来满足中国家庭教育的需求显然是行不通的。

那么在中国文化的背景下，找到属于我们每个家庭的核心价值观，也就是找到专属的家风和家教，并不断地完善、固化、发展，让这种价值观成为可以传承，对家庭成员的职业发展形成正向影响的家风和家教成为本节的主要内容。

接下来，我们将通过三大部分的讲解，带领大家探索家庭核心价值观，形成可传承、复制和发展的家风、家教，让家庭成员，特别是成年子女、准成年子女能够在优秀的家风和家教指引下，更好地完善自身的职业发展路径，成就更美好的未来。

第一个问题，什么是家庭核心价值观？

家庭核心价值观，就是在家庭范围内集中体现家庭性质，在思想观念体系中处于主导地位，决定着家庭制度、家庭规范的基本原则。家庭核心价值观，指引着家庭运行的基本方向，它是每个家庭成员在单位家庭成长和生活的实践过程中形成的较为稳定的基本价值观念。因此，家庭核心价值观的表象就是家风、家教。明确了家庭核心价值观的概念，了解家风和家教与家庭核心价值观的关系后，我们会发现家风和家教有其自身的五大特点，即榜样性、社会性、传承性、吸纳性和创新性。

其中，榜样性、社会性、传承性、吸纳性非常容易从字面进行理解，特别是榜样性和传承性，这是大家在理解家风和家教的时候最先理解的特性，而创造性的特点是我们应该着重关注的特性。由于中国文化的特性，我们对家庭文化的认知是随着时代的变化而变化的，新时代家风的创造性主要表现为"红色家风"的诞生和发展。比如：陈云的三不准家规：

不准随便进出他的办公室；

不准翻看、接触只供他阅读的文件、材料；

不准搭乘他使用的小汽车。

显然这样的家规是新时期独创的家规，是针对国家领导人身份和工作需求的角度考虑创造的家规。

了解家风、家教的概念，也了解了家风和家教的特征，相信大家已经对家风、家教有了相对直观和清晰的认知，那么如何探索属于自己的家庭核心价值观，如何确定具有家庭特色的家风和家教呢？在探索过程中常见的问题又是什么？我们是否能够找到答案，这就是我们要共同探讨的第二个问题：家庭核心价值观的探索方式。

从家庭核心价值观的探索步骤上说，分为三个基本步骤，即寻找、甄选和固化的过程。一个家庭，只要是作为个体建立和存在，就有其特定的家庭核心价值观，它潜移默化地推动家庭的发展，影响家庭和家庭成员做出各种选择，特别是关于职业发展的选择，确定家风和家教的过程，不是重新创造一套完美的家风和家教体系，而是寻找和发现的过程。当然，家庭核心价值观并没有优劣之分，我们要做的是寻找和总结，即在表象上提炼出家风和家教，并把它固化为家庭特有的理念。

特别是在中国特定的历史环境下，比如历史上著名的人口迁徙，导致了很多家族文化的传承出现了缺失和断档，同时也融入了当地的地方或者民族特色，这在家族的发展过程中也是非常常见的事情，那么在家风和家教探索的过程中，要学会使用一些有针对性的方式。比如一定范围内的家族访谈就是非常有效和直接的获取信息的方式，家庭和家族的历史可能就是通过口口相传的方式继承和传播的。同时也要注意对已经获取的信息进行加工和整理，将糟粕剔除，将精华整合，从家庭的荣誉感、凝聚力的角度进行整理、打造和扬弃，并通过家庭故事的方式进行固化。

比如美国小说《根》，作者讲述了自己的祖先作为黑奴，从小岛上的村落被人俘虏、贩卖，来到美洲大陆，被奴役，反抗，最终获得自由，家族得以延续的故事。准确地说，这就是一个口口相传的故事，作者的祖先一代代传承下去的文化信息就是：他是一名勇敢的战士，他叫昆塔·肯特……在这个过程中，昆塔的家庭在美洲大陆发展壮大，他们经历了暗无天日的农场生活，他们迎来了独立战争，他们获得了人身自由，他们相信，勇敢、正直、永不放弃就是他们家族的信念。这就是家风和家教的体现和传承。这样的家庭故事激励着作者走过了最难熬的时期，最终成就了作家梦想。

学会讲家庭故事，不但能讲好历史人物、名人的家庭故事，也能讲好自己的家庭故事。家庭故事的优势在于真实，它可能很粗糙，可能并不明媚，但真实的故事是最能引起家庭成员共鸣的。在未来的生活和工作中给人潜移默化的指引。我们耳熟能详的历史掌故中，就有很多关于家庭教育、家风、家教的故事，比如孟母三迁，我们可能都知道孟母三迁居，却不知道下句张公九世居的典故，大多数人都知道孔融让梨的典故，作为孔子后人，带着圣人背景光环的官二代，却恃才自傲，虽为建安七子，聪明绝顶，文采斐然，却不懂韬光养晦，锋芒毕露，落得被杀的结局。且孔融的儿女也继承了父亲"看破必说破，爱逞口舌之快"的特点，只感慨了一句"覆巢之下，安有完卵"，最终也成刀下亡魂。以孝闻名，因不孝结束一生的孔融，不得不说是家庭教育的悲剧。

可见，即便是耳熟能详的典故也有探究深挖的必要，这样的家庭故事，才是真正有价值、有意义、有指引作用的故事。

家风、家教的探索过程中，不同的家庭可能会遇到不同的问题，但比较常见的问题有三个，第一是知识缺乏的问题。以我们前面说的讲好家庭故事的层面说，需要家长具有一定的梳理家庭故事的能力，这种能力可以通过平时知识的积累和特定知识的获取实现，比如，阅读人物传记。

人物传记是具有鲜活素材的知识表现形式。甚至不同的作者、不同的视角可以看到不同的历史人物最真实的一面，比如美国的传记作者比较尊重事实，欧洲的传记作者比较重视考据，中国的传记作者可能情感更加丰富，而且不同的文化背景下，会形成对同一个历史人物不同的评价。

当然这样的知识积累，适合所有的家庭成员，特别是对准成年家庭成员和作为职场新人的家庭成员。

在完成自己家庭的家庭故事的时候，可能遇到的最大问题就是家庭历史的缺失，即没有口口相传的故事，也没有更多的访谈对象。在这种情况下，从家庭职业的历史出发，往往可以找到不错的线索和故事，比如，出身农民家庭、军人家庭、医生家庭、教师家庭，这都是相对有特色的家庭职业背景，从此出发，结合家庭成员的个人特征，往往可以找到比较有说服力的家庭故事。此外，还可以通过家庭遗留下来的有纪念意义的物品说起，从物品的来历也可以找到不错的故事，如果从具象的层面都很难找到家庭故事的缘起，就可以从地域、民族和姓氏的角度寻找有趣的素材进行家庭故事的整合。

以满族民间传说为例。由于民族习惯的原因，很多满族家庭很难从姓氏的角度追根溯源，但是作为马上得天下的民族，有其特色十足的民族传说故事。比如，从满族人喂乌鸦、不吃狗肉、不吃马肉的民族特点出发，就可以很轻易地找到努尔哈赤夜奔的故事，让我们了解满族骁勇善战、有情有义、尊重自然、热爱动物的特点。这个故事就可以作为家庭故事存在。

第三个问题是语言表达的困惑。即有好故事，却无法好好表达，或者根本不具备表达的能力。能够体现家风和家教的家庭故事，最重要的特点就是真实、落地，而不是优美的文字和生动的表达，只要是真情实感，只要是真人真事，在语言表达上的困惑并不是一个不能逾越的困难。

之前我们谈到了家庭核心价值观是没有好坏和优劣的，但是在时代背景下家风和家教能够体现不同的家国观念，就像我们前面分析的，面对国家利益、家庭利益和个人利益发生冲突的时候，包括我们面对家国利益所表现出来的悲观、乐观、客观、主观或者理智、冲动的情绪，都是我们的家风、家教帮助我们做出了选择。比如，当国家需要的时候，钱学森面对重重阻碍也要回到祖国。

我们今天重提中国文化，重新在文化的背景下审视家庭文化、家庭核心价值观、家风和家教，并不是文化的倒退，而是用发展的视角扬弃传统的家庭文化的糟粕，发扬精华，并在传统的基础上创新家风、家教。让适应时代、正向的家风和家教充实家庭教育，最终实现家庭成员良好的职业发展。

现在，我们回到开始的时候我们提出的三个问题，大家应该都有了自己的答案。

第二节　家庭核心价值观的继承、变迁及固化 ——从"民国第一家庭"说起

在民国历史中，有一个特殊的家庭，这个家庭出了两位第一夫人，一位财政部部长夫人，一位财政部部长。这个家庭走出的六个孩子，影响了中国近现代的政治、经济和金融的发展进程。这个家庭的成就被电影、小说、电视剧作为永恒的素材不断地演绎，这个家庭是那个特殊年代中熠熠生辉的主角，好像"时代"都只是这个民国第一家庭的背景。

说到这里大家已经能够猜到我们今天开篇说的家庭了，那就是海南文昌宋氏。父亲宋耀如，母亲倪桂珍，宋氏三姐妹：宋霭龄、宋庆龄、宋美龄自不必说；宋氏三兄弟：宋子文，民国财政部部长，后升任行政院院长；宋子良，民国广东银行行长；宋子安，香港银行行长。宋氏家族对中国近现代的政治、经济、金融等领域都有着举足轻重的影响力。

宋氏家族，是典型的中西文化交融，且在家庭教育层面做到了兼容并包，

洋为中用的典范家族。

宋耀如，出生于海南文昌，9 岁时，因家庭贫寒，不得不随哥哥到印度尼西亚的爪哇当学徒。三年后赴美国波士顿，在丝茶店当学徒。其间，结识了一些在美国留学的朋友。朋友们纷纷劝他去学校读书，由于堂舅的坚决反对，他偷偷地跑进停泊在波士顿港口的一艘政府缉私船上工作，船长热情地帮助他，让他在船上做杂役。之后，他随船长来到了美国南方的北卡罗来纳州，结识了当地教堂的牧师。

宋氏三姐妹

16 岁的宋耀如接受了基督洗礼，人们习惯称之宋查理。第二年，他进入北卡罗来纳州杜克大学圣三一学院学习，一年后转学到范德堡大学神学院学习。1886 年宋耀如回国，在苏州、上海等地传教，并执教于教会学校，胡适也曾经是他的学生。宋耀如一边传教，一边从事反对殖民主义和推翻清政府的宣传活动。在传教期间，与倪桂珍结婚，一个不平凡的家庭就此建立了。

宋耀如

一个是清贫出身，有着留学经历的传教士老师，一个是官宦富贵出身，从小接受西学自由平等教育的小姐，他们因为世界观的趋同走到了一起，组建了家庭。

宋耀如非常重视家庭教育，为了子女能有更好的环境成长，他选择在上海郊区建房，既远离了大城市糟糕的社会治安，又避免了子女学会阿谀奉承、攀比、软弱的习惯。他会在家中放满足球，任由孩子们踢打，会放任孩子在野外稻田疯跑，会带着他们去远足，会为了锻炼胆量带着他们听雷声，会让子女饿上一顿，体验饥饿的感觉……

宋耀如曾经说过这样一段话：只要100个孩子中有一个成为超人式的伟大人才，中国就有几百万超人，还怕不能得救？

可见，宋家的核心价值观中，爱国，是一切的基础和出发点。所以他的六个子女虽然都在美国完成了高等教育，但无一改变国籍，无一学成后在国外生活，他们在毕业后都选择了回国。不得不说，这就是家风、家教在个人职业发展中最为直接的体现。

本节内容就是以宋氏家族作为典型案例，针对中西方家庭文化融合过程中，家庭核心价值观的继承、变迁和固化进行讲解。继承、变迁和固化是一条基本规律，通过对具体案例的剖析，我们将更加直观地了解中国特色的家庭核心价值观形成的过程，并通过对比的方式，帮助大家厘清家庭职业发展教育的核心，不盲从，科学、理智、有效、兼容并包地看待西方家庭文化教育方式，去伪存真，为家庭所用。

案例过后，我们提供三个问题供大家思考，希望大家阅读后能找到最优答案。

1. 宋氏的家庭职业发展教育为什么成功？

2. 西方家庭文化观是不是我们最好的选择？

3. 如何构建符合"我家"特点的家风、家教？

第一个问题，我们来回顾一个家庭核心价值观的概念和特征。

家庭核心价值观，就是在家庭范围内集中体现家庭性质，在思想观念体系中处于主导地位，决定着家庭制度、家庭规范的基本原则。家庭核心价值观，指引着家庭运行的基本方向，它是每个家庭成员在单位家庭成长和生活的实践过程中形成的较为稳定的基本价值观念。家庭核心价值观的表象就是家风、家教。

今天我们谈及的家风和家教的特征是三个主要特征，这三个特征有着明显的变化特性，也是这一概念中最为活跃的特性。即继承性、变化性和稳定性。这三个特性也与我们今天谈及的继承、变迁和固化紧密相关。

谈及家风和家教的继承和变迁问题，这既是一个宏观的社会问题，也是一个微观的家庭问题，它可以比较抽象地谈及现象和本质，也可以比较具象地谈及案例。宏观的视角能够帮助我们站在一定的高度看到事物发展的本质和趋势，微观的角度能够帮助我们理解具体问题的解决方案。

当我们谈及家风和家教继承的问题时，往往微观的家庭视角很难看到继承的全貌，而基于文化继承的问题，在不同阶层的家庭有不同的体现和传承方式。

以我们之前提到的钱氏家族为例，在历史发展和演进的过程中，他们有继承、有发展，在前人的基础上将家风和家教的内容通过家训方式进行继承、传播和发展，逐渐在家族中形成固定的家风、家教理念，这样即便家族经历迁移和分化，也能在不同的地域中坚守一以贯之的家风和家教。这就是家庭核心价值观在封建社会的士族阶层进行固化的方式。

那么相对于门阀、士族阶层，知识分子阶层没有相对显赫的家族传承历史，但是他们通过知识改变地位，甚至进入朝堂，还没有建立相对传承有序的家族时，家庭教育典籍是他们传承家风、家教最有效的手段和方式，比如我们都熟知的《三字经》《弟子规》等，都从不同角度传播了普世的家风和家教内容。相对士族和文人阶层，庶民阶层则通过更为有趣、简单的口口相传的方式进行家风层面的家庭文化建设，《二十四孝》《增广贤文》里面的故事，都以戏剧、木雕装饰画等形式出现在了普通人的生活中。

综上所述，我们不难得出这样一个结论，中国特色的家庭核心价值观，一直都在被有序继承，广泛传播，潜移默化，融合在普罗大众的生活中。

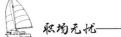

那么在传承有序的家庭文化中，为什么不同的时期家风和家教又有着变迁，背后的推手又是什么？虽然时代的更迭是一切变化的根源，但是当社会性质发生深刻改变的时候，家风和家教的内容就会发生相对大的变化。这就是家庭核心价值观发生变化的第一个因素。还是以宋氏家族为例，半殖民地半封建社会背景下的家庭已经和完全的封建社会下的家庭发展方向发生了分歧。宋耀如有机会在纷繁复杂的社会背景下，在国外完成学业，并在世界观的层面被改造，即从宗教信仰的层面被同化，同时也以传教作为其工作的主要内容，回国后，受实业救国思潮的影响，也成功地完成了家庭的原始积累，让家人过上衣食无忧的生活。这在当时的社会背景下，这样的家庭，是新式家庭的典范，即子女得到了公平的教育权，倡导自由、平等，并将美术、音乐等美育内容纳入家庭教育的序列，不得不说，从家庭教育的角度进行判断，这是具有重大的进步意义的。反观完全的封建制家庭，可能还没有摆脱女性缠足的观念，但是在宋家，女孩们已经可以和男孩子一样在田野里自由奔跑了。

第二个导致家庭核心价值观发生变化的因素是家庭中的重大事件的发生。这里有一个真实的案例可以和大家分享。

民族英雄袁崇焕含冤被杀后，他的部将佘义士偷葬其首级在自家院中，后辞官归隐，临终前给后世子孙留下遗训：一是不许再回广东老家，二是不许做官，三要世世代代为袁大将军守墓。从此，佘家后人开始了对袁崇焕墓的秘密守护，直到乾隆年间，守墓才转为公开，他们也才得到世人的敬重。到现在，佘家人已经为袁大将军守墓390余年。可见，一个家庭面临重大问题的时候，无论是为了自保，还是为了忠义情怀，都可以通过改变家风和家教来调整家庭发展方向，特别是通过调整家庭职业发展方向来调整家庭的走向。佘家，就是通过家庭职业方向的改变，而完成了家风和家教的调整。

第三个引起家庭核心价值观变迁的因素就是职业生活的改变。

我们知道，确定职业生活，就是以职业为核心的生活方式的选择过程，同样，职业生活的概念也在家庭中被继承和发展，从家庭核心价值观的角度来看，职业生活的选择与家庭核心价值观相互影响是常态。我们常说选择了一个职业，就是选择了一种生活方式，而任何一种生活方式的选择都体现了我们明确的家风和家教。

比如，一个医生家庭，家庭成员的职业发展多数会参考家庭的生活状态，持续一生的学习状态，每天面临生死又要看淡生死的状态……可能这都是医生家庭的常态。因此，他们可以坦然面对血腥的伤口，可能没有太丰富的情感，冷静而理智地看待和处理问题。但，面临突然发病的患者，面临危及生命的疫情，他们的价值观又无数次地让他们选择大义，毅然决然地做出选择。

当家庭成员的职业生活发生变化后，这种与职业紧密相关的价值观也会发生明显的变化。比如有些农村出身的孩子，因为考学或者在其他领域的成功，把自己送进了一个新的阶层中，并凭借自身努力成功摆脱了家庭原有职业发展路径。由于职业轨迹的变化，他们与家庭之间往往更容易出现价值观冲突，这种冲突就源于职业生活的变化。这些人组成的家庭，也在家风和家教上出现了与原有家庭截然不同的选择。这就是家庭核心价值观的变迁过程、进化过程，这个过程也在推动着家庭的发展和社会的进步。

接下来，我们通过案例来具体分析一下继承、变迁的过程。

宋耀如，并没有出生在一个显赫的家族，一度为了谋生，在很小的年龄就到国外生活，后来有了读书的机会，学成回国，组建家庭。这是一个全新的家庭，但是这个家庭一样继承了他们原有家庭的家风和家教，朴素的家国观念，勤俭持家的理念，特别是宋耀如的妻子倪桂珍的家庭背景，也给这个新家庭带来了官宦家族的核心价值观。倪桂珍的家族可以追溯到明朝，她的家族也是最早接受西方宗教的家族，因此她从小接受了相对自由和平等的教育环境，比如她未曾裹脚，她从小就学钢琴，在绘画方面也有不错的表现。在子女教育的问题上，他们选择了中西结合的方案进行教育，一方面是传统的中国家庭观，一方面是西方的平等和自由理念。将家庭美育教育作为很重要的部分。

　　宋家的三个女孩子都就读于上海马克蒂耶女子学院，按照年龄长幼，将三个女儿送到美国的卫斯理女子学院进行学习。长女宋霭龄，是中国第一位真正意义上的女留学生，可以想象她在国外的求学生活要面临多大的挑战。陌生的国家、陌生的同学，异国他乡的艰苦求学经历造就了宋家三女坚毅的个性，不随波逐流的品格，以及强烈的爱国热情。卫斯理女校，是一个培养知识型淑女的高门槛学校，除了高昂的学费，还有对成绩的高要求，我们耳熟能详的很多政坛女性都从这里毕业，比如美国第一位女国务卿奥尔布莱特、美国前第一夫人希拉里都是这所学校毕业的。虽然有在国外求学的经历，但是宋氏姐妹都选择了保留中国国籍，学成回国的职业发展路径，并在回国后，积极投身工作，以不同的方式投入政治，宋霭龄和宋庆龄先后担任了孙中山的秘书。

　　在当时的社会背景下，女性以什么身份和方式参与到政治中与现在的条件和境遇并不相同，宋耀如作为孙中山的支持者，一如既往地对其进行经济上的资助，并坚信可以通过孙中山倡导的革命实现中国的独立和强大。因此，在子女职业发展的问题上，都从政治角度出发进行了选择。从宋家六个子女后续的个人成就看，他们的职业发展有着非常明显的特色，一是多数从政，少数从商，六子女中只有一子没有在政治领域发展，其他五人都与政治有关。二是从未放弃国籍，虽然有国外留学经历，但是在完成学业后都选择回国发展，后期由于政治环境的变化，才有部分子女在国外定居。三是都以报效国家为己任，在抗日战争时期，宋氏家族无论在舆论上、在政治主张上、在国际影响力上都为中国赢得抗战胜利贡献了巨大的力量。

　　综上所述，我们不难得出结论，宋氏的家庭教育理念是中西家庭教育理念的最佳融合典范。

　　可能很多人会感觉到中西方家庭在家庭文化、家庭教育方式和家庭教育理念上有着巨大的差异，且这种差异直接决定了家庭成员在个人的职业发展过程中面临不同的问题和不同的发展机会，这个过程没有对错、优劣，它的形成是一种社会性的适应决定的。那么我们不妨从中西方家庭文化建设的基础上进行对比，方便大家找到造成这种差异化的原因，让我们在家庭教育的问题上，特别是家庭职业发展教育的问题上，有自己独特的主张，而不是一味地全盘接受西方的理念，实现最优的家庭职业选择，让家庭成员能够在未来职业发展的道路上走得更远、更稳健。

梁漱溟先生在《中国文化要义》中曾经指出，在西方文化中，宗教几乎占据了所有重要的领域。而中国文化的传承有自己的路径，我们用来维系社会发展，但家庭发展的核心理念并不是宗教，而是道德。

中国家庭有自己的家庭道德体系，修身、齐家、治国、平天下，完备的道德体系让我们能够从容治国，从容治家，保证家庭有序健康地发展，道德体系是我们构建家庭文化的核心。

由于基础的不同，中国的家庭是家族本位的存在，更注重家族的繁盛和发展，追求一个家族的利益，而西方在神学的影响下，则是个人本位，他们更加重视个人的发展，而不是家族。当然这也与西方文化中关于家族继承等制度相关，他们更加关注个人的发展。

自然在家庭意识的指引下，中国人的家国观念是根深蒂固的，这就是外国人可能永远也看不懂的中国人的爱国方式，我们可以为了国家的利益而牺牲家庭和个人的利益，所以中国的历史就是一部家国历史，"以国为家，国是大家"。我们的家庭意识，永远和社会责任感联系在一起。而西方人则更加强调独立精神，在成年后，他们不会将国家命运与自己连接，而是为了个人的发展去适应社会。

通过以上的学习，我们了解到融合，不是简单的相加，更不是替代关系。在这个过程中，我们要学会基本的方法，找到适合自身家庭文化的家庭职业发展教育方式。

去伪存真的过程，一定是不可或缺的过程。比如，基于中西方家庭在职业发展教育层面有着不同的方法。以职业选择为例，中国的家庭通常把家庭成员的职业选择作为家庭的头等大事，家长不但要参与其中，而且有很大的发言权，就是家中长辈、德高望重的亲友都会提出建议，甚至是同辈分年龄稍长的家庭成员，只要有职业经验，都会对职业选择的问题进行有建设性的建议。且家庭资源会成为个人职业发展中很重要的因素。而在西方的家庭中，个体的职业发展通常被认为是个体走向独立的开始，家长会因为孩子独立做出选择而感到骄傲，他们更加希望子女能够尝试不同的职业，从中找到适合自己的，而且独立的生活状态是家长追求的，而不是子女的职业发展走向，显然，中西方家庭的职业发展关注点由于文化的不同而不同。因此，不要过分强调西方家庭教育中的独立，不同的社会关系背景下照搬不一定是最优的选择。

　　在家庭职业发展教育中，最为重要的一点就是家庭对职业发展的影响，这种影响可能是直接的，可能是间接的，但是这种影响是切实存在的，这就要求家庭要与时俱进，在不同的时代背景下，做到兼容，看到西方自由、独立的职业发展观，也要结合中国家庭对后代培养的集体智慧。另外，家庭输出的价值观要简单明确，容易理解和实践，不要追求所谓的舶来，毕竟适合的才是最好的。

　　宋耀如曾经说过这样一句话：皮囊非所依，唯才华与勇气足可照亮坎坷之路。这句话充分体现了宋家的家风和家教。

　　宋氏子女没有一个继承父亲的衣钵成为神学专家，他们在政治、经济、金融的不同领域实现着自己的人生价值，走出了完全不同的职业发展之路。

　　改革开放四十多年，越来越多的中国家庭走出了赤贫，他们重视教育，重视子女的培养，于是，越来越多的孩子选择留学。对于这些留学生来说，他们有比同龄人更多的选择、更好的条件、更宽阔的视野，当然他们也面临更多的挑战和问题。在人生观和世界观还没形成的年龄被送到了陌生的环境，如果家庭还没有在他们身上打上家庭文化的烙印，那很可能培养了新一代的"香蕉人"。这种文化错乱的特性，在国外无法融入主流社会，在国内无法找到文化认同，从职业发展的角度看，将面临更大的困难。

反观我们在开始的时候提出的第三个问题，如何构建家风、家教，将成为我们应该长期思考的问题。

第三节　家庭核心价值观对家庭成员职业发展的影响 ——身教与言传的力量

大家都认识钟南山，有人惊叹他的医术和研判，有人感慨他健硕如青年的身材，有人说他的家庭教育非常成功，儿子继承了父亲的衣钵也是一名出色的医学专家……有人深挖钟老的家庭，发现他医学世家的背景。但是，可能很少有人知道钟南山院士的父母，钟南山出生在一个医学世家，1930 年，钟南山的父亲钟世藩从北京协和医学院毕业后，去美国纽约州立大学留学，拿到了医学博士学位，是当时中国少有的医学博士之一。抗战胜利之后，钟世藩出任广州中央医院院长。1953 年，院系调整后，钟世藩调任广州中山医学院儿科主任。母亲廖月琴毕业于协和医科大学高级护理专业，是广东省肿瘤医院的创始人之一。

这种令人欣喜和欣慰的家族传承和子承父业，总是令很多父母羡慕和感慨。有的时候，多少家长的心愿就是让自己的事业和孩子的事业形成交集，甚至让孩子的事业和人生成为自己事业和人生的延长线。这是很多家庭的美好期待和愿望。显然，言传身教的力量既体现在通用能力的培养上，也体现在专业能力的熏陶上。钟老的家庭教育，是具有典型性的家庭核心价值观影响子女职业发展的案例。因此，从钟南山院士的家庭教育说开来，我们同样带着三个问题：

第一个问题是：如何看待"子承父业"？

第二个问题是：如何看待"体育精神"？

第三个问题是：如何看待"家国精神"？

特别是第二个问题，可能我们很少从体育精神的角度考察过家风，体育精神到底为我们的家庭核心价值观带来了什么？

从言传身教的力量出发，说说家风、家教对职业发展的影响，最后，我们还将提供相应的方法论帮助家长基于家风和家教的内容与子女新型职业发展为内容的互动，形成积极正向的影响。

言传身教一直是中国家庭文化延续的重要工具和方法论。优秀的家风和家教有的时候并不需要家训之类的载体，可能一个传承已久的家族故事，一个家庭成员的亲身经历就能成为家风传承的载体，在传统中国文化中，言传身教永远是最唾手可得、最有用的家庭教育工具。

在今天的课程中，我们引入了一个可能相对有些陌生的概念——职业发展。结合课程的内容，我们更多从实用层面了解这个概念和说法，帮助大家厘清思路，让我们在言传身教的时候能够有的放矢，更加专业地与家庭成员进行沟通。

什么是职业发展？有一个比较晦涩的解释。职业发展，是管理学习、工作、休闲和过渡的终生过程，以便朝着个人决定和不断发展的首选未来发展。当然，类似的概念版本非常多。从职业发展的历史来看，它是典型的舶来概念，所以从翻译的角度看，它不但有很多名称，还有很多不同的定义，这种定义有直接翻译的，也有结合本土化的研究需求进行改进的概念。那么我们回到这个英文单词似乎更容易了解这个基本概念，career，很多论述中将职业发展直接翻译为career development，这种翻译就更加的教条。其实，我们可以从另外一个相对实用的角度对这一概念进行解读：职业发展最明显的特征就是一种理论和一种方法论。

从理论的角度出发。职业发展的理论是伴随着西方工业化的发展而出现的一门学科。主要是配合工业化背景下，关于人岗匹配的需求而产生和壮大的。从我们今天课程的内容来看，我们没有必要在理论层面更多地展开，只要明白职业发展是一套成熟的理论，可以对应有很深的理论研究。

我们从方法论的角度来理解职业发展可能更加具有实用性。职业发展是一个伴随我们终身的过程和方法论，作为社会人，我们从消费者变成生产者，职业是绝大多数人的选择，而且生命中最有活力的阶段可能都在扮演职业人的角色，我们为社会创造价值，同时实现个人价值。职业发展，是帮助我们做出正确职业选择的一套方法论，它从自我认知开始，结合职业认知，完成生涯决策，最后将生涯决策分解成不同的任务和时间阶段，也就是行动计划，并在外在和内在情况不断发生变化的时候进行有效的评估和调整，重新开始自我认识的过程，周而复始，指引我们找到适合自己的职业生活。什么是适合自己的职业生活呢？就是找到自己喜欢的以某种职业为核心的生活方式。职业，就是我们喜欢、擅长，并愿意为之奋斗终生的事业。

职业发展，同样也是一门课程，2005 年开始，教育部已经正式将《职业发展与就业指导》课程变成了高校的必修课程，并有相应的学分设计，可见这门课程的被重视程度。在这门课程上，大学生将在老师的指导下完成一次相对比较规范的职业规划，形成一份比较详细的生涯规划书，作为这门课程的重要考核内容。因此从知识的获取上看，2005 年以后毕业的学生都已经在专业老师的指导下完成了相关课程的学习。而且在课程的内容设计上，还增加了大学生创新创业的内容。

这里也有必要和家长厘清相关的国家政策。首先鼓励大学生进行创新创业，不是推卸大学生就业问题，缓解社会压力的措施。国家并不是号召每一个大学生在毕业后创建企业，而是通过创新创业课程，培养大学生的创新意识和创业能力，进而提高大学生的初次就业质量，即希望大学生能够从创业的角度来进行职业选择，在本职工作中，发挥专业优势，创新创造，让职业发展路径更加宽阔。因此，希望大家能够正确解读国家政策，协助家庭成员做好职业规划。

职业发展，不是一个静态的过程，只要完成了就不再变化；恰恰相反，这个变化的过程可能随时都在变化，比如基于职业兴趣发生了变化，这在大学生身上是经常发生的事情，一旦职业兴趣发生了变化，基于职业认知的内容就会发生相应的调整，因此生涯决策会发生调整，所以这个过程一直是一个动态的过程，它是一个帮助我们厘清想法，帮助我们付诸实施的工具。

当然，职业发展有这么多的解读和身份，它的称谓有很多种，我们通常说的职业规划、职业发展、生涯规划，都是同一个概念，来自英文的同一个词汇 career。

通过上面的学习，让我们首先摆脱对已有概念化的理解，让我们更加清晰地认识职业发展这个说法，从实用性的角度更多地了解它的应用，是更有价值的过程。

我们已经基本了解了职业发展的概念和应用层面的解说，下面进入第二个问题，家风、家教对家庭成员职业发展的影响。

前面已经讲解了职业发展的不同认知方式，其中，从过程的角度看，职业发展中很重要的一部分就是关于"自我认知"，自我认知是职业规划的开始，从正确地认识自己开始，如何认识自己，从哪几方面认识自己？理论告诉我们通常通过四方面认识自己，即职业兴趣、职业能力、职业价值观和个性特征。在职业规划的过程中，一般利用测评工具对这四个方面进行考量，当然从测评工具使用的角度看，具有客观、便捷的特点，但是只要是测评产品就有信效度的考量问题，这涉及测评产品的设计问题，我们会在后续为大家集中介绍，这里不做赘述。

从职业兴趣、职业能力、职业价值观和个性特征这四个维度看，家风和家教最直接影响的就是职业价值观，职业兴趣和职业能力两个维度相对间接，个性特征本身也有心理学层面的原因，更加间接。

职业价值观，是我们在自我认知层面比较容易关注的问题，当我们面临职业选择的时候，职业价值观起到了很大的作用，我们到底为了什么选择一份工作，是薪酬待遇还是未来的发展空间，是相对宽松的工作环境还是达成了我们自我价值实现的满足感？这些可能都是做出职业选择的关键点。那么职业价值观又是在什么情形下形成的？显然这一定是在家庭核心价值观的指引下实现的，比如，当一个家庭的核心价值观表现为看重经济利益，那么家庭成员的职业价值观可能就体现在对薪资的要求上，而对于自由程度、发展空间、工作环境等价值观则可以放弃或者权重靠后的状态。

家庭核心价值观对职业价值观的影响是比较直接和明显的，对职业兴趣、职业能力、个性特征的影响则相对比较间接，或者说更加的潜移默化。比如，从职业兴趣的角度出发，家庭对个人的职业兴趣的最直接影响是家庭成员所从事的职业，或者基于单纯的兴趣本身，以钟南山的家庭为例，他受到父母的影响，从小对医院这个特定的职业场所是比较熟悉、有一定的认知的，同时父母在这个领域的出色表现也让他充分体会了作为医生的职业荣誉感，这对于他职业兴趣的形成起到了非常大的作用。从职业能力的角度看，我们更多地考察通用能力层面，作为医生，要有很强的学习能力、观察力、认真谨慎、实事求是等典型的通用能力，这也在医生家庭的日常生活中得到了充分的体现，这种能力的培养和挖掘也有了基础。在个性特征的问题上，家庭氛围影响的痕迹就更为明显，我们也可以找到很多此类的文章，这里不做赘述。

综上所述，我们了解到对于职业兴趣、职业能力和个性特征这三个自我认知的重要组成，受到家庭环境、氛围的影响是显而易见的，那么家庭核心价值观也就是家风和家教间接影响这三个因素的表象又在哪里呢？自然是从家风和家教对家庭环境和氛围的影响开始的。还是以钟南山为例，他从小生活在一个崇尚知识、科学、实事求是的学术型家庭，他的父母营造的是一个治学严谨、诚实守信的家风和家教，这就影响他在个性特征上突出的高智慧性、高敢为性和较高的恒定性的个性特点。这就是家风和家教对自我认知的影响。

相对于自我认知，职业认知是我们对职业世界不同层面、不同方法的探索过程，最终形成对个人职业发展有帮助的探索结果。既然职业探索是一个基于主观开始的探索方式，那就避免不了探索方法、范围等因素的不同，导致不同的结果。比如，我们对于一个职业的探索，是采用访谈的方式，还是采用体验的方式，得出的结果一定是有巨大差异的。其实职业探索和认知的过程在我们很小的时候就已经开始了，也就是从家庭成员从事的职业开始，模仿，认知，甚至演绎。特别是对职业生活的认知，不是来源于对家庭成员的职业，就是来源于老师。那么家风和家教又在职业认知的过程中扮演了怎样的角色呢？家风和家教决定了我们对职业认知的高度和深度。

在我们的社会中，有很多特殊的职业人群，他们的职业特点和生活环境决定了他们的特殊性，比如军人群体、教师群体、医生群体、公检法群体。他们的职业特点决定了职业生活的特殊性，也形成了这些职业群体具有一定共性的家风和家教。比如军人家庭，他们的家风和家教通常是严肃、严谨、国家利益为重、服从、统一、看重荣誉感，比如教师群体，他们的家风和家教通常要求诚实待人、敏而好学、谦虚谨慎等等。因此，不同类型的家风下，认知社会环境和职业环境的角度是不同的。比如，军人家庭和教师家庭，在看待职业生活的视角上可能更加关注职业的稳定性和荣誉感，而忽略现实利益的需求。这就是家风对于职业认知的影响。

最后，来谈谈生涯决策，前面说过了职业规划的过程不是一个一次性的过程，而是随着不同因素的变化可以通过评估调整进行多次的过程，职业规划是一套方法论，所以我们在谈及生涯决策的时候，大家也要明确一个道理，生涯决策也不是一个一次性的过程，其实在我们的职业生涯中，会因为很多的因素修正自己的生涯决策，这是一个正常的现象。

作为家庭核心价值观的家风和家教则从生涯决策的风格上形成影响，进而表现在选择方法、效率和范围上。职业生涯专家认为决策风格是在后天的学习经验中逐渐形成的，分为五种类型：理智型、直觉型、依赖型、回避型和自发型。这五种类型很容易从字面上进行理解，理智型注重逻辑性，直觉型依赖感觉，依赖型在意别人的意见，回避型表现为拖延，自发型表现为冲动。结合我国家庭文化的特点，很多准成年人家庭成员面对生涯选择的问题，往往表现为依赖、回避和自发的特性，这就需要家庭能够在这个过程中充分参与，给予建议，并帮助其做出相对理智的生涯决策。

本节内容中，我们引入了大家可能比较陌生的一些关于职业生涯的概念和理论，系统掌握这些理论并不是我们这次课程的主旨，这些内容只是帮助大家对这部分知识进行浅尝辄止的认知即可，也就是说，要广度，不要深度。这样我们就可以借助这些方法论、这些知识点与家庭成员进行职业发展层面的有建设性的沟通，弥补我们在知识上的落差。毕竟，沟通可以通过技巧完成，但是知识结构的缺失是横亘在我们面前的高山，不翻过去，就看不到风景。

下面我就针对具体实战层面的内容，帮助大家掌握一两招行之有效的办法，让您可以从职业发展的层面与家庭成员进行对话，并真正对他们的职业发展形成有效的影响。

第一招，身教胜过言传。

回顾我们在开始提到的钟南山院士的例子。子承父业也好，家国精神也好，哪一处不是家风、家教影响下的结果？由于工作的原因，反而父母并没有太多的说教，更多的都是他从小看在眼中的父母的家国情怀，对事业精益求精的追求和救死扶伤的情操。

说什么并不重要，怎样做才是最好的榜样，这在家庭职业发展教育中格外的重要。

如果我们整日在家里抱怨工作的劳累、领导的无视、工资的微薄，可另一边却要对准成年子女的职业发展不停地发表意见，甚至要求他们"子承父业"，站在第三人的角度看，我们的行为既可笑又无用。显然这个问题的症结在于改变自己，刻意营造正向的家风、家教，这才是我们可以有的放矢的做法。

第二招，从熟悉和擅长的领域入手。

我们不得不接受的残酷的现实就是时间无情地经过，无论如何，我们不再年轻，但是时间也馈赠了家长最珍贵的礼物，那就是经验，这些经验对于年轻人来说是非常宝贵的。以职业认知为例，显然在这个层面上，我们拥有更多的发言权，当然对于一些社会新兴的职业我们的经验是无效的，比如，主播、新媒体运营等新兴职业，可能受限于知识结构，不能明了，但是相对传统、主流的行业我们在认知上就比较占优势，从自己从事的职业出发，就是一个不错的开始。这个职业不一定是其他家庭成员的选择，但是这不影响他们学习了解职业的方法。

第三招，工作环境的接入。

带领家庭成员感受和体现自己的工作环境，这是一个职业认知和职业兴趣激发的最有效和直接的办法，更容易形成共情，这个过程并非要求"子承父业"，但是这个真实的过程可以让我们体会到真正的职场和社会，恰恰是最有价值的参与过程。

最开始给大家提供的问题中，可能第二个问题是大家最难理解的，难道"体育精神"对一个家庭的核心价值有什么影响吗？体育，不就是保障身体健康的方法吗？

我们看看体育精神作为家风、家教给钟南山院士的家庭带来了什么影响？钟老常说：体育运动能培养人的三种精神：

第一是竞争精神，一定要力争上游；第二是团队精神；第三是如何在单位时间内高效地完成任务。在钟老的家庭成员身上也体现了体育运动的家风传承，他的儿子擅长篮球，女儿曾经获得了短泳道的世界冠军。这种家风的传承，将自律、坚持变成了肉眼可见的家庭核心价值观，不是说教，而是身教。

第二章
家庭知识结构和氛围的认知与探索

第一节　家庭知识结构对家庭成员职业发展的影响
——带你看到诗和远方

　　这个家族从晚清、民国走来，这个家族历经新中国成立，到改革开放，这个家族经历了政治矛盾和思想交锋的历史时期，这个家族的继承人们，骄傲地评价自己的家族：中国最脚踏实地的"假洋鬼子"之家。

　　知道英敛之和英千里的人可能远远少于知道英达、英壮的人，但是这都不影

英千里

响这个家族在中国知识分子群体中的影响力。与普通的知识分子家庭不同的是，这个家族因为"吃洋饭"，总是身处中西交锋、中西矛盾和中西交流的第一线。如果我们考察近百年中国与西方世界的联动，英家的故事绝对是一个最精彩的样本，如果我们要找到一个近百年最具特色的中国家庭教育版本，英氏家族一定是个不错的版本。这个家族的名人、轶事层出不穷，他们不是地位最显赫的，也不是最富有的，但是他们是兴趣最广泛、人才培养最全面的家庭。

英敛之是清朝末年与马相伯齐名的中国天主教代表人物，在教会的支持下，他创办了《大公报》和辅仁大学，是第一批通过教会的渠道睁眼看世界的中国人。英达的爷爷英千里 12 岁就赴欧求学，精通英文、法文、西班牙文和拉丁文，被公认为外国人心目中最好的中国人。蒋介石有两位翻译，一位是钱钟书，一位就是英千里。1949 年后，英千里到了台湾，编写了从初中到大学的系列英文教材，余光中、马英九都是他的学生。英达的父亲英若诚从小在教会学校念书，英文讲得不逊母语。曾经与他合作的美国戏剧家阿瑟·米勒赞叹："有他在边上为我翻译，我都忘了我不懂中文。"英若诚还翻译了《推销员之死》《哗变》《请君入瓮》《芭巴拉少校》《上帝的宠儿》等戏剧作品，对于中国戏剧的进步，起到了重要作用。从大众最熟悉的英达身上，我们可以看到，这个家族血液中的智性光华，感慨于英氏家庭教育的成功。这个家族有如神助地将"优秀"从英敛之一直延续到第四代、第五代孩子们身上。

英家有这样一句话：无论事业多成功，没有培养出成功的后代，都不能以成功者自居。英家对家庭教育的重视程度可见一斑。

通过对英家的介绍，我们不禁也有很多疑问，为什么英家看重语言学习？为什么英家文理皆通，各行各业都有涉足？为什么英家备受苦难却从容面对？

我们要和大家共同探讨的话题是一个听起来有点晦涩的话题，就是家庭知识结构和知识体系的问题。

那什么是知识结构，什么又是家庭知识结构？

如果我们从知识结构的角度出发会发现，作为个人的知识结构是有不同的类别的，之所以有不同的类别，是因为个人知识结构是与所从事的职业相关联的，因此不同的职业类别会对个人的知识结构有不同的要求，只有符合职业需求的知识结构才能很好地满足该职业对应的能力和知识范畴。厘清这个概念，有助于我们更好地理解家庭知识结构的概念。所谓的知识结构一定是深度和广度相结合的，比如，从事特定领域科学研究工作的职业，对于知识的深度要求是比较高的，比如从事跨领域和学科创新工作的职业，对于知识的广度要求是比较高的，所以合理的知识结构才是我们追求的目标。教育，是成才的基础，从人才成长的规律来看，高等教育是人的先天素质和后天育才有机结合的最佳完成。当今学术界对人才的知识结构主要提出了三种模式，即宝塔型知识结构、蛛网型知识结构、幕帘型知识结构。

宝塔型知识结构，强调基本理论和专业知识的精深，有利于迅速接通学科前沿。现今中国学校大多是培养这样知识结构的人才。

蛛网型知识结构，强调知识的广度与深度的统一，有利于培养复合型人才。

我们一直强调的创新型人才，跨学科复合型人才通常是这种知识结构的人才。

幕帘型知识结构，我觉得更容易理解的称呼应该是阶梯形知识结构，即要求在不同的层级上拥有不同比例和数量的知识结构。这种知识结构强调个体知识结构与组织整体知识结构的有机结合，强调变化性。

综上所述，回到家庭知识结构的概念上，我们会发现，对于家庭这个特殊的社会构成体，蛛网型的知识结构是最为合理和更容易实现目标的知识结构类型，是符合家庭发展需要的合理的知识结构，这种结构要求既有深度，又有广度，才能形成相对合理和优化的知识体系。

由此可见，家庭知识结构作为典型的蛛网型结构，也就是复合型结构，其对于广度的要求较高，这也和家庭的社会关系地位相匹配。从家庭教育的角度看，家庭知识体系的全面性更加重要，而且这种知识体系是有其家庭特色的，虽然从合理和优化的角度看，具有一定的共性，但是个性一定是伴随始终的，所以不同的家庭才能培养出不同类型的人才，甚至同一家庭知识背景下，家庭成员个体也会产生兴趣和能力的分歧。从共性角度出发，家庭知识结构最典型的特征是以家风、家教为核心构建的，这一点是毋庸置疑的，家庭的核心价值观决定了家庭知识体系的架构，比如，英家的家风中很重要的一点是乐观积极，英若诚曾经面临三年的牢狱之灾，但即使是在这样的困境之中，他仍然没有选择沉沦，反而是激发了巨大的学习能力和学习兴趣，比如将木工、瓦工、制药、制笔等劳动技能、谋生手段都一一掌握。这就是乐观积极的精神。在这样核心价值观的影响下，最终决定了整个英家博采众长，兴趣广泛，在绘画、书法等艺术领域都有广泛的涉猎。围绕乐观积极的家风，任何门类、任何艺术形式、任何劳动技能都成为家庭知识体系的重要组成部分，最终培养出了文理皆通的各色人才。

家庭知识结构的第二个特征是，通用知识为主，专业知识为辅。以未成年人家庭教育的现状为例，社会上有很多关于家长辅导作业的段子，其实这是一个家庭教育错位的体现。家庭教育不应该成为应试教育的帮凶，家庭教育关注的点应该在通用知识上，应该利用家庭的优势为家庭成员，特别是未成年家庭成员提供尽可能广博的知识，而不是强调基于素质教育的应试，比如，让家人学会欣赏音乐，而不是钢琴考级；让家人看懂写意山水，而不是美术考级；让家人对各国文化有了解，而不是英语学习。这才是家庭教育应有的角度。因此，从家庭教育的目标来看，通用能力的培养、挖掘才是最重要的。

还是以英家为例，这个家庭得益于语言的学习，特别是英语的学习，这种学习不是简单的语言学习，而是基于家庭教育、西方文化教育的过程。《人物周刊》的采访中，英达说起英若诚曾经给他讲过的一个道理：一个人想成功是非常非常困难的，有如你面前有一面墙让你徒手爬上去，墙上要没有几个附着点，像攀岩似的，根本不可能上去。但是像他这样的人，由于懂外语，有了西方文化的另一面墙，就可以在中西两面墙之间借力，蹭蹭蹭这么着就爬上去了。所以，英家的家庭教育，不是对外语这项专业技能的学习，而是借助外语了解西方文化，在中西方文化的对比间，上了一个层级，开阔了眼界。

就像我们标题一样，想看见诗和远方，要站在家庭的房顶上，有了高度才能看得更远更清晰，我想，这也是家庭赋予我们的高度，要受益一生。

那么，如何构建我们的家庭知识体系呢？这就是我们要解决的第二个问题。

首先从知识体系的角度上看，完整性一定是大家追求的目标，不同的家庭可能对完整性的理解和范围的认知并不相同，但以下三类知识则通常是标准配置，第一是常识知识体系，第二是文化知识体系，第三是心理知识体系。

在常识知识体系中，最主要包含的是这三类知识——基本技能知识、安全常识知识和职业生活知识。顾名思义，基本技能知识，就是每个家庭成员基于基本生活技能需要掌握的知识体系，比如整理、烹饪等基本生活和生存技能，这也是在未成年人家庭教育中非常重要的部分，针对准成年人或者成年人家庭，这部分知识也是不可或缺的，这关乎家庭生活的维系。安全常识的知识，特别是基于法律常识部分的知识，了解法律和道德体系下的红线，既要保护好自己，也不能做危害他人和社会的违法、犯罪行为。当然，这部分知识也包含自我保护和保护家庭成员层面的安全教育，比如，灾难教育，诸如面对火灾、水灾、地震等自然灾害的时候如何进行自救等等。最后就是关于职业生活的知识，这是一个关于职业的启蒙式的知识，特别是对父母所从事的职业，也可以从职业体验的层面增加对其他职业对应的职业生活的了解，这部分知识是奠定职业认知的重要知识积累，也是未来职业规划中积累的重要素材。

第二部分关于文化部分的知识体系，主要包含美学、艺术和体育方面的知识，以及家庭礼仪知识、传统文化知识这三个组成部分。这是从家庭文化建设的角度进行的知识体系设计。即我们可以通过文化部分的家庭教育，对家庭成员的职业兴趣和职业能力部分进行熏陶和影响。就像英氏家族一样，他们对于美学、艺术和体育知识的掌握，在他们后来的职业发展过程中起到了重要的作用。

第三部分是知识体系就是关于心理知识层面的，包含生活态度知识、职业规划知识和沟通技巧知识。我们经常会发现不同的家庭有不同的生活态度，有的悲观，有的乐观，有的家庭在面临困难的时候会怨天尤人，有的家庭在面临灾难的时候会泰然处之，除了每个家庭的物质条件和财富决定了家庭解决问题的态度和能力外，很重要的一点就是关于生活态度，关于生活态度的选择，更多的是一个心理层面的认知问题。

职业规划知识也是现代家庭需要掌握的知识体系，特别是面对高考、大学专业选择、大学毕业后的职业选择等重要阶段，都有着决定性的作用，且家庭对职业发展的影响是真实存在的，因此家庭职业发展教育是家庭教育中不可或缺的组成部分。

最后是关于沟通技巧的知识体系，沟通能力是典型的通用能力，特别是在准成年人家庭面对职业生活选择的问题上，沟通技巧的作用就更加突出，所以我们在章节中专门设计了关于沟通技巧的内容，在后续的过程中会帮助大家找到家庭沟通的问题和解决方案，让家庭成员之间的沟通更加顺畅无障碍。

通过上面的学习，我们对家庭知识体系有了比较直观的了解，那么在家庭职业发展教育中，这些知识又将发挥怎样的作用？它们对家庭成员的职业发展又会产生哪些影响呢？

首先是眼界的提升，就是认知范围的扩大和深化。就像英若诚说的那个道理一样，本来是爬不上那个高墙的，但是外语成了爬上高墙的着力点，成了他进行中西方文化对比的工具。外语的学习让他掌握了文化比较的主动权，在翻译、戏剧创作和表演层面实现了复合应用，这一切都从眼界开始。

其次是通用能力的影响，家庭知识对通用能力的培养贡献了巨大的力量。比如学习能力的培养直接决定了我们职业发展的各种因素，特别是对职业能力的影响、职业兴趣的影响，任何一个变量都决定了职业发展方向的变化，最后是对潜力的挖掘，往往潜力的发展是我们做出重要职业选择的先决条件，只有在家庭知识体系的加持下，我们才能在家庭教育的帮助下认识自己，完成清晰的自我认知，进而优化我们的职业发展路径。

在完成了本节主体知识的学习后，还是回到今天的案例，再来谈谈这个人才辈出的家庭，再思考一下我们在课程开始的时候提出的三个问题，看看我们是否有了答案。为什么英家看重语言学习？为什么英家文理皆通，各行各业都有涉足？为什么英家备受苦难却从容面对？

显然，英家的家庭知识结构是相对丰富、完整和科学的，几代人共同的努力，在家风和家教的作用下，不断地构建属于自己家族特色的知识结构，影响了后世子孙。总结起来，就是以下四点：学习外语；幽默乐观；培养爱好；无论事业多成功，没有培养出成功的后代，都不能以成功者自居。

英家两代人中，熠熠生辉的还有两位传奇的母亲，那就是英达的奶奶蔡葆珍，英达的母亲吴世良。这两代女主人除了保有语言的天赋外，更为难得的是都拥有积极乐观的生活态度，让她们在面对痛苦生活的时候没有在精神上被摧毁，这也造就了这个家庭幽默、乐观、积极、阳光的基调。

最后，我们分享一下万野松人，也就是英敛之先生的一副对联："文辞清妙世少比，胸次广博天所开。"

第二节　家庭氛围对家庭职业发展的影响
——部队大院走出的"童话大王"

古人说：橘生淮南则为橘，橘生淮北则为枳。每当我们说起这句话的时候，后面通常都会接一个关于家庭教育的故事。

从家庭教育的角度看，家庭环境缺失对一个家庭的影响深远，特别是对家庭成员的职业发展和整个家庭的职业发展走向的影响，除了我们常常说到的孟母三迁，指代的家庭生活的物理环境以外，更为重要的是家庭氛围的营造。家庭氛围的营造，是在家庭核心价值观即家风和家教的原则下进行的，有什么样的家风和家教，就有什么样的家庭氛围，但是家庭氛围也受到其他因素的影响，如家庭知识结构的影响。在之前的内容中我们已经针对家风、家教和家庭知识结构对家庭职业发展的影响进行了分析，并针对这种影响提出了一些解决具体问题的方法。

今天我们就针对家庭环境、家庭氛围这个因素对家庭职业发展教育的影响进行讲解，并结合这一特点，为准成年人家庭提供一些行之有效的方法，以应对家庭成员在职业发展中遇到的问题。

今天的案例，我们要说的是一个特立独行的家庭，他们常常这样评价自己的家庭：一家三代小学生……这就是童话大王郑渊洁的家。

认识郑渊洁，从一本书开始，那是他的十二生肖系列的第一本《鼠王做寿》。

这本书让我第一次读到了真正意义的、完全不同于其他童话的完美结局，而是更为现实的童话结局，它不是寓言，没透着想给你讲道理的高大上，它不是唯美的童话，没穿着粉色的公主裙让你相信城堡的美好。他的童话就是那么接地气，合理、现实，读起来朗朗上口，不高深、不生涩，就像家常饭，既不豪华，也不张扬，平实而富有营养。

《鼠王做寿》一直影响着我到现在，里面的故事还是记忆犹新。这可能就是真正的好童话吧。

说起郑渊洁，不得不从他的家庭开始，但是说起他的家庭就要从他的父母说起。郑渊洁，出生在典型的军人家庭，生活在部队大院。跟随父母来到干校后，他的小学生涯居然在一篇叫作《早起的虫子被鸟吃》的作文加持下匆匆结束了。在今天看来，一位慧眼识珠的老师可能会认为这个被篡改的题目，标新立异的作文是个反弹琵琶、特立独行的操作，是一个四年级的孩子经过思考的好作文，但是在那个特殊的年代，这种操作显然与当时的社会政治环境不相容。但是更加出乎大家意料的是，郑渊洁的父亲居然接受了带他回家自己教的结果。

郑渊洁的父亲郑洪升曾经是军校的教官，显然教书这件事，对他来说并不陌生，只不过这次教的是被学校开除的儿子。二十年后，同样的故事又在郑渊洁和他的儿子郑亚旗身上重新上演。不得不说，郑家有着不同寻常的家庭氛围和家庭教育观，而且从家庭成员的职业发展轨迹上看，也呈现了多样性的特点，他们没有在部队大院的文化熏陶下子承父业，而是在不同的领域，甚至是不相关的领域各自发展，从一代的军校教官，到二代的"童话大王"和"信鸽大王"，三代的企业家、导演。这种家庭氛围赋予的职业发展的自由空间是许多家庭不可想象，无法企及的。今天我们的三个问题就是围绕着我们对郑渊洁这个家庭的疑问提出的：

1. 什么是家庭成员间真正的"尊重"？

2. 为什么郑家人才如此"多样化"？

3. "郑亚旗"模式可以复制吗？

首先我们需要了解的就是家庭环境和家庭氛围这两个基本概念。从课程专业性的角度看，我们有必要厘清概念，从课程的实用性角度看，我们需要界定两个概念的边界，方便我们提出后续的方法论，帮助大家解决现实中的问题。

那么什么是家庭环境，顾名思义，家庭环境就是指家庭成员主要的生活活动所处的物质环境和精神环境的总称。一个家庭的构建一定是物质和精神共同结合和作用的结果。从物质的角度看，大到我们生活的地理区域，小到我们生活的微观住所和周边环境，甚至家庭的资本和收入都属于家庭的物质环境，即我们生活的家庭是在南方还是北方，在什么城市，我们住的房子在哪个小区，周边的环境如何，家庭的收入情况如何等等，这些都属于这个家庭的物质环境。而与之相对应的就是精神环境，比如家庭的历史传承、文化背景、家风家教、成员构成、职业发展等都属于精神环境的范畴。当然按照不同的标准也有其他不同的分类方式，例如软环境和硬环境的区分，内环境和外环境的区分，此处不做过多的讲解。

　　家庭氛围，是家庭环境的重要组成部分。是家庭中长期积累的精神状态和情意倾向，是一种潜移默化的潜在教育因素。其中主观因素起主导作用，通常包括文化素养、行为习惯、生活态度、思想境界以及性格气质等多种因素。家庭氛围是家庭环境的核心要素，它属于精神环境和软环境范畴。

　　从家庭环境和家庭氛围的角度分析，这种外在软硬环境对家庭成员的影响是比较大的，从宏观的角度看，在家庭环境的范畴内，地域、民族以及与之相对应的文化对于家庭的核心价值观的形成乃至传承都是有比较大的影响的，特别是在家风和家教的问题上，地域特色很大程度上会在家庭职业发展教育的理念上有不同的体现。家庭职业发展教育，主要是从家庭成员以及整个家庭、家族的职业发展走向和问题出发的一项重要的家庭教育内容，这种教育有些是显性的，有些是隐性的，有些言传，有些身教，有些潜移默化，家庭的职业发展问题，总是在家族和个人，家风和遗传之间游走着，有时有形，有时遁形，但却像指挥棒一样指引家庭带领个人在职业发展的道路上不断前行。

　　比如，在案例中，我们提到的郑渊洁，也曾经在职业发展的道路上迷茫，当时当兵转业的他回到地方上，做了一份非常清闲，没有任何技术含量的工作，大把的时间无事可做，他选择了阅读，因为在他很小的时候，他的父亲在家里就会拘着他一起看书，读书是一种生活习惯，这种习惯被贯穿在整个家庭氛围中，这样的家庭氛围中，家庭成员把阅读当成了生活必修。还有郑渊洁因为一篇作文的立意被老师要求退学，他不但没有被父母责罚，还得到了他们的尊重和包容，并找到了解决方案，那就是自己教。这种家庭氛围可能在那个时代的多数家庭是不能被认可的。即便放到现在，可能也很少有家长有如此的勇气，对抗学校教育。所谓真正的民主家庭，并不是所有家庭成员之间绝对的平等，而是最大限度地包容，面对外界强加给家庭成员压力的时候，能找到有效的解决方案，这才是真正的尊重。

关于地域、民族等文化层面的因素对家庭职业发展的影响，我们将作为单独一个模块进行描述，希望大家能从兴趣和知识积累的角度参与到后续内容的学习中来。

了解了家庭环境和家庭氛围的基本概念和关系，在家庭氛围的范畴内，到底什么要素影响家庭职业发展，又作用于职业发展的哪些环节，最终形成了对职业发展进程、方向甚至趋势的影响呢？

构成家庭氛围的要素是十分丰富和庞杂的，我们只能通过列举的方法进行一定范围和程度的总结，但是在所有的要素中，对家庭职业发展起到绝对作用的要素共有三个，分别是生活习惯要素、生活态度要素和情绪管理要素。

生活习惯，是一个家庭最为外在的表象，所谓的习惯，就是习以为常的生活方式，这种生活方式包括行为方式和思维方式。也就是我们习惯于用什么样的行为解决问题，用什么样的方式思考问题。比如整洁、勤俭，这可能是一个家庭最直接的外在表象，是家庭的行为方式。思维习惯，就更好理解，而且思维习惯对家庭的影响更为强烈。习惯于理性思维，用数据和客观事实解决问题，还是习惯于感性思维，用情感和感觉解决问题，这是最明显的对比。

以郑渊洁为例，这个家庭在遇到子女教育的问题时，习惯于用理性思维的方式去处理问题，首先，他们判断在作文问题上孩子的做法到底是不是原则性的错误；其次，他是否适合继续在学校学习；再次，家庭能否承担学校教育的责任。这就是属于这个家庭的思维方式。在后来郑亚旗也遇到同样问题的时候，郑渊洁就是用家庭赋予的思维习惯对这件事情做出了判断。可见无论是行为习惯还是思维习惯，都是影响家庭氛围的重要因素。

在职业发展的问题上，乐观的家庭，会选择更多的尝试，更容易找到自身的优势，也就在职业发展的道路上有了更多的机会，而悲观的家庭则相反，世界都是灰色，彩虹怎么可能是多彩的？

最后我们说说情绪管理的问题。情绪管理，是一个老生常谈的话题，甚至很多课程、书籍将情绪管理变成了一门专门的学问进行研究，有理论、有概念、有方法论。如果将情绪管理的概念和应用缩小化，回归家庭、家庭教育的范畴之内，结合我们在现实中遇到的问题，其实我们会发现一个真理：情绪是个势利眼。

面对家庭教育这个特定范畴，情绪控制是我们掌握得最好的控制术，就像我们对自己身体的掌控一样，只要不是醉酒、吸毒和其他病理原因，这种掌控是不需要技巧的。针对家庭或者家庭成员的情绪，都可以有效地控制，无法控制是因为造成的后果不够严重，或者说，你预计的后果不太严重，是完全可以承担的。当我们肆无忌惮地对家庭成员发泄情绪的时候，不是无法控制，而是我们对发泄情绪的后果能够接受，甚至认为没有后果，就像家长肆无忌惮地向学习不好的孩子发泄情绪的时候，家长知道孩子什么都做不了，他们无力反抗，没有什么严重后果。如果你面对的是成年子女或者患有抑郁症的子女，家长还会如此发泄情绪吗？所以，情绪是个势利眼，没有无法控制的情绪，只有肆意妄为的人罢了。只要你想控制情绪，那就一定能找到适合你自己的办法，情绪不是病，不需要治疗，情绪不是脱罪的理由，否则义愤杀人为什么还是故意杀人罪呢？法律并没有从轻和减轻的处罚。

以上，我们共同研究了关于家庭氛围的三个主要因素，即生活习惯、生活态度和情绪管理。那么家庭氛围又是通过哪些环节对家庭职业发展进行影响的呢？

产生影响的第一个环节就是职业兴趣环节，这也是职业规划的开始环节，我们开始职业规划之前，都是从清晰的自我认知开始，职业兴趣是自我认知中最重要的环节。职业兴趣的培养通常都是从家庭教育开始，把生活中的兴趣提炼成影响一生的职业兴趣，兴趣一般的发展规律是：有趣、乐趣、志趣，对于职业，往往从有趣开始，逐渐产生工作乐趣，进而变成志趣，表现出方向性的特点。

以郑渊洁为例，他所处的家庭氛围，是一个有着阅读和学习习惯的家庭，特别是阅读，在他的记忆里，父亲喜欢阅读，在家里手不释卷，因此他也受此影响，阅读习惯伴随了他的整个青年时代，从阅读，到写作，这并不是一个难以逾越的鸿沟，喜欢看书，到自己写书。从觉得父亲读书有趣，到自己发现读书的乐趣，最后把写书当成了毕生追求的志趣，这就是郑渊洁的职业兴趣的形成过程。同时，在郑渊洁的写作道路上，家庭氛围也是帮助他向前迈进的动力。

1977年，22岁的郑渊洁写了人生中第一部短篇童话故事《黑黑在诚实岛》，讲的是一个小蚂蚁的所见所闻。最开始也是被退稿。郑渊洁有点灰心，带着退稿信回家过年。母亲听说了这件事，将儿子的小说翻出来读，觉得很不错。还说，我儿子写了这么好的故事，怎么就不能发表呢？于是冒着大雪，一个出版社一个出版社地拜访。最终，这篇小说在《儿童文学》刊登。很多年后，郑渊洁在接受采访时说："我的母亲非常伟大，要是没有她，就没有我的今天。"郑渊洁回忆自己最初写作的时候，甚至还有错别字，但是就是这样的作品，他的家庭给了他最大的支持和认可，他们看到的不是错别字，而是他童心未泯和丰富的想象力，他们看到的不是语句简单的文章，而是适合儿童阅读的短句子，就像他们当年面对那篇《早起的虫子被鸟吃》，看到的是独立思考，特立独行。他们用最温润的家庭氛围保护、培养了不拘一格的人才。我们很少提起郑渊洁的弟弟郑毅洁，他是北京的信鸽大王，虽然我们没有关于他的更多资料，但是我们看到的是这个家庭多元化的培养方式，甚至可以想象，那个从小呼啸在屋顶轰鸽子的少年。

一个乐观的家庭氛围，往往在家庭成员的职业探索和职业选择上体现更多的包容性，也就是允许试错。这种尝试、体验的过程，并不是准成年家庭成员独立完成的，他们是在家庭和父母的指导和帮助下完成的，就像我们完成一次考试，比成绩更加重要的是在老师的指导下完成改错和试卷分析。对于职业的探索和选择就是这样一个探索、复盘、再探索的过程，在这个过程中除了家庭创造的机会外，还有态度上的包容，最后特别重要的是基于家庭职业发展教育的指导和建议。

从家庭职业发展教育的角度看，每一个家庭都希望在准成年家庭成员的职业发展道路上提供必要的帮助，那么用什么样的方式介入，如何在家庭氛围潜移默化的作用下帮助准成年家庭成员完成职业探索和职业选择呢？下面我们为大家提供三条行之有效的方法论，希望能够指导实践。

第一种方法叫经验支持法。

从社会发展的趋势上看，我们不得不承认的一点是，年轻人有优于家长的知识获取方式，特别是基于互联网的应用，他们有更多的平台、方法和手段获得海量的知识。那么从家庭成员的角度看，家长们有优势的不是知识的数量和获取方式，而是丰富的工作和社会经验，可以帮助我们建立家庭权威，同时能够与准成年人形成互补的，恰恰是经验。因此，在家庭氛围的打造上，以丰富的社会经验和工作经验作为基础，是比较理性的选择。

第二种方法叫双权分离法。

家庭氛围的打造一定是双向奔赴的，这里有沟通技巧，有知识互补，也有家庭成员间真正的尊重，这种尊重的体现就是话语权和建议权的分离。即便年轻人的想法是幼稚的、理想化的、不切合实际的，甚至是错误的，背道而驰的，都不影响他作为重要家庭成员的话语权，就像法国启蒙思想家，被称为"法国良心"的伏尔泰说的那样："我不同意你的说法，但我誓死捍卫你说话的权利。"同样，家长对于家庭成员关于职业发展的问题也具有话语权，但这种话语权不是决定权，而是建议权。

第三种方法叫情绪快速控制法。

虽然在特定的家庭范畴内，所谓的情绪控制不能称为问题，但是如何快速有效地将情绪问题进行良性、高效的控制是我们追求的最优的方法。这里介绍三种方法供大家参考，第一种是地域转移法，即快速离开产生情绪波动的环境，这是一个简单快速的物理方法。第二种是搁置矛盾法，即快速将产生情绪的矛盾进行封存，用时间解决问题，情绪问题只要放在足够长的时间单位内，通常都能得到最完美的化解。第三种是在情绪波动，恶语即将出口的时候，让舌头在口腔中左右各转动三圈，这种方式能够有效防止出口伤人。

以上提供的解决情绪问题的方法都是从表象上对情绪问题进行调节，不是从根本上解决，情绪和一个人的成长环境和修养等很多因素相关，从来没有统一彻底的解决方案。还是那句话，只要不是精神病人，那么情绪就是个能被关在笼子里面的猛兽，人人可控制，只不过控制方法各有不同。

最后，回到本节开始的三个问题：

对家庭成员真正的尊重是什么，是在家庭成员遇到问题的时候，给予最大限度的理解，给予最优的解决方案，给予最坏结果的担当。

很多人都知道郑渊洁后面的故事，他因为同样的原因，也在儿子上小学时把他领回家自己教，就和当年他父亲的选择一样。郑亚旗也在他特立独行的培养下成了常识意义上的成功人士，但是这种教育方式是可以学习和复制的吗？

它适合所有的家庭吗？答案当然是否定的。

这样的教育方式对于家庭教育的要求是非常高的，我们不要只看到郑亚旗没有上完小学，还要看到他有一位成功的作家爸爸，而且他的教育模式有过实践。

这也是我们今天可以讨论和思考的一个问题，家庭教育，特别是家庭职业发展教育是不是同样也存在中西方差异，存在理论和理念的匹配问题。我们学习别人，是不是也需要在家庭职业发展教育层面进行家庭层面的创新。

最后，我们分享郑渊洁的一句话："人性的本质是渴望欣赏，鼓励能将白痴变成天才。"

第三节　浅谈家庭文化对家庭职业发展的影响
——中国的"二代"文化

作家梁晓声曾经写过一篇文章叫《中国的"二代"们》。作为作家，他也许能从比较深刻的角度，从"二代"现象剖析社会制度。当然，我们也可以从其他角度来审视这篇文章的内容，这个角度就是从家庭文化的角度、家庭职业发展教育的角度来看待中国的"二代"文化。

所谓富二代、穷二代、官二代、农二代……这已经不再属于新鲜的网络词汇，在大家的判断标准中，这几个词汇已经进化成了中性描绘的词语，指代一种社会角色，甚至是家庭职业特征，只有在特定的语境下才具有褒义或者贬义的身份标签作用。

在梁晓声的文章中，列举了四种类型的"二代"，并给予了社会性的群体评价，比如，富二代，只喜欢不差钱的比赛，好像富二代都是纨绔，只有对金钱的无度使用，才能涵盖他们奢靡的生活方式，中二代、平二代、农二代仿佛都成了终其一生都要隐忍的失败者形象。

如果我们习惯用悲观的观点去看待社会现象，那势必会得出悲观的结论，同时又无从改变这种结果的时候，无疑是痛苦的，但是，如果我们从中性的观点看待这个社会现象的时候，就有了一个全新的思维方式。

结合中国特有的家庭文化来看，二代这个说法恰好诠释了具有中国特色的家庭职业发展路径。所谓的子承父业，是不是就是某种程度上二代们的成功和家庭文化的传承呢？从家庭教育的角度看，二代作为转型时代的标签，也是值得去思考的一代或者几代人。他们从家庭中获取了什么，除了物质，难道就没有精神层面的传承吗？这样看来，"富二代"除了从家庭中获得丰厚家产，是否也同时获取了父辈吃苦耐劳、勇敢创业的精神呢？不得不说，我们需要客观看待二代文化，客观评价二代群体。

那么，如何看待中国的二代文化，它真的是中国转型期的怪胎吗？它真的就是不学无术和终身困顿的代名词吗？作为"一代"人，我们除了金钱和房子，还能给二代些什么呢？面对中国的二代文化，西方的民主家庭教育就是解决中国家庭问题的良药吗？带着这样的问题，我们开始今天的内容。

之前的我们从解构的角度和列举的方式，对家庭文化中的重要组成要素：家庭核心价值观、家庭知识结构、家庭氛围，进行了分析，同时对家庭职业发展的影响进行了讲解，也提出了一些比较实用的方法论。但是，文化的概念是巨大的，家庭文化的内涵是繁多的，对于一个具体的、特定的家庭来说，也许很边缘化的家庭文化要素也能改变这个家庭的职业发展方向，对家庭成员的职业发展路径产生巨大的影响。

对于家庭文化的概念，其实有很多版本，角度不同、用途不同，描述也就不同，我们从家庭职业发展的角度对家庭文化进行定义，是这样的。家庭文化，是指一个家庭世代承续过程中形成和发展起来的较为稳定的以家庭价值观为核心，以家庭教育为手段，以家庭职业为表象的，集合传统习惯、家庭道德准则的生活方式的体现。中国的家庭文化则更多地体现了中国文化的有序传承。但无论如何定义，中国家庭文化，一定是中国文化的重要组成部分，中国文化的特征一定在家庭文化中充分地体现。

从中国家庭文化的构成看，同样繁杂多样，很难看清全貌。这里我们就总结最重要的三个特征与大家分享。

第一个特征就是超强文化融合性。

这个特征在中国的历史发展进程中，被体现得淋漓尽致。我们的国家地域辽阔，以秦岭淮河为界限，分为南北，无论是俗文化还是雅文化，都存在着截然的差别，结合地域的特点是更为丰富的民族构成，而地域文化和民族文化在统一的中国文化的传承过程中又基本保持了统一，基于以儒家思想为主导的家国文化，且传承有序，发展至今。近现代，随着国门的打开，新思想的涌入，西方文化特别是家庭文化的理念也逐渐传到中国，比较典型的例子就是我们在前面曾经提到的例子，宋氏家族、英氏家族。他们进一步丰富了中国传统家庭教育的内容，优化了家庭教育的方式，真正实现了中西结合，且从家庭职业发展教育的角度来审视是相当成功的，这些家庭人才辈出，成为中国家庭职业发展教育的典范。

第二个特征是重视家庭教育。

从中国的历史看，封建社会持续的时间是超长的，封建社会对于家国的观念是非常看重的，加上从隋朝出现的科举制度，为家庭改变阶级提供了通路，这从某种程度上决定了中国的家庭更加注重教育，无论是应试教育还是家庭教育都是中国家庭自古普遍关注的点。从家庭教育的角度出发，无论是士族大家，还是普通的耕读之家，都有相对适合自己的方式进行家庭核心价值观的确定，以及具有普适性的教育方式，特别是在家庭成员的职业发展问题上，家庭的参与度明显要高于西方家庭。

第三个特征是关注职业发展问题。

历史原因决定了我们对于家庭文化的关注，特别是基于家族的观念根深蒂固，家族的延续和发展与个人的职业发展是息息相关、密不可分的存在。所以，对个人职业发展的关注，对家庭职业发展教育的关注是必然的。比如，我们提及的二代文化，其实更多体现了家庭职业发展教育的内容和方向，而不单纯是身份和社会阶层的定位。再比如，宋霭龄和宋庆龄，都是在父亲的安排下先后做了孙中山的秘书，这种对于家庭成员职业发展的干预也是基于宋氏对国家、家族利益的考虑，宋耀如一直支持孙中山先生的革命事业，几乎达到了痴迷的程度。

总的来说，中国家庭文化是根植于中国文化的，影响着中国文化发展进程的要素。中国家庭对于教育的重视程度相当高，在中国的社会中没有任何一个个体是可以完全脱离家庭而被单独审视和评价的，没有任何一个人的职业发展只关乎个人，不关乎家庭的。就像我们看待每一个取得成就的政治人物、商业精英、文化名人，都习惯性地关注他的家庭、他的父母、他的家庭传承背景，我们总会选择在他的家庭教育中找到他成功的原因。

结合我们之前讲解的内容，大家对于家庭教育、家庭职业发展教育已经有了基本的认知和了解，对于具有共性的家庭职业发展问题有了初级的解决方案，但是随着社会的不断进步和发展，家庭职业发展教育同样存在发展和演进的过程，了解它的现状，是我们深入运用家庭进行职业发展教育的关键，下面我们就从"中国特色"的角度对家庭职业发展教育的现状出发，进行宏观和微观两个层面的剖析。

首先，我们从宏观的层面来看。

2022年1月，《中华人民共和国家庭教育促进法》正式生效，国家从立法的层面对家庭教育提出了要求，提供了法律保障，而且从立法级别上看是比较高的。特别是国家提出的"双减"政策，更是将家庭教育和素质教育提升到新的高度。

2022年5月9日至15日全国妇联、教育部开展首个全国家庭教育宣传周活动。活动中针对中学和大学准成年人及成年人家庭都提出了家庭教育的目标和理念。

家庭家教家风建设，事关人人享有人生出彩机会，事关家家幸福安康，事关社会和谐稳定，事关中华民族伟大复兴历史进程。无论是法律层面，还是国家政策、舆论宣传层面，家庭教育都被提到了一个前所未有的高度。

随着科技的发展，新知识和新技能不断出现，催生新职业层出不穷。以"新工科"为例，大数据、网络安全、人工智能、机器人、物联网这些新名词已经无一例外地成了高校的新专业，从高校人才培养的角度看，这些新技术、新知识和新技能的涌现与高校毕业生的就业紧密相关，这也给家庭教育提出了新要求，新的知识结构对于家庭职业发展教育至关重要。

提及西方家庭文化，特别是家庭教育理念不断地充斥在中国的家庭教育市场中，这种脱离了本土文化，一味强调自由、平等的家庭教育理念，在一定程度上是需要进行甄别才能够指导家庭教育的，但很多家庭受此影响，摒弃传统，只强调个人自由的职业选择，在很大程度上造成了家庭教育，特别是家庭职业发展教育的困扰。

其次，我们从微观角度对中国的家庭职业发展教育现状进行分析。

第一个现状是改革开放 40 多年，很多家庭摆脱了贫困，在家庭经济基础上已经有了很大的改善，甚至催生了相当数量的中产家庭和富裕家庭，随之而来的"二代"文化不断涌现。"二代"文化的关键不在于家庭职业的认定，而在于家庭教育的缺失，特别是在家庭职业发展教育上的缺失。其核心就是家风和家教的问题，原本的大家庭结构已经逐渐被分化为相对独立的小家庭，而基于传统家庭文化的家风和家教，没有很好地被小家庭继承和发展，逐渐形成了家庭职业发展教育的空洞，家长更加关心学习成绩，考取的高校，很少关注家风建设，这也直接导致"二代"现象的出现。

第二个现状是家庭知识结构造成的代沟现象。就是家长的知识结构和子女的知识结构出现了很大的差别，交集变少，很难沟通。特别是关于职业发展的问题，家长很难有相关专业知识的积累，同时过往的经验可能与现实的职业发展状况有差异，逐渐形成了知识空洞，这是许多家庭都面临的问题。

第三个现状是沟通技巧匮乏的问题。虽然摆脱了命令式的沟通手段，但无效沟通是常态。

在之前的章节中，我们已经从内、外两个角度，对家庭文化中对家庭职业发展教育影响最大的要素进行了分析和研究，找到规律，提炼精髓，寻求解决问题和指导实践的方法论。从内部，我们分析家庭核心价值观的问题，它也是家庭文化的核心，从家风和家教的探索、形成、变迁、固化、继承的角度进行了认知层面的学习，同时又从影响的角度，了解了对家庭职业发展教育的影响；从外部，我们分析了家庭知识结构和家庭环境与氛围的问题，它是家庭文化中重要的外延，从知识结构和家庭环境的现状认知、提升优化的角度进行学习。

今天从家庭文化这个比较宽泛的概念来谈及对家庭职业发展的影响，这是承上启下的一个篇章。主要从现阶段我们所处的大环境，即社会环境和小环境，即家庭环境的视角出发，居高临下地审视中国特色的家庭职业发展教育现状，结合之前课程中提及的方法论，从职业规划的基本规律出发，找到一条中国特色的家庭文化背景下构建的家庭职业发展路径，希望可以作为参考，帮助家长找到准成年家庭成员的最佳职业发展路径。

接下来我们就要从中国特色家庭文化的角度入手介绍构架家庭职业发展路径的方法，即帮助家庭成员走好职业发展第一步。

显然，家庭职业发展教育最终是通过家庭成员的职业发展路径来体现的，但是，个人的职业发展路径最终的决定权是属于个人的，而家庭的参与更多体现为必要性，而不是充要性，所以，"引导"是非常恰当的态度和做法，而不是代替决定。

从职业规划的基本规律来说，就是认知和决策的问题，认知包括对自己的、对职业的、对外部环境的、对内部环境的认知。职业规划中的决策，强调决策的过程，而非结果，因为有对应的评估调整的过程，完全可以重新或者多次决策。

我们来谈谈认知引导的方法。

无论是自我认知还是职业认知，都是一个多视角完成的过程。

比如自我认知，虽然我们可以找到非常成熟和多样的自我认知的测评工具，通过相对客观的工具对自己的职业兴趣、职业能力、个性特征和职业价值观进行测评固然是一个不错的方法，但这种方法的弊端也非常明显，一是有测评信效度的问题；二是视角单一，我们还需要配合他人视角帮助我们完成认知；三是方法单一，人是复杂的，只要是社会人就面临着家庭、遗传、环境等因素对个人的影响，所以通过更多角度的窥镜看见自己才是最佳的自我认知方式。

所以，我们开始认知前，从家庭文化的导入认知是捷径，比如我们在探索职业价值观的时候，从家庭的核心价值观探索是个比较好的角度，举个例子，如果我们问自己，成就感、稳定性、学习机会、升迁机会、薪资、工作环境，你最看重什么？也许觉得自己无从选择，好像都看重，好像又都没那么看重，但是如果你从家庭职业价值观的角度来分析呢，就能得到答案。

我们常说选择一个职业就是选择一种生活方式，这也是我们在本书中不断提到的所谓职业生活，所谓的职业，不再是一种谋生手段，它应该是你愿意为之奋斗终生的事业，只有这样我们才能安然接受以职业为核心的生活方式，否则便是痛苦的。所以当我们看待认知问题的时候，对职业生活和职业经验的需求是非常明确的，这也是每个家庭能赋予家庭成员最直接的礼物。比如，你每天看到的家庭成员的生活状态，就是他的职业生活最真实的表现，你听到的关于这个职业的所有信息就构成了传来形式的职业认知。耳濡目染，就是最好的家庭文化体现，所以，分享、剖析，让家庭文化充分地展示，合理地表达，就是我们对认知的最好引导。

比如，家长希望大学毕业的孩子能够进入国企、央企工作，而孩子不喜欢一成不变的生活，家长应该如何进行认知引导？

首先，"家庭文化分享"：追求稳定，是我们家庭一直以来的目标，无论在什么样的外部环境下，这个准则没有变化，家庭受益很多，虽然没有雄厚的经济基础，但是一直稳步发展。

其次，"职业生活剖析"：选择典型家庭成员，对求学、求职、生活的过程进行剖析，提炼优势、劣势、所得、所失。

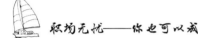

再次，"职场经验分享"：选择基于沟通、相处、情商等内容的经验进行分享，让家庭成员对职场有客观的认知。比如他所谓的国企和央企的一成不变，只是表面的，它有五光十色的职场生活内容，有风险、有挑战、有成就感。

接下来，我们谈谈决策层面的引导。

我们指导决策强调过程而不是结果，因为结果会因为很多因素发生变化，特别是职场新人，他的决策改变概率更大。但是我们希望决策过程客观，决策结果的准确率较高，那就需要从家庭职业发展教育的角度给予有效的引导，还是以上面的假设为例来说明。

第一，职业资源的整合。家庭以及家庭成员能提供哪些资源，比如实习机会、参观、国企央企工作人员的访谈等等，这都是有助于做出决策的资源。

第二，家庭建议收集。对于家庭成员进入国企央企，每个家庭成员充分表达自己的观点，并尽量说明理由，针对建议进行收集，这看似形式大于内容的动作，往往会形成比较明确的职业指引。

第三，职业体验设计。确定时间界限，充分体现不同的职业，不一定是目标职业，也可以是反感的职业、不了解的职业等等，这个过程是需要家庭给予帮助和设计的，这样能够帮助准成年家庭成员陷入对工作的想象无法自拔。

后面我们将从地域文化、民族文化和家族文化三个角度对家庭职业发展教育的影响进行讲解，这部分内容侧重文化层面的分析，与前面的内容相比趣味性会较强，理论性稍弱，也会提及部分的方法论，但多数是从家庭知识结构的角度进行丰富。因此，我们以本章内容作为分界点，开始后面关于地域文化、民族文化、家族文化的分享。

第三章

家庭地域文化的认知与探索

第一节　浅谈地域文化对家庭职业发展的影响
——一方水土，一方家庭

"中国，是一个伪装成国家的文明。"

乍听起来，有些颠覆我们的认知。这是英国学者马丁·雅克的观点。剑桥大学政治与国际研究学院资深研究员马丁·雅克，曾经激动地向欧洲的观众表示，中国其实并不是一个国家，而是一个"伪装"成国家的文明。他希望欧洲民众将中国看成是一种文明而不是一个国家，他认为只有这样才能更好地理解中国。在梁漱溟先生的《中国文化要义》中也对中国的文化特殊性进行过独特视角的阐述。他认为中国的文化特征大于中国的国家特质。

当我们面对文化这个宽泛概念的时候，一定从具象入手才能窥豹一斑，对于中国文化背景下的家庭教育和家庭职业发展同样如此。对地域文化而言，由于地域的广阔和自然环境的不同，造就了我们丰富多样，差异化明显的各种地域文化。相对欧洲的地域有限，和美洲的文化趋同，我们的地域文化各具特色，且对家庭职业发展产生了持久和深远的影响。

地域文化有不同方式的划分，比如农耕文化、草原文化、海洋文化的划分方式，有农业文化、少数民族文化、游牧文化的划分方式，也有以地理分界线进行文化划分的方式，比如，以长江为界划分，以秦岭和淮河划分为南北方文化。在我们比较普遍的认知中，以南北方来区分的文化是相对比较清晰的，通常也选择秦岭和淮河作为地理文化界线。我们今天在文章中谈及的地域文化，也采用以秦岭淮河为界线的南北文化划分为基础，进行讲解。在南方文化中，我们选择比较有特色的岭南文化做分析。

岭南文化，是地域性非常明显的文化形式，是海洋文化的重要体现。敢为天下先，就是岭南文化中最具有特色的职业精神。多元、务实、创新是岭南文化的明显特征。特别是多元性的体现，兼容并包，不但兼容当地少数民族的文化，还包括外来移民文化和传来的西方文化，在家庭文化的体现上就更加明显，比如在之前的课程中提到的宋耀如，就是典型的岭南文化背景下的家庭教育方式，兼容并包，充分融合了西方家庭教育的方法，同时坚守中国家庭教育的核心原则，爱国，爱家。从家庭职业发展教育的角度看，受岭南文化影响的家庭有其独具的特色。首先从大学专业的选择上即突出实用性，侧重应用学科，而非理论研究，重视创新思维，创业比例、创业成功比例显著高于其他区域。如何看待岭南文化中的创新，如何看待南北方家文化的不同，以及岭南文化背景下家庭成员如何做职业选择？我们将带着这三个问题的思考开始今天的内容。

第一个问题，我们先来粗略地了解一下南北方文化的特征，对文化差异有基本的认知。

前面我们说过，中国的地域文化划分是有很多的标准和方式的，我们这里选择以秦岭和淮河为界线的南北文化划分。从南北方对职业选择的倾向来看，北方更追求稳定，南方更追求创新。这和南北方的文化起源有关系，北方受农耕文化影响，初期的职业与土地绑定，因此追求职业稳定性的特征比较明显，而南方文化受海洋文化影响较深，由于土地资源匮乏，为了生存，求新、求变是生活的必需，因此在创新性上优于北方家庭。比如我们前面提及的宋氏家族，宋氏三姐妹的高等教育都是在美国的卫斯理女院完成的，这在中国的留学史上是开先河的存在，不得不说，这是教育方式的创新。

从知识学习的角度上看，南北方的差异更加明显，北方追求知识的广泛性、理论性，而南方追求专项性、实用性。治学目标不同，研究的成果针对性也大相径庭，比如，数据科学与大数据技术作为新专业，在众多北方高校中多数划为工学范畴，少部分划为理学范畴，而南方高校则将大数据与传统专业相结合，形成了金融大数据、旅游大数据等经管类学科。

南北方在家庭职业发展教育上的差异主要体现在家庭职业方向的选择，家庭核心价值观也就是家风和家教问题，以及比较明显的职业视野上。在家庭职业发展教育问题上南北界限以长江为界限更为明显。南方由于历史发展原因，以及移民现象，导致家族、宗族的大家庭观念比较浓厚，因此，作用在家庭职业发展教育上则体现为对职业选择的趋同性。比如，我们在之前曾经提到的钱氏家族，职业的趋同性就非常明显。而北方家庭，由于产业发展的需要，大家庭被分化，小家庭逐渐成为趋势，特别是受到草原文化的影响，宗族观念并不明显，因此，在家风问题上并没有明显地对家庭职业发展方向产生影响。最后就是从职业视野的角度看，南方受外来思想和文化影响较大，通常在高等教育阶段能够实现对家庭成员的国外求学资助，因此职业视野相对宽广，而北方地理环境相对封闭，因此视野相对较窄。这就决定了南北方家庭在面对职业发展问题时不同的沟通方式、处理方式、资源复用方式。

对比南北方家庭职业发展教育的差异，可以通过我们之前提及的家庭为案例进行分析，比如对比英氏是典型的北方文化，钱氏是典型的南方文化，英家以语言学习天赋见长，后世多从事了与翻译、表演、文化相关的职业，而钱家重应用，其后世多科学、军事、航天人才。

在家庭职业发展教育的问题上，由于家庭所处的地域不同，所受当地文化的影响不同，决定了家庭职业发展教育的不同风格和趋势，这种风格和趋势，没有所谓的优劣和好坏之分，是家庭发展中自然选择的趋同现象。从地域文化

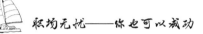

对家庭职业发展的影响来看，主要体现在三个方面：

一是家庭核心价值观的影响，也就是家风和家教的影响。二是对职业兴趣的影响。三是对职业认知的影响。

第一个因素是家庭核心价值观的影响。南北方对于家风和家教的重视程度、传承程度有着明显不同，形成原因和具体的表现形式，我们已经在前面进行了分析，那么这种不同对家庭职业发展教育和家庭成员的职业发展所形成的影响是什么呢？

具体体现为高校毕业生择业观的不同，南方家庭，特别是受岭南文化影响的家庭，对于家庭成员的择业问题比较现实，即在择业就业的问题上都给予了更多的包容、理解和自由，鼓励尝试。相对于南方家庭，北方家庭在职业发展的问题上，家长的参与度比较高，受传统的一职定终身的影响较大，在价值观上更加追求稳定的工作环境和社会身份的认同感。

第二个因素是职业兴趣的影响。南北方家庭对于不同的职业类别有着特殊的关注和喜好，以齐鲁文化为例，由于受到传统孔孟思想的影响，尊师重道，教师类职业格外受到青睐，而以务实为特色的岭南文化中，自主创业就做得风生水起，而受草原文化影响的东北文化中，对政治身份的追求比较被看好，因此报考公务员的比例很高。

第三个因素就是对职业认知的影响。南北方在知识的获取上，南方侧重实践、北方侧重访谈，即在职业认知的过程中，社会环境认知、行业认知等诸多的因素追求的是全面和客观，才能了解全貌。所以南北方各有特点，容易形成不同的职业认知结果。

前面了解了地域文化，以及地域文化对职业发展的影响，主要目的也是希望通过对地域文化的学习解决基于家庭职业发展教育中的问题，比如家庭成员的就业地点选择问题。从文化的角度讲，在欧洲、美洲，工作地点的选择不是一个非常难解决的问题，因为交通工具、生活方式等在不同的城市、州，甚至国家间差别不大，更重要的原因是他们的文化趋同，没有我们如此丰富的地域文化背景，所以，我们在进行职业认知的过程中，关于地域文化的考量是非常重要的外部环境特征。还是以我国的南北差异为例，原本喜欢固守的北方文化，在经济发展的推动下，迁移变成了不得不走的路，比如北方城市的人，选择南方城市工作，更多是基于工作机会、收入的选择，但是当职业生活开始逐步展开的时候，地域文化就会成为关键问题，如何融入当地文化，如何在地域文化下构建社会关系都会成为职场新人的问题，一旦无法得到很好的解决，就会影响后续的职业发展。

我们首先面对的问题就是在南北方之间的选择。这也是最为常见的问题。去南方工作，还是在北方工作，我们可以从气候、经济环境、行业发展等诸多因素去考虑，但是如果我们从地域文化出发，很多人可能认为这不是一个很重要的因素，文化嘛，自然是潜移默化的，从不排斥，到接受，到融入，这个过程加上或长或短的时间就会解决问题，其实则不然。大家要想到文化很重要的载体就是人本身，我们要面对的是不同的企业文化、差异化的职场规则、截然不同的判断标准，这都决定了我们在即将开始的职业生活中获得怎样的收获和有什么样的感受。比如，腾讯法务团队——南山必胜客。我们可以从一个部门的风格体会地域文化对企业文化的影响。

"南山必胜客"，通常指腾讯法务部在其总部所属的南山区，在法院总能胜诉。

腾讯早期并非不重视法务，五位创始人之一的陈一丹，广东潮汕人，硕士时读的就是法律。创业初期，公司的合同审核、用户协议起草、内部管理规范制定等工作，都由陈一丹负责，后来随着业务的发展、上市的需要和知识产权重要性的凸显，才逐渐转变为专人负责法务和专利工作。不过，早期的腾讯法务并不健讼，这一点就深受陈一丹潮汕文化影响，主张法务防范风险的意识，尽量少打官司。

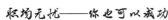

2002年2月，毕业于中南财经政法大学经济法系的郭凯天加入腾讯，7个月后全面负责集团法务和行政等工作，开始了南山必胜客的时代，郭凯天有武汉求学的经历。武汉地处中国的地理中心和荆楚文化的核心区。从空间轴上看，武汉是雄浑的北方文化形态与灵秀的南方文化形态的交汇之地；从时间轴上看，武汉是中华农耕文化形态与近代工业文化形态的碰撞之地，具有多元文化汇聚包容、阔大开放的气象。"北雄南秀"的文化属性塑造了武汉人的独特气质。从腾讯法务团队的变迁，我们也可以看到地域文化对人的影响以及人对企业文化的影响。因此南北方基于地方文化的选择会决定我们的职业生活走向。

第二个问题，就是北上广深这样一线城市的选择还是小城市的选择问题。

在家庭职业发展教育中，这是一个最现实，也最容易产生矛盾的问题。我们不妨从地域文化的角度进行分析。一线城市的地域文化可以用丰富和精彩来形容，因为八方汇聚，文化交融。不得不说，无论是北京、上海还是广州、深圳，各有各的精彩，可以说从文化层面能给人极大的满足感。有人说，排外，有人说，没有归属感，但在大城市最容易找到的恰恰是文化的认同，你会觉得这些一线城市的文化包容度超过你的想象，甚至随处都能找到家乡文化的点滴碎片。这就是北上广深的地域文化，而小城市，在文化上更像特立独行、有血有肉的一个人，或阳刚、或婉约、或活泼、或恬静，总有自己独特的文化味道，可能没有那么多的精彩杂糅，但总有另一番与众不同。可见，我们开始职业生活的地方，地域文化也对未来的生活方式产生了很大的影响。这时候我们需要冷静地对地域文化下培育的特色产业进行了解，比如，常州，我们可能不太熟知的三线城市，但它的机器人产业却是全国领先的，无论是技术开发，还是产品应用，已经成为国内顶级的机器人技术和产品集散地了，所以对于城市的选择，看似没有头绪，实则有众多维度。

第三个问题，是熟悉和陌生环境的选择。

在家庭成员的职业发展路径中，熟悉和陌生环境的选择往往不是无从选择，而是严重分歧。对于陌生环境的好奇，是很多准成年人的特征，离开熟悉的环境闯荡世界，并没有对错，但是从中国家庭文化的角度出发，这种选择往往受到家庭文化的影响，同时也受到地域文化的影响。以岭南文化为例，敢为天下先的理念就决定了南方人的冒险精神，再比如潮汕文化中的同乡文化也是他们在陌生环境中的生存必需，而随着南北方经济发展的不均衡和交通工具的发达，北方人放弃熟悉的地域南下也成为一种地域文化的选择。所以，无论是熟悉还是陌生的环境，从地域文化的角度来看都是一种文化归属的选择，熟悉的环境自然有熟悉的文化，陌生的环境自然需要重新感受和融入，放弃熟悉的文化氛围一定有不得已的原因，或是不喜欢，或是厌倦，直到找到远处的风景，放弃熟悉对职业发展也并没有多大的伤害。谈及文化，我们仿佛总有说不完的话，讲不完的故事，很多的规律，又有非常多的例外。但文化总是潜移默化的，毫无声息地影响着重要的事情。地域文化，对于家庭、家庭教育、家庭职业发展教育的影响就在呼吸间，就在细水长流，这也永远是个温暖和人人可谈的家庭话题，希望它也可以成为家庭沟通的桥梁，成为家庭职业发展教育的一个闪光点。

第二节 民族文化对家庭职业发展的影响
——讲好家庭故事

满族，是中国历史上一个非常特殊的民族，它是中国历史上为数不多的少数民族政权。虽然满族是白山黑水走出的典型的游牧民族，但是其在自身发展的过程中却呈现了与游牧文化不同的特征，比如，最明显的民族融合性，这种融合是彻底的融合，特别是和汉族文化的融合。与中国历史上另外一个少数民族政权元朝相比，这种融合甚至是牺牲式的。元朝统治者首先以民族为基础对人进行了等级划分，这也是导致最终统治失败的根本原因，特别是后面关于经济管理能力的低下，直接导致了王朝的崩溃，而这种社会经济管理的问题就出在学习能力、融合能力、接受新事物的能力上。

入关后，清朝统治者接受汉族的儒家教育，孔孟思想逐渐成为大部分满族人的正统思想。甚至在宗教信仰上也趋向汉族，对佛教和道教推崇备至，甚至在鸦片战争后，中西文化交流频繁，部分满族人也加入了天主教和基督教，成为信徒。

满族是一个很善于学习又善于创造的民族，为祖国的文化融合作出了贡献。全面地倡导国语、汉字，全面地接受儒家思想，历经百年，满族几乎将自己消融，完全融入汉族文化中。

无论是为了政权的稳定还是其他原因，满族可以说是最大限度地实现了民族融合，但是独有的文化、习俗和家庭教育理念也在影响着社会生活。特别是在家庭教育的问题上，一边是吸收儒家文化中尊师重道，注重家风的特点；一边是注重家庭艺术教育，特别是绘画、音乐等美学教学内容更是丰富多彩。这也是我们看到的，在民国时期，很多满族人都从事书画、戏曲、古玩鉴定等工作，不少演艺明星都是满族，这和满族人的家庭教育是紧密相关的。

如何找到家庭的民族归属感，如何让我们用民族这个点讲好自己的家庭故事，这是我们基于本节内容要思考的两个问题。

今天我们要开始的第一个问题是关于民族文化的问题。

中国的民族问题和地域问题一样是内容众多，角度多样的。为了结合我们关于家庭职业发展教育的内容，我们只选取部分相关的主题与大家进行知识分享。

大家都知道，我们的国家是一个多民族国家，以汉族为主体，同时拥有丰富的少数民族，在历史上，无论是战争还是政权更替，抑或是大移民都导致了文化在地理上的迁移和融合。

中国历史上历经了三次重要的民族融合，第一次大规模融合是华夏四夷融合为汉族；第二次大规模融合是五胡乱华；第三次大规模融合则是宋辽到元，少数民族政权与汉族政权之间的战争与共存。到了清朝，废除了明朝推行的"华夷之辨"，认为汉族和周边的各族都是中国的民族。至此，中华民族形成，战争是比较激烈的民族融合方式，基于战争的融合，中国的民族形成了自身的特色，即汉族儒家思想对中国所有的民族都形成了强影响，这是中国民族文化的第一个特征。

中国民族文化的第二个特征就是民族文化的影响，历史上满、蒙、回、藏，这些民族不但在人数上有一定优势，且满、蒙短暂掌握过政权，同时又有基于语言和文字的文化传承，因此对中原文化的影响是比较深远的。清末的梁启超提出了中华民族的概念，孙中山则提出了"五族共和"的思想，包括国民党时期的"五色旗"也是取汉、满、蒙、回、藏民族团结的意义而设计的。

中国民族文化的第三个特征是价值观的趋同。这也是在汉族儒家文化的影响下形成的统一价值观，这种价值观在家庭文化教育中则体现为家庭的价值观，比如，爱国、统一，这基本是贯穿所有民族家庭的共同的家庭教育观。

中国的民族文化是各民族在其历史发展过程中创造和发展起来的具有本民族特点的文化，既包括物质文化也包含精神文化。比如，饮食、衣着、住宅、生产工具等属于物质文化的内容；语言、文字、科学、艺术、哲学、宗教、风俗、节日和传统等属于精神文化的范畴。以家庭文化为例，在满族的家庭文化中，重视艺术教育是重要的特色，在朝鲜族的家庭文化中，重视家庭礼仪教育是重要特色，在蒙古族家庭文化中，则重视环境道德教育等等。从不同民族的家庭文化中我们可以看到不同的侧重，这就是民族文化在家庭文化和家庭教育中的体现。民俗文化，也是民族文化的重要表现形式，这点无须多言，各个民族的特色民俗也是该民族形成归属感的重要因素，同时民俗文化也和汉族文化逐渐渗透，形成了推而广之的民俗。比如，满族的婚嫁习俗，包括迎娶、坐帐等婚礼流程已经成为中国传统婚俗的组成部分，再比如满族的小吃文化，已经逐渐失去了民族特性成为习以为常的食物。

中国民族文化的第四个特征就是关于宗教对于文化的影响，众所周知，很多少数民族有自己的图腾文化，同时受到中原佛教和道教文化的影响，形成了图腾、祖先、佛教和道教混合的现象。但都没有超越《中国文化要义》中关于宗教对家庭的影响，即各民族人民都倾向道德规范来管理生活，宗教的影响非常有限，宗教文化依然陷落于中国的家文化中。

前面我们从特征和表象的角度对中国民族文化进行了简单的分析，主要是希望通过这种方式，让大家能从文化、家庭文化、家庭教育的角度认知民族问题，并从中找到可利用的规律。

　　家庭文化是民族文化的表象，民族文化对家庭文化和家庭职业发展的影响一定是客观存在的，这里我们可能更多地从少数民族家庭文化的角度出发，希望大家能有所借鉴。

　　民族文化对家庭职业发展的影响主要体现在以下三个方面，一是通用能力方面，二是个性特征方面，三是职业归属感方面。

　　通常意义上的通用能力是相对于专业能力而言的，是指从事任何职业，处理任何事物，都要应用到的能力的总称，通常是与生俱来的能力。比如，学习能力、沟通能力、写作能力、语言表达能力、逻辑思维能力等等。通用能力恰恰是家庭教育应该关注的核心，由于通用能力的特性，更多的时候我们是发现它，并放大它，训练它，能够让它发挥更大的作用。比如我们在之前的课程中提及的英氏家族，语言学习能力就是他们家族非常明显的通用能力，就是在同等时间条件下，他们只需要花费很少的时间和精力就可以完成其他人数倍时间和精力都无法实现的语言学习效果。英敛之是满族人，满文名叫赫舍里·英华，英敛之的夫人爱新觉罗·淑仲是典型的满族皇室，因此他们组成了一个典型的满族家庭，英若诚曾经描述过他们小时候的家庭教育场景，绘画和音乐，是这个家的必修课程。

　　个性特征也是一个具有民族特色的元素，少数民族大学生普遍在个性上体现为自信、创新、较强的民族荣誉感，追求自由半等，在职业选择上，从众心理严重。还是以英氏家族为例，积极乐观，就是这个家庭非常明显的个性特征，这种特征与他们的民族文化是相关的，都知道满族人喜欢海东青是因为狩猎，殊不知在满族的文化中有关于海东青永不放弃的鹰神的传说。鹰神是满族动物神之首，相传，天神阿布卡开天辟地后，整个大地像一个大冰块，天气寒冷，万物不能生长，人类更是无法生存。阿布卡赫赫为了孕育出一个充满生机的大千世界，便命神鹰代敏的格格——海东青，去三十三天外太阳神那里取光和热。海东青冒着生命危险不知飞了多久，终于来到太阳神的下面，在太阳的神火下，抖动身上的羽毛，把太阳神的光和热装进羽毛里飞回人间的大地，海东青飞过的地方冰雪消融、万物复苏。由于过于劳累便落在一棵树上打了个盹睡着了，羽毛中的火掉了下来，引发一场大火，山上的树木着火了，石头烧红了，海东青在熊熊的烈火中惊醒，这火昼夜不息，神鹰海东青便用翅膀搬土盖火，往来于天地间，解危救难，成为正义和力量的化身，成为满族的保护神。这是一个在满族家庭中会经常被提及的传说，海东青就是一只执着、永不放弃的神鸟，这也是满族人的精神象征。一个生活在白山黑水之间的游猎民族，他们的生存就是一场永不放弃的战争。

第三点是关于职业归属感，什么是职业归属感呢？就是个体与所属职业群体间的一种划定、认同和维系的心理表现。职业认同感决定了我们职业生活的选择和质量。这种职业归属感，一定是兴趣作为内驱动力，同时与职业能力相匹配，形成了正向激励的良性循环。比如，小说《穆斯林的葬礼》就描述了一个回民与玉器行业的故事。珠宝玉器行业是回民早期一直从事的商业行业，历史上就有"识宝回回"的说法，20世纪40年代，北京由回民经营的玉器作坊还有百余家之多，玉器行业中70%是回民。在小说中，主人公韩子奇从一个被老筛海捡来的流浪儿，变成了玉器制作的高手，这个成长过程就是一个职业归属感的最好实例。

了解了民族、了解了民族文化，也和大家分享了民族文化对家庭文化、家庭教育和家庭职业发展的影响，那么我们如何利用这一文化讲好我们自己的家庭故事，让家庭职业发展教育变得更有趣、更有意义、更能让家庭成员找到职业归属感，在选择职业和坚守职业的时候让家庭文化提供更多的原动力。

那么我们如何讲好家庭故事？

首先，善于积累素材。民族文化，一定是我们最好的素材来源。丰富的民间传说和民俗，还有老人们口口相传的故事。有人觉得这只是属于少数民族可以使用的资源，其实不然，因为汉族的家庭故事太过丰富，所以选择起来更加容易，只是需要找到维度，比如，姓氏文化，中国人常说五百年前是一家，可见同一个姓氏就可以拥有同样的故事传承。

其次，善于创造仪式感。充分利用民族民俗，对于节日、习俗等文化创造家庭仪式感，通过民族文化建立家庭成员间的文化沟通和认同感。

最后，找到谈资。在生活中随时建立家庭故事与周围环境、社会热点事件的关联进行沟通，建立有文化特色的家庭交流环境。

从家庭文化的角度看，民族文化，并不是一个重要的影响因素，但是，在涉及家庭成员的职业发展问题的时候，任何一个因素都可能成为决定因素。我们希望通过地域、民族，甚至是家族的知识，逐渐给到家长足够的家庭文化积淀来弥补很多小家庭家庭文化匮乏的现象。希望通过这些因素建立家庭成员间的良性沟通，这种沟通也许和职业不直接相关，但从家庭职业发展教育的角度看又是不可或缺的，我们希望每个家庭都是一个有趣的家庭，而不是一个无聊、无趣、无所谓的房子。

第三节　家族对家庭职业发展的影响
——不可不知的家族密码

回顾家庭文化认知系列内容，我们已经和大家共同梳理和学习了关于家庭核心价值观、知识结构、环境、文化、地域、民族对家庭职业发展的影响。特别是关于家庭核心价值观，也就是家风和家教问题。

在中国文化的背景下，基于共同的国家和民族的价值观，我们有方向和趋势趋同的家风和家教，但从单一家庭的角度看，在诸多因素的加持下，又呈现了更多的差异性。在"家庭职业发展"这个比较新的课题之下，我们用一个完整的模块来梳理家庭文化问题，是不是舍近求远，与课题的主旨发生了偏离呢？特别是我们的篇章当中引用了大量的家庭案例、历史传承甚至是一些心理学的内容，又是为什么呢？主要有三个目的，首先，是希望大家能换个角度看待家庭文化；其次，是能够在文化中找到家庭的定位；再次，是帮助大家通过家庭文化，找到能够对家庭成员职业发展产生正向影响的好方法。

　　家庭教育一直被关注的领域集中在未成年人家庭教育，对于准成年人的家庭教育，也就是大学生家庭、准高校毕业生家庭，职场新人家庭则少有人关注。面对现阶段，人才培养的变革和就业压力的不断增加，更多的准成年人家庭面临的问题不断增加，但面对已经成年，接受了高等教育的子女，家长们却往往无能为力，一方面子女接受了高等教育，随着年龄的增长有了自己的想法，另一方面家长的知识结构落伍，加上早已存在于家庭中的沟通问题没有得到解决，沉疴已久，很难将社会经验和职场经验对子女进行有效的传达。因此，在职业发展的问题上，就形成了中国特色的家庭现状。

　　通过家庭职业发展课题能够让更多的准成年人家庭补上职业发展这堂课，不但从方法论的角度找到办法，还能更深层次帮助家长厘清家族传承，重塑正向积极的家风和家教，形成家庭凝聚力，找到家族荣誉感，在家庭文化的感召下，逐渐形成家庭成员间的良性互动，进而在准成年人的职业发展问题上成为最贴心的顾问、最真诚的老师、最专业的职业导师。

　　家庭教育，是方兴未艾的全新学科，未来将成为高校中独立的专业存在。可见其社会需求的强烈和国家的重视程度。由于近些年来受到西方家庭教育观点和部分心理学观念的影响，很多的中国家庭文化受到冲击，这种文化的冲击在准成年人家庭中的体现尤其明显。因此，如何运用中国的家庭文化，解决准成年人的职业发展问题，特别是职业选择问题、就业问题，是摆在每位准成年人父母面前的大问题。找到解决这些问题的方法，就是我们设计课程的初衷。

家庭文化模块中最后一节内容，来谈谈家族，谈谈家族文化对家庭职业发展的影响。一方面我们希望能从追根溯源的角度帮大家看清家庭的职业密码；另一方面，也能从文化和传承的角度审视职业选择问题。

可能有人会认为"家族""姓氏"这些概念和职业选择的关系不大，甚至觉得这是一个非常落后的文化体系。其实不然。即便是在西方文化中，关于姓氏和职业也有专门的论述和研究。试想，如果我们面对职业选择，无法做出一个功利而现实的选择时，到底是什么在冥冥中帮我们做了选择呢？这就是文化的力量，是家庭的力量。

家文化，是中国文化中最有特色和代表性的组成部分。我们在前面的内容中不断地引用梁漱溟先生在《中国文化要义》中的内容和观点，其中关于中国家庭文化的论述，是最为贴切的。这个建立在"家"文化至上理念的国家，一直保持了完整的文化传承，一代一代潜移默化地为中国人所用，影响着家庭和家庭成员的职业发展走向。

家族和姓氏，是中国家文化的重要特征，从原始社会的氏族制度开始，姓氏文化就与之相伴随，逐渐形成了同宗不同姓的姓氏特征。中国的姓氏文化与西方的姓氏文化相比，更加丰富。特别是在姓氏中体现了官职、居住地、少数民族变迁等诸多因素。甚至移民活动，奖惩制度也能在姓氏中得以体现。

比如，司马，就是与官职有关的姓氏，满族中的伊拉李氏，后世汉姓就被分为伊、李两个姓氏，再比如，龙姓，这就与古代以豢龙为业有关系，而刘姓，有代表金属的偏旁部首，原本也是豢龙，后以屠龙见长。所以中国的姓氏和家族文化是紧密相连，同时又能体现职业特点的一种独特的存在。

中国人见面常问"贵姓"，姓氏相同则被亲切地称为"本家""五百年前是一家"，用来增加首次见面彼此间的亲近感。那么家族和姓氏的文化中，真的隐藏着我们的职业密码吗？我们可以引入西方关于姓氏的研究结果，从对比中我们可能会对这个问题的理解更加清晰。

在 1994 年《新科学人》杂志中，主格决定假说被首次提出，是指人类倾向于选择同各自姓名更贴合的职业。其实假说主要是指人的姓名同职业选择有因果关系，并针对一系列的名字进行了分析和整理而已。由于中西方文化的不同，因此，相对于中国文化下的姓氏而言，这种姓名和职业之间的关系更多地体现为家族、姓氏与职业之间的关联性，当然，这和家族影响有很密切的关系，但从职业传承的角度看，可能又存在某种隐性的联系。这个假说，只是从兴趣角度为大家引入，用以说明家族、姓氏和职业之间的关系，因此不做过多讲解。

这里我们同样提出三个思考问题：

1. 现代社会家族与姓氏对职业发展有什么影响？

2. 了解家族和姓氏对我们有什么帮助？

3. 如何利用家族和姓氏完成职业选择？

首先，我们来谈谈家族，家族是基于原始社会的氏族发展和演化而来的。在氏族的基础上，由于生活地域的改变而形成了宗族，当然，这种生活地域的改变是由于分封制度形成的，而中国历经了漫长的封建社会时期，这种分封文化一直被传承、演化和保留下来，特别是从汉武帝开始的推恩令的影响下，民间也不同程度地受到影响，形成了耳熟能详的"分家"现象。共同居住超过五代人的，就要由宗族再次下分为家族，所谓的家族，至少也要由三代人共同生活在一定的地域内。可见，这才形成了字面上我们所谓的家族。而姓氏文化就是跟随着宗族、家族的划分而演进的。同宗不一定同姓，姓氏文化也就逐渐发展起来。从姓氏的起源上，基本上都是由上古八大姓氏演化而来，起源都在今天的河南，由于战争避祸、人口迁徙、少数民族赐姓等诸多原因形成了现在庞大而丰富的姓氏体系。在家族和姓氏庞杂和丰富的体系中，每个家庭都在不由自主地寻找着文化的认同感和归属感。甚至在祖先的丰功伟绩和职业上寻找着某些隶属于整个家庭的职业特质。

这种职业特质主要体现在通用能力上。比如，祖冲之，其家乡是河北涞水下车亭村，该村现有村民 1560 人、420 户，村中 70% 村民都姓祖。村中许多考上名牌大学的学生均理科成绩优秀，且很多成为科学家和工程师等，这里的孩子都以数学成绩好而闻名。可见数理能力就是这个家族的职业密码，我们可以认为这是用现代科学可以解释的基因遗传现象，可以认为这是基于家族文化教育、影响形成的现象，我们更愿意把它定义为与生俱来的通用能力。

所谓通用能力，恰恰是家庭教育的核心内容。很多家长醉心于成为学校教育的帮凶，辅导专业知识的学习，忽略通用能力的发掘，迷失在内卷的世界中不能自拔，让孩子领先在起跑线，却输在每一个需要技巧和积蓄力量爆发的弯道上。

顺利通过高考，进入高校学习，真正步入职场的时候才发现除了那点并不算精良的专业知识以外，并无专长，甚至在自我认知的平庸中无法自拔，艰于呼吸，既没有自信，又没有职业目标，变成了应试教育的牺牲品，成为未来生活中的潜在失败者。

那么通用能力都包括哪些能力？如何利用这种家族和血脉赋予的能力选择最好的职业发展路径。这是一个需要探讨和思考的问题。其实每个人从事的职业类别中都有相对应的通用能力的要求，比如学习能力、逻辑分析能力、数理能力、文字表达能力、语言表达能力、艺术鉴赏能力、经营管理能力、自我管理能力、创新能力、阅读能力、语言学习能力、动手能力等等。

在家族和姓氏这种基于血缘的传承关系的加持下，家庭成员的职业发展路径总是在潜移默化间受到某种额外因素的影响，产生变化，这种变化不像家庭文化的其他因素影响显著和明确，甚至以潜意识的方式产生作用。

第一，在基因和血脉中充斥的特征，在通用能力上有明确的显现，通用能力在职业中体现为职业能力，这种与生俱来的能力，往往在工作中是可遇不可求的，比如，我们曾经提到的英氏家族，他们以语言学习能力见长，家族中对于中文、英文、法文等语言类的学习都显现出了格外的天才特征。事实上，他们的家庭成员在经历过的无数的年代和事件中都没有语言学习的机会，但都能在很短的时间内触类旁通，掌握外语的学习方法，成绩突出。

第二，职业归属感的影响。以职业为姓氏在中国姓氏文化中比较常见，但由于从三国时期曹操就开始的"任人唯贤"的选拔制度，到隋唐出现和完善的科举制度，形成了完备的人才选拔制度，打造了完整的跨越阶层的合法流程，让"朝为田舍郎，暮登天子堂"的可能性大大提高，因此在姓氏上没有西方文化中姓氏与职业的关联性紧密，在西方的姓氏文化中，职业归属感的特征更加明显，美国俄亥俄州大学的心理学家詹姆斯·布鲁宁（James Bruning）在一项以雅典大学与俄亥俄大学的学生为研究对象的实验中表明，人们喜欢将一个人的名字与一种具体职业联系在一起，如果这个人的名字与某种具体职业联系在一起，那么他更容易找到这份工作。比如 Becker 这个名字含义为面包师，Kruger 这个名字含义为酒馆老板，这两个名字的人就相对更容易从事面包师和酒馆相关的工作。

这种潜移默化的认知和影响，有一个很生涩的名字叫"内隐自大"现象，是指人们在无意识的状态下偏好于和自我有关联的人、地方或其他事物。这里我们不做过多的讲解。

最后，我们来谈谈如何利用家族和姓氏文化，如何让家族和姓氏文化在家庭职业发展问题上给到我们最大的启示和帮助。我们需要掌握以下三个原则：

第一，优先尝试原则。

当我们对于职业的选择茫然无措的时候，要学会从家族和姓氏文化中找到潜意识的指引，优先尝试。比如，考研还是就业，如果筛选了所有客观条件后，还是犹豫无从选择，不妨听从家族的建议，世代做学问搞研究是这个家族的特色，那不如就优先尝试继续学习。

第二，发掘职业能力原则。

职业能力和通用能力是密切相关的，通用能力的发掘是家庭教育的核心，那么职业能力的发掘自然在职业发展的问题上最为关键，寻找那个能让你轻轻松松、事半功倍完成的职业可能就是最好的选择。

第三，复合型人才培养原则。

复合型人才培养是国家从战略层面提出的人才培养方针。除了高校的培养，也有家庭的培养，复合型人才的优势在于跨专业能力的加强，能够从不同方向形成创新的观点和思维方式，这种创新恰恰需要家庭教育进行发掘，比如，英若诚，擅长表演和创作，而家学渊源，英语、法语都很擅长，那么在业务中他利用这一特长进行了大量的翻译工作，这就是典型的复合型人才。

回顾家庭文化模块，分享了关于家庭文化内容的众多分支，比如地域、民族甚至姓氏和家族，也从价值观讲到了环境、知识结构和家庭氛围。虽然从家庭文化的角度审视，这只是冰山一角，但这一定是最有决定性作用的那部分。希望能通过这个模块的学习，充分理解家庭文化的重要性，并对课程中提及的方法论善加应用，在家庭职业发展教育中实现目标，成为准成年家庭成员最认可的职业咨询师。

第 二 篇
职业发展认知篇

第一章

如何分辨个性特征

第一节　职业发展的起点：识别个性特征

上一篇和大家分享了家庭文化认知的方法和理论。从现在开始我们进入职业发展认知部分。从多个方面跟大家分享关于个性特征、专业与职业、职业兴趣、职业生活、职业测评、职业能力、职业价值观、薪酬福利等对职业发展非常重要的内容。

一、正确了解个性特征是职业发展的起点

在职业发展认知这个篇章里，第一个模块是如何分辨个性特征。为什么把这个模块放在最前面呢？

因为正确认识自己的个性特征，无论对于报考大学选择专业，还是大学毕业选择职业，都是非常重要的一环。可以说，在正式踏入职场之前，分辨个性特征是职业发展道路的起点。

作为家长，对于自己孩子的性格特点和行为习惯，早已了如指掌。至少家长自己，经常会这样认为。

不过，处于高中和大学这个年龄段的人，个性特征除了受到先天生理因素和家庭环境的影响，还受到同学、老师、自主阅读的书籍，以及他接触的网络

信息环境的影响。这个年龄段的人，自我意识非常强，会根据自己比较稳定的认知行为偏好、别人对自己的评价、自己认同的榜样人物，以及自己的天赋和热情所在，形成对自己个性特征的整体认识。然后根据自我认知，初步形成自己的价值观，指导行为决策，并在和环境的互动、反馈过程中，不断调整和刷新对个性特征的认知。个性特征的自我认知和刷新过程，更多是内在的自我反思过程。家长通过行为观察所能了解的部分，其实是很有限的。

诸如对于青春期的他们，父母感到很难像以前那样亲密交流，其中一个重要原因，就是他们也在新的自我认知下调整和父母的交往方式。有时候父母会觉得他们长大了之后，"变"了，"不听话"了，甚至"有些陌生"。这可能恰恰是因为他们选择给我们展现出他发展后的真实的个性特征。而有些则会选择在家长面前展露出家长熟悉的，"听话的"个性特征，而在自己的同学好友或网友面前，展露出家长并不那么了解的，自己真实个性特征的一种现象。

那么，他们靠自己能够科学、全面地了解自己吗？也未必。

因为网络上关于性格、气质、禀赋等个性特征的信息鱼龙混杂，相对于比较枯燥的心理学的相关知识，人们更可能受星座、血型等缺少科学依据的流行文化或过于简化的、娱乐化的心理测评、性格测评的影响。

而由于巴纳姆效应（指人很容易相信一个笼统的一般性的人格描述，认为它特别适合自己并准确地揭示了自己的人格特点。通常表现为一个人如果想要相信一件事，总可以搜集到各种各样支持自己的证据），个性特征的描述，在自我认同后，很可能会出于维护自我认知的一致性，反过来表现出符合这些个性特征的行为表现，而这并不一定是对自己真实的个性特征的正确认识。

如果基于这种并不正确的自我认识，选择专业或者职业，那可能就在职业发展之路的关键起点上，选择了不适合自己的错误方向。

所以，作为求职者，了解正确的个性特征的知识，对于更客观地认识自己、接纳自己，发展相应的底层能力，选择专业和职业方向，还是很有必要的，有利于在未来的职业生活中形成比较高的成长势能。

个性特征，其实包括了性格特征、气质特征和能力特征三个方面。那怎么了解一个人的个性特征呢？这方面有很多研究，但是真正能够将个性特征和职业规划结合起来的并不多，应用比较广泛的，是 MBTI 人格类型理论（由美国的凯恩琳·布里格斯和她的女儿伊莎贝尔·布里格斯·迈尔斯制定的）。

二、了解先天个性特征：外向 VS 内向

首先我们从 MBTI 人格类型理论的角度，介绍一下个性特征。MBTI 有 4 个维度。（内向 I vs 外向 E、感觉 S vs 直觉 N、理性 T vs 情感 F、感知 P vs 判断 J）

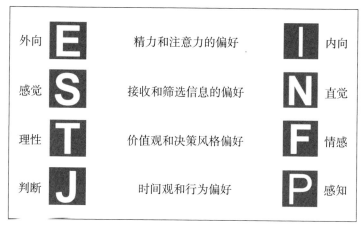

最为人们所熟知的，应该是内向和外向维度。然而，也是经常被人误解的一个维度。

比如，我们往往认为一个人"能说"就是性格外向，"腼腆"就是性格内向。其实这是一种刻板印象。内向的人也可以很能说，比如很多大学老师，在讲台上侃侃而谈，很能说，也并不腼腆，但平时喜欢安静，不爱社交，那他们在内向外向这个能量风格的维度上，其实属于内向者。

那怎么识破这种个性特征的"伪装"呢？首先要理解外向和内向到底说的

是什么意思。心理学家荣格（瑞士心理学家，创立了分析心理学理论）所提出的内向和外向的区别是指：

内向：注意力和能量集中在自己的内心世界，更多的时间喜欢一个人独处，从对思维的提升、回忆、对内心情感的关注和反思中得到能量，社交方面喜欢和少数朋友进行一对一的深入交流。

外向：注意力和能量更关注外部世界的人和事情，更多的时间喜欢从新鲜的生活体验，和人的交流互动，或事情的推进中得到能量。

为什么用更多的时间做一个限定呢？

因为没有人是 100% 的内向或 100% 的外向，这种区别只是相对而言的。有些人则具有明显的外向或内向的特质，有些人同时具有内向和外向的特质。

这种区别是由先天的气质差异决定的。哈佛大学教授杰罗姆·卡根等人曾经做过一个实验，证明在婴儿出生四个月的时候，内向和外向的差异就已经有所表现：

约 20% 的婴儿对外界环境反应激烈，他们大声哭闹，手舞足蹈，是典型的外向型特质。

约 40% 的婴儿对外界环境反应不大，是更明显的内向型气质。

其余婴儿的反应，则介于两者之间。

内向和外向的区别，是生理性的，所以稳定性非常高，后天能改变的空间有限。这两种气质风格也没有优劣好坏之分，而是有不同的特点。

比如，外向的人，思考的路径很短，能够做出快速的反应，可以边说边想，说话的时候是即兴思考的，所以在聚会上能够迅速接上别人的话。而且外向的人思维偏发散，可以频繁切换话题，左右逢源，好像什么都知道。

而内向的人，思考的路径很长，往往需要很长的思考反应时间，而且偏好思考好后再说。在聚会上总是欲言又止，可能在刚想说的时候，讨论已经转向下一个话题或者被别人抢先说了。

但是反过来想，内向者更能够抵御诱惑、耐住寂寞、保持专注，将更多的精力用于深度思考。比如在工作会议上，内向者往往可以发挥自己擅长深度思考的优势，让其他同事先讨论，自己把事情深思熟虑、考虑周全，再说出自己的观点，往往会得到领导的重视。

了解了内向和外向特点，怎么判断一个人属于外向还是内向呢？从下面几个方面判断：

1. 是和别人相处时精力更充沛，还是一个人独处时精力更充沛？

2. 是喜欢引起别人的注意，还是避免引起别人的关注？

3. 是喜欢边想边说，还是在心里思考问题？

4. 是会随意分享个人情况，还是更愿意在经过挑选的小群体中分享？

5. 是说多于听，还是听比说多？

6. 喜欢高度热情的社交，还是不容易表达自己的兴奋？

7. 喜欢快节奏，还是思考过后才有反应？

8. 喜欢广度，还是喜欢深度？

前一种倾向代表外向，而后一种倾向代表内向。用这样的方式，也可以判断我们自己的能量风格。

如果和家人是同一种能量风格，比如都是内向或都是外向，那沟通起来就比较同频，比较理解对方，但如果有的是外向，有的是内向，可能就容易出现一些不顺畅的情况。比如，在家庭沟通中，如果总是外向的人一直和内向的人说话，内向者没有反馈，也很少主动发起话题，这种模式在家庭关系中可能看不出太大的问题，家长还可能觉得他们很"听话"，但是如果长期缺少主动表达的场景，可能就更不擅长语言表达，容易形成退缩、腼腆的性格，很难突破自己的性格舒适圈，自我评价也可能比较低。

如果家长能够理解他们内向型偏好的特质，可以在他感兴趣的领域，让他多说一些，自己不抢话、不打断，这样他在需要彰显、表达自己的时候，不怯场，大方自然，甚至对自己感兴趣的话题侃侃而谈，从而锻炼、提升自己的语言表达能力和社会交往能力。

这样既可以接纳自己内向的特质，发挥内向特质的优势，又可以在需要的时候表现出外向的一面，自我发展就更加平衡了，他们也可以有更多的机会，在家里做真实的自己。

三、个性风格的偏好与发展：感知 VS 判断

除了外向和内向，MBTI 还有一个重要的维度是感知（P）和判断（J）。

偏好判断型的人，喜欢立即做决定，以便提前计划，更喜欢做决定和达成决定的过程。

偏好感知型的人，喜欢保持各种可能性，延迟做决定，更喜欢没有时间限制的、开放式的体验过程。

举个例子，如我们收到了一份培训会议的邀请，时间是 4 个月之后。判断型的人会立即做出决定：要么填好申请表并完成交费报名流程；要么决定不参加，于是把通知扔到垃圾筐，或者把通知发给其他可能有兴趣的人。

感知偏好的人，因为喜欢保持各种的可能性，他们会认为还有 4 个月的时间，现在做决定也太早了，所以他们大概率会把这个通知放在"等一会再处理"的位置上，但是他可能就此就把这件事忘得一干二净了，直到报名期限过了，甚至会议都开完了，才在整理文件的时候发现这个通知。

这两种风格偏好的人，工作和生活习惯，有很大的不同：

偏好判断型的人，目标感很强，喜欢秩序和稳定感。喜欢学习完或工作完之后，有时间再玩。

而偏好感知型的人，好奇心很强，喜欢探索和变化，讨厌刻板的规则。喜欢按照自己的节奏决定工作和娱乐的时间顺序，比较随性。

在工作中，判断型的人，更像工程师风格，擅长解决确定性的问题，开弓

没有回头箭。比如马斯克造火箭、造电动汽车，华为做手机，那制订了计划就要投入大量的资源去执行的，中途再更改计划不现实而且代价太大。

而感知型的人，更像设计师风格，擅长解决没有标准答案的不确定性的问题，比如设计一款社交软件，QQ 或者微信，都不是一开始就有一个宏大的计划按部就班地开发的，而是有一个 demo 版本，在测试中收集新信息、新反馈，再进行调整，最后的产品和最开始的设计目标可能差别非常大。

所以不同的公司，也能看到不同的风格。比如华为和亚马逊，更像工程师风格，战略定力很强。任正非在引进西方管理体系的时候有句名言，"先僵化、后固化、再优化"，这每个阶段都是以年为单位的，非常有连续性。而腾讯和谷歌，更像设计师风格，灵活，变通性很强，因为是新产品或新物种，谁也不知道什么是正确答案。所以动不动就 AB 测试一下，或者一款产品同时让 3 个团队内部竞争 PK，保证产品的多样性和迭代的速度，以适应市场的不断变化。

当然判断型 J 和感知型 P 有各自的优势核心区。

比如，典型的感知型风格的人，适合广告文案、设计、产品经理、用户运营、社群运营、营销策划、教练、作家、中介经纪人、演员等职能。行业上，信息变化快、非标准化、个性化的行业，比如金融、互联网、文化娱乐行业。

典型的判断型风格的人，适合项目管理、程序员、教师、人力资源、物流管理、数据分析、医生、产品研发等职业和领域。适合大公司、长周期赛道，比如建筑工程、生产制造、医疗、能源，不管是不是热门风口，但在可见的未来，行业本身是相对稳定的，变化速度是比较慢的。

如果两种风格都有，不是很明显，像运营、营销、销售、经理助理等职位都是很适合的。

通过刚才举的例子和对应的职业，我们也能看出，了解个性特征对专业、职业选择的重要性。

现在了解了感知和判断这两种风格，在做事的时候，各有优势，关键还是取决于你做的事、输出的价值和自己的个性风格是否匹配。还需要强调的一点是，感知和判断是需要平衡的。

比如对于判断偏好的人，由于责任感、目标感很强，可能会把更多的个人时间用来工作，因为计划没完成，他们会难受，完成了才舒服。有一些判断型风格的职场人，他们一个人的工作量相当于2—3个人的工作，而且能持续1年以上，但最后早晚身体都会扛不住，提出辞职。而且在职期间说工作忙向公司申请加人，可能很久都招不到人。但是他们离职之后，2个月之内通常就会招到人，而且由于工作量大，多半会分给2个人接手。

所以，判断风格的人，要留意自己是否承担了太多不属于自己责任范围内的工作，也要注意工作和生活的平衡，留出时间，培养自己的兴趣爱好，也要留出一定的时间用来学习充电，提升自己的认知能力，保持发展的后劲。

而感知型的人倾向于"先玩后工作"，能给大家带来很多欢乐，有他们在，就不会有死气沉沉的工作氛围，办公室的活跃度都会提高几分。但这种风格在工作中，容易给人感觉比较拖延，虽然很多时候他们会在最后截止时间之前，一口气把工作搞定，但如果差的进度太多，难免会影响工作的质量，甚至耽误工作进度。

所以，判断和感知这两种个性风格，没有好坏优劣之分，只是两种不同的个性偏好，无论是谁，都有自己更舒服的一种偏好，同时也要注意两种风格的平衡。

那怎么判断是判断型还是感知型呢？您可以回忆一下孩子上小学前后的时候，玩完玩具以后，是否会主动收拾玩具。

判断型的孩子玩完玩具后，会主动收拾好并放在原来的位置，避免下次需要耗费很多时间找或不慎丢失。

感知型的孩子容易丢失东西，使用完的物品喜欢随手放，会经常天翻地覆地找东西。可能需要家长反复提醒，才不情不愿地把玩具收好。

这是因为，判断型的孩子喜欢把事情管理得井井有条，过有计划的生活。喜欢做出决定后，按部就班地完成任务，可以在完成任务中获得能量。感知型的孩子喜欢以一种灵活的方式生活，更愿意体验和理解生活，而不是控制它。对新的信息保持开放的态度，擅长调节自己适应当前的场景，并从中获得能量。

我们还可以通过询问的方式来进一步判断家人的偏好，比如：

他是在做了决定后最开心，还是有很多选择时感到开心？

如果有时间会先完成工作（学习），还是会先享受后再完成工作（学习）？

喜欢建立目标并准时完成，还是会随着新信息的获取而不断改变目标？

更看重完成任务的结果，还是更享受完成的过程？

满足感来源于完成计划，还是来源于计划的开始？

如果家人都是判断型或感知型，那价值观是一致的。

但如果家长是判断型，孩子是感知偏好型，那如果家长不理解孩子的个性特征，容易以自己的权威，让他们按照严格的时间表学习。他们可能觉得刻板、压抑，探索、创造、好奇的天性得不到发展的机会，内在的学习动机和热情也不高，那这种强制性的学习训练，其实未必有很好的效果，反而打击了孩子的学习积极性。

所以，家庭教育的方式，也要考虑到他们的个性特征。如果是感知偏好型，即便是高中阶段，也可以允许他们在一周的某一个时间段，做一些和学习无关，但是他自己感兴趣、有热情的事。比如韩寒的父亲，就允许他每周日去图书馆，看一些课外的"闲书"，也正是由于从初中开始就有家长的理解和一定程度的支持，韩寒才能有机会发展自己的个性特征和兴趣爱好，最终在写作领域取得成功。

最后，我们要说一下，判断和感知，其实两者是相互支持的关系，因为，感知是接收信息，理解事物的过程。判断是做计划，达成自己目的的过程。两者缺一不可，所以在发挥自身主导偏好的同时，也要发展另一方面的能力。

之前说过高中和大学阶段，本身就是一个人个性特征发展和调整的时期，在判断和感知维度，这个表现最为明显。比如，如果主导偏好是感知型，那他在这个时期，也会注重发展自己目标管理、意志力等判断维度的能力，让自己的人格发展更为平衡。反过来也一样。

而高中和大学两个时期的学习恰好是判断和感知这两个不同方向的能力锻炼：

高中时期，是对判断偏好所包含的计划性、目标达成能力的高强度训练。

大学时期，则是发展感知偏好所包含的创新精神、创造力的很好的环境。

我们要理解两个阶段的主要任务不同，在每个阶段发展自己可以收获不同的底层能力，最终获得更完善的人格发展水平。

我们可以试着理解真实的个性特征，个性差异是自然的，没有好坏之分，在职业发展中也有各自的优势，我们要调整适合的教育方式，让他们了解、接纳自己的个性风格，发展自身的优势，同时在高中、大学阶段平衡发展另一方面的人格功能，获得更全面的发展，为未来的职业生涯打好基础。

第二节　通过认知功能发现禀赋优势——发现的力量

一、识别孩子内隐个性的案例分析

本节我们将继续来了解 MBTI 人格类型理论，挖掘人的内在的性格特征，了解思维认知的风格偏好。首先，我们来看一个案例：

小 A 从小就不喜欢热闹。别的小朋友嘻嘻哈哈地玩在一块儿的时候，她就静静地坐在旁边看，或者自己躲在一边安静看书、玩自己的游戏。

刚上初中的时候，小 A 特别羡慕她班上的小 B 同学，因为小 B 和谁都自来熟。而反观自己，小 A 觉得自己太被动了，她不敢像小 B 那样，主动去交新朋友。因为小学的好朋友不在同一个学校，所以有一段时间，小 A 觉得很孤单，直到上初中两个月后，小 A 和同桌渐渐熟了，也慢慢成为好朋友，她的心情才觉得好多了。

和同学们在一起的时候，小 A 大多数时间是"听众"。通常情况，她不会主动发表自己的看法，非要她发表意见的时候，也是思考一会儿后再说，所以给人感觉，似乎有点反应迟钝。

小 A 还有一些烦恼，就是她觉得自己的想象力不如别人，美术鉴赏课上，别人可以捕捉到画外的意义，而她看到的只是画面上的实际情况而已；在她觉得明明是一件很合理的事情，到了别人那里又不按常理去办；和同学组织一次活动，她做了很久，很详细的计划，还不如人家最后一分钟的决定。

那相信您可以看出，小 A 是比较典型的内向型风格：她的注意力和能量集中于自己的内心世界，通过思考形成自己的意见，显得安静内向。

另外，小 A 喜欢定计划，生活有规律，按照计划和日程安排，办事显得严肃谨慎。所以也是比较典型的判断型偏好。

二、认知功能的感知维度：感觉（S）VS 直觉（N）

上述案例中提到，小 A 在收集、了解信息的时候，习惯用自己的感官来获得具体的信息，对周围所发生的事情观察入微，特别关注时事。那这就体现了 MBTI 另一个维度的偏好：注重具体事实的感觉偏好。

和感觉偏好相对的另外一种偏好，则是比较注重抽象概念和可能性的直觉型。分别用字母 S 和 N 来代表。

感觉和直觉维度的区别，也是 MBTI 最重要、最难被理解和把握的一个维度，今天来重点了解一下这个部分：

偏好感觉型的人：重视事实、擅长观察和经验优化、对当下的可观察场景很敏感、各种细节尽收眼底，可以说明察秋毫。

偏好直觉型的人：重视概念、擅长洞察和直觉创造、对未来的发展趋势很有直觉，可以说高瞻远瞩。

这么说还是有点抽象，为了让大家更好理解，举一个工作场景的例子。

考察咖啡馆，感觉型偏好的人会观察得很仔细，很具体：比如店内的装修风格、桌椅的摆放位置和材质感受、店员的衣着是否统一、表情和语气体现的服务态度如何，接待顾客时有没有标准的服务话术，顾客从进门到落座有几个环节，哪个环节做得比较好。最后每家咖啡馆他都拍了 10 张照片。

而直觉型偏好的人，他考察的时候对这些可能没怎么关注，那他关注什么呢？他可能会关注这些抽象信息，比如：

A. 咖啡馆客流量最大，可能是因为在大众点评上评分最高。

B. 咖啡馆的优势是自然流量比较多，因为离写字楼最近。

C. 咖啡馆主打精品手冲咖啡，受众人群比较小众但定位很精准，有差异化优势，虽然单价高，但也有稳定的老客户消费来支撑。全是抽象的概念信息，没一个是看得见的，但确实也是有用的信息对吧？

那在职场中，感觉型和直觉型哪种类型更受欢迎呢？答案是，看具体是哪种职业。

比如说，都是销售岗位。

如果是连锁超市、服装品牌或者家居品牌，这种门店场景的销售管理，那感觉型的人可能更受欢迎，因为销售环境和用户行为是可观察的，感觉型人对细节感知的能力很强啊，他们观察和管理的信息颗粒度更细致，能为优化提供更丰富、更扎实可靠的事实依据，从而根据经验进行优化。

但如果销售的产品是营销推广策划案、企业要开发的 APP，或者这种大额的看不见的，而且部分是可定制的产品，那么直觉型的人可能更受欢迎，他们更能根据客户的业务类型、使用场景洞察到客户购买产品背后的本质需求是什么，再根据用户的需求来撰写解决方案，从而提升签约的成功率。

这里有一个原则，就是根据自己更擅长的偏好选择职业。举个例子：杨振宁 35 岁拿到了诺贝尔奖，提出了"规范场理论"，他的领域是理论物理学。杨振宁在芝加哥大学读研的时候，他的老师费米是"原子能之父"，理论物理和实验物理都做到顶尖的科学家，而杨振宁由于从小动手能力差，所以他认为自己急需补上做实验的短板，想要成为一名实验高手。于是就去了著名的艾里逊实验室，结果没过多久，艾里逊实验室就流传开了一句话："哪里炸得乒乒响，哪里准有杨振宁在场。"有一次实验仪器漏气了，杨振宁花了几个小时找不到漏洞，还是他的同学一眼就看出问题在哪，几分钟把仪器修好了。后来杨振宁终于放弃了实验物理这条路，选择了理论物理，这才取得了后来的成就。他的同学是这么说的："这是理论物理界的幸运，也是实验物理界的幸运。"因为杨振宁是非常典型的直觉型偏好，在理论物理学领域更适合发挥自己擅长的优势。

当然，有些人直觉和感觉两种偏好的底层能力都发展得不错，比如杨振宁的老师费米，两样都顶尖。但是这样的例子其实是非常少见的，在近现代物理学家中也是屈指可数的。因为直觉和感觉很难在同一个时间全面发展，就像你不能同时收听两个频道的广播电台，当耳边有感觉这个电台的声音时，人就听不到直觉这个电台的内容。

所以，对于感觉和直觉这两个能力特征，或者说认知功能，往往是优先把其中一个发展成熟，成为自己的优势功能，才有可能对另一个不太成熟的认知功能加以发展。如果两个功能都发展得还不错，均衡高，是有可能的，但一般是在 30 岁之后，才会达到这种成熟后的平衡。如果青少年阶段，两个功能偏好不明显，那更大的可能不是两个功能均衡高，而是由于两个功能还没有分化，也就是说感觉和直觉功能的运用水平都不是很高。

由于认知功能属于比较底层的元能力，显然，这种情况不利于未来的职业发展。

如果在高中、大学阶段，发现自己的认知功能偏好，通过刻意练习来发展，更容易发展出自己的优势能力，在选择专业和职业的时候，对自己的了解更清晰，也更容易做出正确的、能发挥自己优势的判断，而不是到了职业世界中，再去通过尝试去试错，那样的试错成本就太高了，毕竟前两年的职业方向，很大程度上就决定了之后的职业路径。中途切换职业，由于没有相关的工作经验又不是应届生，难度其实是很大的。

那怎么判断属于哪种认知功能偏好呢？先看一下两者的区别：

偏向感觉的，更喜欢用自己的五官来获得信息。喜欢收集实实在在，确实已经出现的信息。对周围所发生的事情观察更为细致，特别关注现实。

偏向直觉的，更擅长通过想象和无意识等超越感觉的方式获取信息。喜欢看事情的全貌，关注事实之间的联系。想要抓住事件的模式，特别擅长看到新的可能性。

这样的话，我们就可以理解：感觉型的更看重事实和数据，不喜欢讲大道理，所以在和感觉型的沟通时，最好能够陈述事实，直觉型的更喜欢知道全局的情况，更喜欢理论，所以在和直觉型的沟通时，最好能够从宏观视角切入说明。

判断属于感觉还是直觉的模式，还可以让他们问自己下面这些问题，来做辅助的判断：

更偏向于确定和有形的东西，还是更相信灵感和判断？

更喜欢有实际意义的新想法，还是更喜欢新思想？

更重视现实还是更重视想象力、独创力？

更喜欢使用和琢磨自己已经学会的技能，还是更喜欢学习新技能？

偏向留意更具体和特殊的进行细节描述，还是更偏向留意普遍和有象征性的隐喻和类比？

会循序渐进地讲述有关情况，还是比较跳跃地展现事实？

更着眼于现实，还是会着眼于未来？

前一个选项是感觉型偏好，后一个选项是直觉型偏好。

还可以让他自己感受一下，在没有压力的状态下，使用感觉和直觉哪一种功能，感到会更舒服、更自然，更愿意使用，这就是占优势的认知功能。

这就像我们平时工作生活中，左手和右手都能打字，都能做事，但是如果左手和右手同时写字，我们右手会写得更好。当然左利手的人是左手写得更好。

三、认知功能的判断维度：理性（T）VS 情感（F）

除了感觉和直觉的维度我们还需了解第二组认知功能偏好，也就是理性 T 和情感 F。

理性指的是根据事实进行评估分析，根据客观的利弊做决定。情感指的是根据自己或他人的需求、感受、价值观来做决定。同样，这两个功能每个人都有，但也有一个是自己更喜欢用的，使用起来更舒适、更自然。

理性型的人一般会通过分析某一个行动或选择的逻辑后果做出决定。会把自己从情境中分离出来，对事件的正反面客观分析。从分析和确认事件中的错误和解决问题中获得动力。目标是找到能够应对所有相似情境的标准。

情感型的人喜欢考虑什么对自己和他人是重要的。会善解人意，并尝试理解别人的感受，然后在此基础上，根据自己的价值判断做出决定。从对他人表示赞赏和支持中获得动力。目标是创造和谐的氛围。

在现实中：理性型的人总是喜欢提出各种各样的问题，并不会关注提问的方式和时机是否有问题，只在意自己是否能够得到答案。情感型的人更能捕捉并察觉到情绪，如果提问的时机不对，宁可不提问也不会在公众场合让别人难堪，有时会主动安慰他人。

判断属于理性还是情感的模式，同样可以让他向自己提问：比如，我是经常退后一步思考对问题进行非个人因素的分析，还是会超前思考行为对他人的影响？

重视符合逻辑和公平公正的价值，还是更重视同情和和睦？

经常比较冷酷，还是感情特别丰富？

日常比较圆通还是比较坦率？

只有情感符合逻辑才可取，还是无论是否有意义的情感都可取？

被渴望成就而激励，还是为了获得欣赏而激励？

到现在为止，可以回顾一下前面的 4 个维度，分别考虑，个性特征更接近哪一种，以便更好地了解个性特征，更好地了解自己，为未来的职业发展朝着正确的方向迈出第一步。

如果不太确定，可以持续观察或联系专业的测评师进行更为准确的评估，因为网络上的测试题并不能 100% 地判断出准确的结果，只能作为参考。

和哪一种性格最贴切，还需要家长的长期观察确认，在成长过程中有可能会有所改变，但是不必强制性改变性格，而应该通过深入系统地把握性格的优劣势，"扬性格和天赋之长，避性格和天赋之短"，选择最适合的职业发展路径。每个孩子都是独立的个体，在成长过程中，人格也会不断地发生改变，评估 MBTI 并不是为了给孩子贴标签，更不能把 MBTI 的结果作为做或者不做任何事情的借口，而是通过测评来作为培养发展方向的参考。

四、MBTI16 种人格类型概览

MBTI 通过以上 4 个维度，得出了 8 个字母，一共有 16 个不同的组合，代表 16 种不同的人格类型，由于个性特征不同，适合的职业领域也不相同，在这里简单地和您介绍一下。

1. ISTJ（检查员型）

这类性格的人责任心强、严肃可靠，能够把工作和家庭生活各方面都安排得井井有条；

这一类型的性格适合的行业和职业有政府机构、医疗领域、金融银行业里的公务员、医师、药剂师和信贷员、精算师等等。

2. ISFJ（照顾者型）

照顾者型安静友好，乐于为他人服务；

在合适的职业上无明显的职业倾向，可以考虑从事行政管理人员、总经理助理、秘书及护士等相关职业。

3. INFJ（博爱型）

坚持原则，富有洞察力，诚挚而深切地关心他人；

适合的职业有心理咨询师、教育学、哲学等领域的研究者、社会工作者、艺术家等。

4. INTJ（专家型）

INTJ 类型的人是完美主义者，也是 16 种类型中人数最少的那一类，独立，具有怀疑精神，是优秀的战略思想家，对于感兴趣的问题，他们也是出色的组织者；

适合的岗位有科学家、研究人员、各类咨询顾问、证券分析师以及艺术家、设计师等等。

5. ISTP（冒险家型）

擅长分析，讲究实效和行动；

适合做机械、电气等的技术工程师、证券分析师等以分析和逻辑见长的工作，以及赛车手、飞行员等具备一定冒险性的职业，警察也是非常适合 ISTP 类型的人从事的工作。

6. ISFP（艺术家型）

平和、敏感，常常具备比较好的艺术天赋和审美能力；

适合的职业有时装首饰设计师、画家、舞蹈演员，旅游行业、体育用品行

业等的销售人员等。

7. INFP（哲学家型）

这类型的人把内在的和谐视为高于一切，有好奇心和洞察力，在日常事务上比较灵活多变；

各类艺术家、作家、心理咨询师、社会工作者等，都是比较适合哲学家型性格人的职业。

8. INTP（学者型）

理性，善于分析，喜欢思考复杂的问题并解决难题；

适合软件开发工程师、大学教授、经济学家、律师、作家和艺术家等。

9. ESTP（挑战者型）

优秀的问题解决者，天真率直，多才多艺，气氛活跃者；

适合的工作有销售人员、自由职业者、娱乐节目主持人、脱口秀演员等。

10. ESFP（表演者型）

富有同情心，擅长交际，常常是注意力中心；

适合的职业有各类销售人员、创意人员、节目主持人、社区工作者等。

11. ENFP（公关型）

对"可能性"很感兴趣，视灵感高于一切，足智多谋；

适合的职业和领域有广告创意、营销策划、市场调研人员、公关、发言人、老师等。

12. ENTP（智多星型）

喜欢挑战、足智多谋、聪明健谈；

适合做投资顾问、广告创意、访谈类节目主持人、政治家等。

13. ESTJ（管家型）

务实有条理，讲究纪律，喜欢监督他人；

适合各大中型企业的员工、基层管理者；生产制造型企业的中基层管理者。

14. ESFJ（主人型）

实事求是、注意细节，特别注意与他人的人际关系；

适合的职业有秘书、总经理助理、服务业从业人员、项目经理、学校管理者等。

15. ENFJ（教导型）

彬彬有礼、富有魅力，通常能够看到其他人的优点；

适合的职业有培训师、心理咨询师、节目主持人、大学教授、销售等。

16. ENTJ（统帅型）

热情而真诚的天生领导者，有远见，乐于解决复杂问题；

适合的职业有企业创始人或者高管、财务顾问、企业战略顾问、培训师、律师、大学教授等等。

以上就是 MBTI 的 16 种类型和适合职业的介绍。

性格不分好坏，每一种性格的人都有他擅长的职业，如果能够找到一个适合的环境，让个体在其中发挥自己的长处和优势，用人所长，人尽其才，就能让他发挥出最大的作用；如果需要个体做不擅长的事情，就容易让他感到不舒服，而可能干不好工作，从而自卑，甚至自暴自弃。

评估的结果展示的是性格倾向，和知识、技能、经验没有关系，其实每一种性格类型都没有对错之分，但不同的特点对于不同的职业存在"适合"和"不适合"的区别，只要善于发现孩子的性格，并且往好的方向引导，劣势也可以转化为优势，从而找到更为适合的职业。

通过这节内容，大家应该也了解了个性特征对教育和发展的重要性，可以尝试根据个性特点因材施教，让孩子释放自己的天赋，并观察和找到他的优势。

第三节　职业性格与个性特征的组合术
——职业性格原型的对标与发展

一、应用 MBTI 的优势理念和原型视角

在前面两节中，我们从 4 个维度了解了个性特征，还了解了 MBTI 人格类型，接下来给大家介绍一下 MBTI 的应用，由于 16 种人格类型比较难记，我们把难度降低一些，用 8 个原型来学习一下，从而助力未来职业生涯的发展。

前一段时间，奥运会金牌获得者谷爱凌在采访中透露自己的 MBTI 是 INTJ，专家型人格，内向、直觉、理性、判断。此后 MBTI 在网络上一度很"火"，微信公众号、B 站、各种社交 APP 都能看到各种介绍。但是大部分是流于表面的刻板印象，变成了给自己或别人贴标签的工具，把一个好工具当星座用了，非要把自己或别人安到某个类型去，这种用法不值得提倡，因为会限制自己的发展。

要想用 MBTI 这个工具了解自己或家人的优势，首先需要用优势的理念重新看待 MBTI。

我们可以先看一下，谷爱凌自己在采访中是这么说的："我是 INTJ，我知道我是内向的人，但是我还能学习怎么更好地去跟其他人交流，如果我没有很多的能量，我可能会感觉有点累，因为我没办法把我的公众人物，把我的外向的自己表达出来，我更想一个人在屋子里高高兴兴地学习，学物理，写作文。"

你看，她知道自己是内向的人，知道自己的能量不适合过多的社交，会感到累，但是并不是不能和人交流，拒绝和人交流，从而自我设限。相反，她很清晰自己可以通过学习的方式，更好地跟其他人交流。

　　所以在访谈中，看到的不是一个腼腆、羞涩的女孩子，而是一个自信、阳光、侃侃而谈、大放光彩的体育明星，她很好地、真实地表现了自己。

　　谷爱凌对 MBTI 的运用就是基于优势理念的。不是让 MBTI 限制自己的性格发展，而是利用 MBTI 这个工具更好了解自己真实的个性特征，比如自己的能量风格和认知风格，从而发现自己的禀赋优势，更好地发展自己。

　　因为我们通过学习已经了解到，16 种人格类型，本质上体现的是我们能量使用、信息收集、信息判断和行为风格的不同偏好，我们长期偏好某一类认知功能，相关的神经元突触也会得到更多的联结和发展，就体现出稳定、主导性的核心特质。我们为了保持自我认同的一致性，也会认同这个特质。

　　但实际不同的场景下，不同的身份下，面对不同的人，呈现的状态其实是可以动态变化的，我们是可以选择调用不同的认知功能的。

　　也就是说，个性特征，是可以更丰富、更灵活的，而不会被某一个类型所局限。

　　但是，只要一说"类型"，我们的大脑就容易自动对号入座，认同或不认同这个类型，是二元对立的。

　　所以原型是我们的心理资源，可以进行分区和排序，比如我们可以有主原型和辅原型，这都是我们的天赋优势区，还可以根据我们工作生活上想要发展的方向，让自己发展 1—2 个新的原型，让我们的人格发展更均衡，这是我们的扩容升级区。还有 1—2 个原型可能我们之前比较忽视，也不擅长调用这部分资源，对我们的工作生活造成了一些负面影响，这是我们的盲维区，但没关系，我们可以通过和别人合作，有意识地了解和运用这个原型，减少这部分的负面影响。

　　所以，用原型而非类型的角度看待 MBTI，对于正确地自我认知、人格成长和职业发展，都是很有帮助的方式。

　　把 MBTI 的 16 个类型分为 4 个象限，每个象限包括 2 个相似特质的原型，

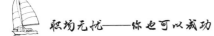
这样就有 8 个原型。我们可以分别了解和评估一下，自己和孩子，哪些原型特质发展比较明显，哪些原型是孩子目前还不具备相应的禀赋优势，但是自己未来想要成为的发展方向，从而有一个原型的对标，再有方向性地寻找自己的榜样人物，发展相应的底层能力。

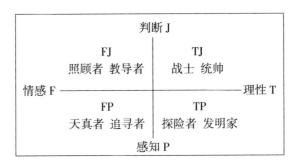

二、原型与职业性格：TJ 战士 统帅

先说 TJ 理性判断象限，代表战士（STJ）、统帅（NTJ）2 个原型。战士和统帅原型，都善于统筹资源，分析利弊，效益最大化地达成目标。

战士原型偏好使用感觉功能，很稳健，脚踏实地，更擅长任务的组织和执行。能够战胜困难达成目标。比如《三十而已》里的王曼妮、《杜拉拉升职记》里的杜拉拉，都是比较明显的战士原型（STJ）。

杜拉拉职业发展的方向很明确，从行政助理做到行政主管，再到人事行政经理和 HRD（人力资源总监），稳扎稳打，步步为营地发展。

这个背景是在一家大公司，世界 500 强企业，因为小公司的天花板很低。做到总助，就只能往大平台切换了。你会发现杜拉拉做事没有"拖延症"，接到任务就按时间线顺序开展工作去执行。实际上偏好判断风格的人，一般都很少会拖延。他们享受完成计划本身带来的成就感，对薪资多少相对没有那么计较。而且杜拉拉解决的大多是复杂度不高，目标相对明确的问题，比如行政物品采购、公司装修、年会、招聘等等，工作做得好不好就看是不是多快好省地完成任务了，好的标准是相对好衡量的，这也比较适合判断风格的人。不像设计一个产品，这要评估好不好就带有不确定性了，得接受市场的反馈，这种事情感知风格的人相对会更适合。

统帅原型的典型人物是马斯克（NTJ），更偏好字母 N 代表的直觉功能，洞察力强，擅长战略思维，看问题更长远更本质，但不擅长自己执行，在职场初期有眼高手低的可能性，前面的课程里我们说过，感觉型和直觉型这两个维度，需要先把一个功能的优势发展到比较强，再均衡发展。所以接纳个性、发挥优势、争取均衡，是个体人格成长的几个阶段，也是职业发展所需要的"内功"。

战士和统帅原型，都拥有理性和判断，也就是 TJ 这两个字母代表的特质，所以有很多共同点，用 3 个关键词来说明这种职业性格。

1. 结果导向。擅长目标结果为导向的项目管理。比如，从大目标拆解成小目标，判断任务重点在于哪几件事，哪些事优先做，哪些可以同时做，哪些交给别人做，整体分几个阶段，时间节点是什么，然后进行项目管理直到结果达成。

2. 果断决策。善于把握不同事情之间的关系，对各种方案进行假设推演，"如果这样做，结果会怎样"，"如果那样做，结果会怎样"，然后得出最佳行动方案，立刻开始行动。

3. 维护原则。喜欢清晰的岗位职责、岗位层级发展、流程、标准、期望与反馈。希望任务的指示也是清晰、明确、直接的。

三、原型与职业性格：FJ 照顾者 教导者

接下来说相邻的 FJ 情感判断象限，代表了照顾者和教导者 2 个原型。他们都注重同理心和人际关系，忠诚而乐于奉献。倾向把关心他人作为自己的责任。

《三十而已》中的钟晓琴偏照顾者 SFJ，和战士一样也是感觉型偏好，脚踏实地，不同的是，照顾者主要是通过帮助别人获得价值感，而不是通过完成任

务、达成目标获得价值感。《三十而已》中的顾佳偏教导者 NFJ，和统帅原型一样是直觉型偏好，所以对她老公的事业发展在战略上一直有帮助，后来自己创业做茶品牌，商业模式的设计也是一把好手。但由于教导者是情感偏好，所以相对于统帅型，更乐于助人，而且是比较博爱的助人。像顾佳坚持把茶叶品牌做下去，这个决定并不是因为这事多赚钱，而是她看到茶园那些勤劳质朴的茶农，感到自己有义务帮助他们过上更好的生活，这样她也收获了一份快乐。"赠人玫瑰，手留余香"。

教导者原型的另一个代表人物是马丁·路德·金，他不是为了自己一个人奋斗，是为了美国黑人群体在斗争。照顾者和教导者原型，都拥有情感和判断，也就是 FJ 的特质，我们还是用 3 个关键词来说明这种职业性格。

1. 关系导向。善于共情，能够很自然地和别人建立和维系关系，给别人认可、支持和帮助。

2. 积极反馈。给别人积极反馈，也喜欢听到别人的赞美，从而营造互相肯定、相互支持的环境。

3. 人事兼顾。擅长动员、激励他人共同完成任务。对于筹划、组织、协调工作都很擅长，安排得井井有条，自己做事也很勤奋，能够坚持不懈。

四、原型与职业性格：FP 天真者 追寻者

上面说的战士、统帅、照顾者、教导者这 4 个原型，都是判断型偏好的。目标感很强，喜欢秩序和稳定感。

接下来我们说感知型偏好的 4 个原型，还记得感知型偏好的特点吗？他们好奇心很强，喜欢探索和变化。讨厌刻板的规则。喜欢按照自己的节奏决定工作和娱乐的时间顺序，比较随性。

感知型偏好，我们先看天真者和追寻者 2 个原型。

天真者（SFP）和追寻者（NFP）都属于 FP 情感感知型，都注重自己的需

求、感受、价值观，注重每个人的个性，不喜欢被制度约束，所以对工作的自主性要求比较高。更适合独立输出价值，比如编辑、写作、设计等等，因为他们更有"活出自己"的过程掌控感。重视事情对人来说有什么用。相反的决策偏好就是统筹思维型，人对于做成这件事有什么用，完全不同的两种视角。

对天真者（SFP）来说，规矩、制度、秩序意味着束缚，像《罗马假日》里的公主角色，对于她来说穿得"像个公主的样"一本正经地发言，只是在尽义务，不是在做自己。整天戴着一副人格面具，实在是很不舒服，所以感知型的人为什么倾向先玩后工作，因为他们往往是被迫在完成学习和工作。

据智联招聘在 2020 年的数据统计，现在 95 后的年轻职场人，天真者原型（SFP）明显变多了，说明现在年轻人对自我实现的需求比 80 后更强，毕竟从小就生活在个性化、多元化的信息社会里，也是可以理解的。

天真者喜欢节奏没那么快，有感官沉浸体验，自主性高一些的工作，比如插画设计师、咖啡师、演员、少儿培训老师等，抗压性相对不是很强。但我们说过，人的原型不是单一的，天真者认真工作起来也可以秒变战士，在关系中又可以变身照顾者，还可能会发展出追寻者原型。

所以现在有个网络形容词叫可盐可甜，形容女生可以很可爱，同时也可以很有实力，很有气场，根据场合和需要在不同的气质和风格间自由切换。还有个网络名词叫双商在线，指智商情商双高，就是理性和情感功能都很强，你看，这种既美好又强大的，丰富的自我状态，根本不是某个单一的性格类型标签所能简单概括的。情感感知偏好中，另一个原型是追寻者（NFP），他们是理想主义特质最突出的一个原型，通常文艺特质比较明显。

比如台湾文案天后李欣频、《三十而已》的陈屿，都是文艺工作者。

李欣频是谁？她在 19 岁成为台湾诚品书店的御用文案，离开诚品书店以后成为自由职业者，她的生活状态是：每天阅读一本书；看电影，一年接近 300 部；把一年的一半时间用来旅行，去观察和学习新的东西。

很自由吧？应该很多人羡慕。

那她靠什么获得收入呢？

写作是她的核心优势能力，角色是作家，输出的产品是广告专栏文章和畅销书。她的受众定位是非常明确的，就是喜欢文艺风格的年轻人。

这就是她的优势核心区。所以一种原型、一种职业性格，需要在自己的优势核心区聚焦和发力，才能获得更好的职业发展和自我满意度。

天真者和追寻者原型，都偏好情感和感知。职业性格的 3 个共性关键词是：

1. 价值导向。价值就是事情对人的积极意义。那不同的人价值观排序是不一样的，比如有的人认为工作中发展比收入更有价值，有的人看重工作自主性，有的人更看重工作负荷，如果有的人什么都想要呢？我们说这个人价值观不清晰，太贪心了。

天真者和追寻者，很早就开始思考自己想要什么样的生活，并通过实践探索来逐渐澄清、明确，通俗理解就是"做自己"。战士和统帅原型强的人，可能不理解，"做自己"又不能当饭吃，不切实际，有时间多想想怎么挣钱多好啊？但是不同的原型，职业价值观也是不同的。

2. 人本发展。真诚情感型偏好的人，欣赏每个人的独特性，以人的发展为优先关注点，而不是以效率或利益为优先关注点，这是他们做决策的内在指引。一个决定会对人造成哪些影响，会让相关人受益还是受到损害，是他们做决定的优先关注点，他必须尊重所有人。所以他们不是站在公司或部门的立场，而是站在人本主义的立场上做决定的。

3. 表达自我。真诚情感型偏好的人，对认识自己的过程非常感兴趣，他们可能终其一生，都在用自己独特的方式追寻和实践自己符合自己价值观的生活方式，彰显自己的内在个性。这种内在追寻对他们的吸引力远远超过金钱、权力、地位、社会评价。

五、原型与职业性格：TP 探险者 发明家

最后两个原型探险者（STP）和发明家（NTP）都属于 TP 理性感知型，他们关注事情的内因，善于把事情拆解为各个结构模块，再进行分析。

《三十而已》里的梁正贤是探险者原型，他非常善于应变，也喜欢变化，再加上出色的分析能力，擅长通过最小的代价拿到最大的成果。

发明家原型，则更善于观点、概念的发散和联结，更有创造性。结合分析能力，具有出色表达天赋，丘吉尔就是一个辩才无碍的演说家。而相对内向的发明家图灵，虽然不那么爱说，但强大的逻辑能力也能在辩论中占据上风。外向的发明家更有创意，出广告人。内向的发明家特别有学霸范儿，出科学家。

探险者和发明家原型，都偏好理性和感知，职业性格的 3 个关键词是：

1. 问题导向。他们想要理解事情发生和发展的原因，并在行动之前分析事物发展的因果关系。找到问题的原因，根据因果关系的梳理，找到解决方案，让问题迎刃而解。

2. 逻辑梳理。逻辑分析是他们理解世界和做决策的内在指引，也就是行动之前必须先进行分析，这可能是最接近计算机思维方式的认知类型。

3. 客观剖析。探险者和发明家，会习惯性地检视和评估一切信息，包括文字、视频、工作问题，甚至自己的亲身经历，都是他们分析的对象。特别是发明家原型会更明显，他们喜欢分析结构、特性、运作原理这些问题，所以适合做科学研究、金融分析、策略分析、数据分析等需要很强逻辑性、框架性的工作。

当然，如果我们或者孩子不是先天就偏好这种原型，暂时不具备这种职业性格，也是可以通过后天的刻意练习来提升的，只是提升的过程自己会感觉比较费力，因为不是自己的优势领域。

现在 8 大原型已经了解了，我们自己可以对偏好的原型进行排序，也可以

让孩子给自己的原型排序。排序最靠前的前两个原型，就是你的主原型和辅原型了。那了解原型有什么用呢？

第一，通过原型，可以了解不同的职业性格，在对比中，更清晰自己偏好的职业性格。越了解自己，对个人的发展就越有方向感，越有定力，不会轻易受到外界干扰信息的影响。

第二，可以主动选择定向地发展某个原型，在大学时期包括职业前期，建议定向发展1—2个优势原型，因为人格的发展规律是：先分化后整合。如果一开始就所有原型全面发展，结果会适得其反，缺少对自我人格、身份的稳定认同感。而且原型之间其实是有内在的能量互斥的，比如理性和情感，感觉和直觉，所以同一个阶段最好集中发展1个原型，或者同在1个象限的原型，等这种原型的特质和认知功能已经可以自然应用之后，再发展相邻象限的原型，这是更好的自我发展策略。

第三，对于职业定位，每种原型的职业性格和工作中的通用能力是有一定对应关系的，对于我们选择工作，提升职业满意度，都是非常重要的工具。

选择职业，肯定是优先选择，职业的工作内容和自身的优势底层是能力相匹配的，这就是优势区的职业。在"个人发展"小程序中，也可以免费测评己的职业性格原型和禀赋优势。

第二章

如何理解专业与职业

第一节 浅析专业与职业的困局与突破

前面我们了解到气质和职业性格，在了解了以后，接下来我们将分析外部环境，了解目前大学的专业和社会需求，接下来这节，我们先来看一看专业和职业。

一、专业与职业的区别和关系

首先，这里说的专业指的是大学开设的专业。

我国的专业分为哲学、经济学、法学、教育学、文学、历史学、理学、工学、农学、医学、管理学、艺术学12个大的门类，92个专业类，506种专业。在这些学科门类中，医学、教育学、工学、农学和艺术学培养的人才有较明显的行业倾向。比如医学主要培养医疗行业的人才，教育学主要培养教育行业的人才，工学的学科门类庞大，有169种专业，主要为各种制造业、建筑业培养工程师等专业技术人才。

而哲学、经济学、法学、文学、历史学、理学、管理学等学科门类则没有明显的行业倾向，毕业生就业的行业比较广泛。也就是说，大部分本专科专业，专业培养时，并没有一个明确的职业方向，更多的是为某一个行业或多个行业培养人才。

那职业呢？我们所说的职业是按工作职能来划分的，是人在社会中所从事的作为谋生手段的工作。大家找的工作通常就是一种职业，比如老师、公务员、销售、运营、产品、营销、研发、项目管理等。根据最新的《中华人民共和国职业大典》显示，我国的职业分为 8 个大类、75 个中类、434 个小类、1481 个职业。实际上，随着社会经济的快速发展，全国的职业远不止 1481 个，应该有上万个之多。

可以看到，职业的数量比专业的数量多很多。那就不会存在专业和职业一一对应的关系。职业是基于社会分工而形成的，职业产生的原因是为了能更高效地完成各类产品的研发设计、生产销售的任务，提升产值，从而不断提升人们的生活水平。

而专业的设置，更多的是为了科学技术的进步和发展，为了提升当代的学术和艺术水平。当然，每个职业都有准入的专业门槛，专业技术的进步也是行业发展的原动力。但大部分专业并不是为了某一个特定的职业而设置的。专业和职业并非一一对应的关系。

二、专业与职业的困局

在选专业的时候，经常会听到这样的话："专业选得好，工作就好找。"设想着自己选了一个热门专业，毕业找了一个专业对口的高薪工作，就可以有一个步步高升的职业生涯了。但事实上往往没这么理想。毕业之后，有些人找的工作跟专业没有太大关系，有些人甚至找不到工作，而那些找到了专业对口工作的幸运儿，也可能会在不久之后发现：学校学习的东西，在工作中好像并没有什么用处……

好专业好像并不能保证我们得到一个好工作？为什么会这样？在一个人的职业生涯里，专业到底重不重要呢？专业在职业生涯中的作用是什么？还有哪些我们忽略了的重要元素吗?

　　前面说到,职业,也可以说是工作岗位的设置,是企业为了达成某种广义的生产任务而设置的。企业设置这些工作,是要完成这些生产任务,从而产生价值和利润的。至于这些工作,是不是对应到某一个特定的大学专业?企业并不关心。同时,因为市场和经济环境的快速变化,很多岗位的工作内容,也可以说是日新月异的。同一个名称的工作岗位,在不同的企业里面,从事的可能是完全不同的工作内容,要为完全不同的绩效指标负责。

　　而新增和改变某一个大学专业的速度,是远远赶不上企业岗位的设置和发展速度的。要设置一个大学专业,一方面需要这些岗位是可以在将来长期存在的,另一方面也会需要有足够数量的从业人员。满足上面的条件后,还要针对这些岗位,组织架构起一套完整的学术体系,也需要一定的时间。也就是说,当某些新职业产生之后,并不能很快地就有与其对应的专业出现,往往需要这些职业发展到一个相对成熟的阶段,有相对大量的从业人员,才会有对应的专业设置。也就是说,在市场上最火热的一些新兴岗位刚刚出现的时候,是不会有对应的大学专业的。专业设置相对职业要求,有较大的滞后性。

　　而这种滞后性,不仅仅是对新职业有,对老职业,同样如此。哪怕是一些已经存在了很长时间的职业,他们的工作内容、工作要求,毫无疑问也是要与时俱进的。与新兴职业类似,这些老牌专业的学习内容,比如学习教材、实验项目等等,相对于最新的职业化的要求,一般也会有一些滞后性。而这种知识的滞后性,也导致了从专业到职业的落差。

　　除了知识的陈旧和滞后,缺乏实践,也是从专业学生到职业精英之间,要完成的一次重要转变。

　　因为专业学习,我们更多的是要应对考试,写论文,是完成一些学术上给定前提和要求的任务。而职业工作,更多的不是看你对知识、对方法论的掌握如何,而是要看你怎么样通过实操,拿到结果,达成业绩。这也就是企业在社招的时候，不同于应届生，相比专业和学历而言，会更重视之前的工作经验。而且，大部分都要求有成功的实践经验。而对应届生，对之前的工作经验，没有那么看重，并不是说在后面的工作中，这些经验不重要，而是一般很难要求应届生具备这些经验。而这些实践经验的缺失，同样导致了从专业到职业的落差。

那专业好就一定能保证工作好吗？不一定。

第一，专业设置的滞后性以及实践经验的缺失，是专业好并不能保证工作好的第一个原因。

第二，大学招生计划和填报志愿时信息不对称。有调查发现，高考生填报志愿的过程中，信息获取的一大来源是询问父母、老师等身边人。高考生很容易直接选择与身边人相关的大学或专业，比如"我的妈妈、叔叔、表姐都是会计，将来肯定好就业，那我报会计学专业"。实际上，多位亲戚从事同一职业，并不能得出就业率高这一结论。我们建议高考生到教育部指定的阳光高考网、院校官网等官方平台了解高校的招生信息和就业情况。

第三，高考生也可能会优先选择听起来很熟悉的大学和专业。比如翻看《高考志愿填报指南》时，第一个映入眼帘的总是所在地区的知名大学、热门专业、新兴专业……。热门的专业不一定多年后依然供不应求，也不一定适合自己，更有一些冷门的好专业，填报志愿时被遗漏了。

高考报专业的时候，相信老师以及身边的人都有说过高考专业的重要性，一个好的专业对于未来的发展是很有帮助的。即使考上的是985、211院校，专业不好，未来的就业也堪忧。

对于专业的选择，有不少学生是听从家长的意见和建议，家长认为什么样的专业好，学生便去报考。有一些同学也是按照自己的兴趣去报考。不过可能因为多种多样的原因，考上之后发现专业和自己所想的不同或者专业未来的发展没有什么前景，就可能会因此失去学习专业的兴趣，导致专业课成绩不好，没有学到什么知识。这就会导致两种结果，要么混到毕业，要么换个专业继续学习，能换专业固然好，但不一定能换成功，那毕竟是少数，要考虑时间成本、经济成本等相关因素。

也有可能好不容易熬到了毕业，但因涉足社会还不深，对社会的了解也非常肤浅，有些毕业生心比天高，心高气傲，又一时没找到与专业对口的工作，情急之下，对就业的选择抱着试试看的心理，认为反正专业不对口，先骑上驴再找马，将此次就业机会视为跳板，找到对口的就业机会再跳槽，这样就造成了这类人工作的不稳定性，这山看着那山高，使他们很难在一个职位上创造卓著的业绩，这样也就很难实现自己人生的价值。

如果我们因职业不匹配产生的不良影响延续到家庭里，则会严重影响到家庭和谐，谁也不希望家人天天找新工作，家庭经济来源不稳定吧？又或者天天在家怨声载道，说自己的工作如何不满意。

三、突破困局，寻求发展

寻求发展讲了这么多专业和职业的相关问题，那如何突破这种专业与职业带来的困局呢？

首先，还是要选到一个适合自己的专业：

如果还在读初高中，我们完全可以把职业规划提前，在初高中的时候，就学习和了解职业、专业的相关内容，进行职业探索，这样一方面可以树立一个学习目标，激发学习动力，另一方面，也可以让将来就业少一些困扰。

这时候，大家就可以用上我们课程中的相关知识了，根据 MBTI 人格类型以及后面要具体讲解的霍兰德职业兴趣测评，做规划选专业。我们现在先简单看一下霍兰德职业兴趣测评的六种基本类型都对应什么样的专业呢？

传统型（C）：比较适合选择会计、物流、人力资源、测绘、行政等专业。

艺术型（A）：喜欢感性创造的考生适合选择广告学、工业设计、时装设计、园艺、建筑学等专业。喜欢表现自己的考生适合选择教育学、新闻、主持、公关、营销、法律、外语等专业。

实际型（R）：适合选择生物工程、测绘、工民建、化学工艺、地质、医学中的口腔医学和外科医学等专业。

社会型（S）：适合医学、教育学、心理学等专业。

研究型（I）：物理、生物、天文、哲学等专业比较适合。

企业型（E）：适合选择经济、社会学、政治学、导演、管理等专业。

关于霍兰德职业兴趣类型的应用，我们会在下一个模块中讲解。

在选专业的时候，我们经常会问朋友对他感兴趣的职业有没有一个清晰完整的认识，发现他们对很多职业的印象，往往是管中窥豹的只言片语，跟实际情况有较大的偏差。这种认知的偏差，很容易出现好不容易选到了所谓的"自己喜欢"的热门职业或专业，却发现跟自己想象中的完全不一样，从而骑虎难下。那怎么办呢？

在这里，再给大家介绍一种了解职业的方法，叫职业访谈。

用职业访谈时，我们先要确定好自己感兴趣的职业或者是想了解的职业，然后在这个职业范围，找到相关的职场人士去进行一系列的"采访"，询问自己感兴趣的话题，自己最关心什么，在访谈时就侧重于这些问题发问。比如：

你是如何找到这份工作的？报考什么专业可以从事这一行业？你知道哪所大学的这一专业是最好的吗？就你的工作而言，让你感觉最幸福的是什么？最痛苦的是什么？你的职位是什么？你的主要职责是什么？你认为做好这份工作应该具备哪些知识、技能和经验？你认为什么样的性格特点更适合从事这一行业？等等。

通过这样的方法，能帮助我们检验和印证以前通过其他渠道获得的信息，并了解与未来工作有关的特殊问题或需要，如潜在的入职标准、核心素质要求、晋升路径和工作者的内心感受，这些信息也是通过大众传媒和一般出版物得不到的。通过访谈，也能正确认识自己的优势和不足，从而制订更加合理的大学学习、生活和实习计划。

其次，在明确了专业和职业选择之后，是要有意识地抹平专业到职业上的落差。

大学期间，就可以多参加一些目标岗位相关的实践活动。比如在寒暑假，去一些公司进行实习；也可以问问之前做职业访谈的前辈，有没有哪些项目和工作，是自己可以参与其中的。同时，也可以参加一些针对目标职业的技能提升的培训课程，来补齐认知和技术上的差距，在后续的求职中就会有极大的优势。

这是提前做规划避免困局，但是针对一些即将大学毕业或者已经大学毕业的同学，职业与所学专业不对口的现象已经发生了困扰，该怎么解决或者降低这些困扰带来的影响呢？有 3 个步骤。

首先要比较自己的专业和职业的差距，明确自己与该职业的差距。比如说，大四学生小 A 的专业是软件设计，但想要当教师。这时候小 A 要了解教师这一职位有哪些选项，比如体制内的教师，比如小学教师，以及体制外的教师，比如职业技能教育的教师、少儿素质教育的教师，了解这些细分职位各自的薪酬水平、职业发展道路、岗位的最低招聘门槛、职业生活的优缺点等等。再回看一下自己想要当教师这个初心，想要获得的职业价值，把它们罗列出来，进行重要性排序，看看有没有哪一个细分职业是满足你想要的核心职业价值，同时经过技能培训或认证考试，能达到最低招聘门槛的要求的。如果有这个选项，那就可以采取行动去填补你和职业门槛的差距。

其次，明确差距之后，要树立信心。

不管现状和自己的职业理想差距有多大，都要勇于接受现实，树立信心，相信总有一天会实现自己的目标。

举个例子，小 A 在经过职业调研和职业价值观的梳理后，发现体制外的

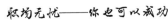

教师并不能带给自己想要的职业稳定性，而体制内的教师又无法满足硬性的专业对口的条件，那么小 A 就需要根据自己的职业价值观，再去调研其他的职业。

如果还是找不到自己能胜任的职业，那就说明对小 A 来说，实力暂时还配不上梦想，这时候最容易丧失信心，不再积极地为自己进行职业规划，随便找个工作就先干了。

在理想和现实的差距面前，信心不是一句空话就能树立的，而是要先"接受自己无法改变的"，再"改变自己可以改变的"，具体来说，就要接受曲线救国的结果——暂时降低自己对职业的理想要求，选择一个自己目前可选择的，相对满足自己职业价值的职位，在这个职位上先发展自己的能力，再通过搭建成长飞轮的方式，逐步接近自己的职业理想。这个成长飞轮的搭建方法，在后面的《选择职业生活》中，也会有具体的方法介绍和案例分析。

最后根据目标进行决策和行动。

比如，小 A 已经在软件设计的职位上工作了 3 个月，觉得自己不合适。那经过前两个步骤的探索，就会有一个结论：是继续工作一段时间，边提升能力边做进一步的职业调研；还是辞职全力为职业转型做准备，比如参加一些职业技能培训，获得相关的证书，实操，精进自己的专业知识。

无论做出哪一个决策，都需要落到行动层面，而不是一直分析来分析去，迟迟不去行动，这样最可能的结果就是温水煮青蛙，对现状没有任何积极的改变，只是被动地适应，拖延的恶果就是更难有勇气迈出改变现状的第一步。很多职场人，甚至到 30 多岁，眼看中年危机要来了，才认真找职业生涯咨询师，进行职业规划，然而这时候，早已错过了最佳的转型时机，转型的难度要比进入职场的前两年大太多太多了。

所以当进行了前面的调研和分析之后，最后一步的行动是非常关键的。"干，才有答案。"

还有非常重要的一点，那就是持续学习。现代经济社会的发展日新月异，新领域、新知识、新技术技能不断涌现。如果一个人不能做到使自身的本领日日新的话，就很难适应社会的发展。如果一个人具备了随社会发展而能随心所欲、主动适应的理论知识、技术技能，就能做到无往而不适。所以我们要保持学习，即使遇到了行业和企业转型升级或消失，也能够自豪地一拍胸脯，大喊一句："此处不留爷，自有留爷处。"

新东方的创始人俞敏洪在演讲时曾说过，当你是地平线上的一棵小草的时候，你有什么理由要求别人在遥远的地方就观察你？即便走近你了，别人也可能不会看你，甚至会无意中一脚把你这颗棵踩在脚底下。当你想要别人留意你的时候，你就必须变成地平线上的一棵大树。如果你是一棵大树，别人只能平视或仰视。不会学习、惰于学习的人，就会被日新月异的社会所淘汰。因此，要适应社会发展，增强生存本领，能够更好地生活，学会学习并能自觉学习就是唯一出路。

从另一个角度看，"专业职业不匹配"其实可以看作是职业转折而非学无所用。其实，大学生除了学习专业知识外，更重要的是进行人生熏陶，提升自己的社会认知和精神境界。用人单位看重的是大学生的学习能力和生活经历等，所以即使就业专业不对口，同样会被录用。在新的领域和岗位上，所学专业一定会与新知识形成新的交互，助力今后的职业发展。

从数据上看，40%以上的大学生都存在"专业职业不匹配"的现象，是个比较普遍的情况。所以，要破局这个点，首先要进行正确的职业规划，然后树立信心采取行动，缩小自己和对标职位的差距，接下来就是在进入职场后提升自己，毕竟实力才是我们傲视职场的资本。剩下的就是扩展人脉了。

通过以上内容，希望多鼓励孩子正确看待专业与职业的错位，多做职业调研，理性看待职业目标和现实的落差，保持信心，积极行动。如果孩子现在处于职业困惑期，我们也可以帮助孩子明确差距—树立信心—积极行动，最终一定可以走出困境，获得更好的发展。

从来就没有什么最好的职业，自己的能力影响圈所能企及的，就是当下最适合的职业。

第二节　与时俱进的专业发展——认识新专业从"新工科"谈开去

之前我们了解了专业与职业的区别和关系，如何避免专业与职业造成的困扰，接着，我们将继续深入，跟大家聊聊，如今什么专业最热门，这些专业的就业趋势如何？和大家一起认识我们国家的新专业。说到新专业，其实绝大部分是为了满足新兴产业的需求。

一、什么是新工科专业

新工科就是教育部针对新兴产业而设置的学科，包括了以互联网和工业智能为核心的相关工科专业，比如大数据、云计算、人工智能、区块链、虚拟现实、智能科学与技术等。现在有很多双一流大学、普通大学都相应地增加了新工科专业。

与老工科相比，新工科更强调的是学科的实用性、交叉性和综合性。

新工科是交叉性非常强的学科，它重视的是人工智能与计算机控制、数学、统计学甚至与心理学、法学等多个学科专业的一个交叉融合。而且还注重信息通信、电子控制、软件设计等新技术与传统工业技术的紧密结合。

所以它要求的不仅仅只是在一个学科专业上面学业精湛，而且是具有学科交叉融合的特征，培养的是学生的综合素质，造就新兴产业需要的实践能力强、创新能力强、具备国际竞争力的高素质复合型人才。

那新兴产业的就业形势怎样呢？根据相关统计数据，到 2025 年，新一代信息技术产业人才缺口将达到 950 万人。我们看看新工科它具体包含了哪些专业?

新工科专业改革涵盖了 19 个项目群,包括了大数据类、人工智能类、智能制造类等。

我们具体地看几个备受关注的专业。

二、新工科专业介绍和填报注意事项

第一个,数据科学与大数据技术专业。

它属于计算机类专业,要掌握数据科学的基础知识、理论及技术,包括面向大数据应用的数学、统计、计算机等学科基础知识,以及数据建模、高效分析与处理,统计学推断的基本理论、基本方法和基本技能,能胜任数据分析与挖掘算法研究和大数据系统开发。

该专业主要有三大就业方向:大数据系统研发类、大数据应用开发类和大数据分析类。具体岗位如大数据分析师、大数据工程师等。

大数据分析师主要是用适当的统计分析的方法对收集来的大量的数据进行分析,强调的是数据的应用,侧重于统计层面的内容稍多一些。

大数据工程师则是侧重于技术方面的,主要是围绕大数据平台系统的研发,偏开发这个方向。

在就业前景方面,据中国商业联合会数据分析专业委员会统计,未来中国基础性数据分析人才缺口将达到 1400 万,政府机构、企业单位都有广泛的需求。

其实眼下也能看到,几乎所有互联网企业都把数据人才列为团队标配。许多公司在数据层面增加投入,大量招募具有算法和建模能力的人才,力求通过数据沉淀与挖掘更好地推进产品的迭代。数据架构师、数据分析师成为企业争抢对象,过去一年,招聘需求就提高了 150% 以上。

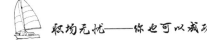

所以这个专业刚开设的时候，只有北京大学、对外经济贸易大学和中南大学三所本科院校，到现在已经有接近300所的本科院校都开设了，从这个专业发展的速度之快，也能看出人才的需求量是快速增加的。

从专业的学习内容来看，作为一门交叉性、实践性非常强的复合型学科，数学、统计学、计算机三大块课程是必需的。各高校在这几门学科的一个基础上，交叉融合了其他的专业知识技能，所以数学统计能力、分析能力都是非常重要的。

第二个，机器人工程专业。

很多的学生特别是男生对这个方面都非常的感兴趣。

机器人的种类有很多，比如说工业机器人、服务机器人、智能机器人、仿生机器人等等。

机器人行业现在也从工业领域扩展到了日常的家居、医疗、教育等各个领域当中了。

比如在医疗方面，下肢康复机器人既可以由腿部机械带动患者下肢进行一个被动的运动训练，也能让患者进行主动的康复训练。

开设机器人工程专业比较早的院校有东南大学、北京航空航天大学、浙江大学、上海交通大学等。除了985、211之外，也有一些普通院校。机器人工程同样也是一门交叉性非常强的学科。与其紧密联系的有机械、控制、计算机等专业。那对学生的要求也是非常高的。

第三个，物联网工程专业。

简单地说物联网就是让一切物体相连，并可以实施感知操作管理。比如说在回家的路上，我动动手指，发出一个指令，控制家里的空调，让它自动调节到一个很舒适的温度，给我们的生活提供了便捷服务。

在未来物联网将会被广泛地运用于交通、物流、安防、电力、家居、医疗、军事等各个领域，物联网行业也将会迎来一个突飞猛进的时期，就业前景也是非常不错的。

物联网也是交叉性非常强的学科，它涉及的有通信技术、传感技术、网络技术等多项知识。

有着很强的工程实践的特点。主要的课程包括计算机系列的一个课程，信息与通信工程、模拟电子技术等。同时还要打牢数学、物理这样的基础学科。

第四个，智能科学与技术专业。

智能科学与技术是一门融合了电气、计算机、传感、通信、控制等众多学科领域的相互合作、相互研究的跨学科专业，是属于计算机专业下的一个特色专业。

该专业包括了电子信息、自动控制、计算机智能科学与技术等相关的一些领域。主要是能够从事产品开发系统的测试、技术支持及咨询这样的工作。目前全国也有多所高校开设了这个专业，其中开设比较早的高校有北京大学、北京邮电大学、南开大学、西安电子科技大学、华南理工大学等等。

第五个，生物制药专业。

作为新型发展专业，生物制药其实就是生物工程和制药工程的交叉产物。生物制药专业特色是生物制药已成为国际和国内增长最快的行业之一，生物制药已成为中国高新技术发展的重点。

结合如今的世界疫情背景，在药物、疫苗等生产制造方面有巨大帮助，在未来很多年内的发展都不会进入颓势。它主要是靠生物分子等技术对药物合成和制造进行帮助，可以达到比以往的单一化学制药更好的效果，可以减轻成本。常见的生物药物有疫苗、抗生素、抗毒血清、胰岛素等。

这个专业毕业后，主要从事生物制药的资源开发、产品研制、生产、技术管理等工作。可以选择去制药和生物工程类的公司，也可以选择去卫生、医疗的公职单位上班，发展宽度是很大的。

但是，制药行业是一个监管极其严格的行业，对毕业生的学历和科研能力要求较高。生物制药专业属于高新技术产业，这就意味着有一定的技术门槛，所以用人单位对毕业生的工作专业知识要求较高。在报考时要注意，该专业对学生的物理、化学、生物和数学的要求是很高的，所以如果不感兴趣最好不要报考。

第六个，航空航天类专业，这个专业也叫国家战略储备人才专业。

航空航天类专业在近些年的发展是有目共睹的，从近些年我国航空航天活动中，越来越多的年轻面孔出现在前台，就可以看出航空航天类专业的蓬勃发展。其实我国的航空航天专业与发达国家相比，还是有一定的差距，但是我国在这方面正在迎头赶上，对于相关专业的人才需求非常多。尤其是我国如今在空间站、探月之旅、火星之旅等方面都在稳步前进，在飞机研发与制造方面正在迎头赶上，在薪资待遇方面起步可谓非常高。

航空航天专业的培养目标是培养具有较好数学、力学基础知识和飞行器工程基本理论及飞行器总体结构设计与强度分析、试验能力，能从事飞行器（包括航天器与运载端）设计、结构设计与研究、结构强度分析与试验以及从事通用机械设计及制造的高级工程技术人员和研究人员。

这个专业的发展会非常好，毕竟是国家战略层面的，但是这个专业在工科类专业属于有点冷门的专业。但航空航天类专业的开设院校可以说都是"大腕"，哈尔滨工业大学、北京航空航天大学、沈阳航空航天大学、南京航空航天大学、西北工业大学、北京理工大学、重庆大学等，都是响当当的，其学校牌子本身就是就业率的保证，这个专业毕业后一般会去跟专业相关的大型的国家科研单位或者民用飞行器设计制造企业比如大疆等私企，一些民用企业很乐意高薪招纳该类毕业生担任研发人员，其他相关企业（机械、自动化、计算机、通信、电子等）也愿意聘用其去做设计。

第七个，网络空间（信息）安全专业。

网络空间（信息）安全的重要性是不言而喻的。想想看，如果我们的在线信息被不法分子窃取，那将是多么可怕的事情。网络信息安全不仅是个人和公司的问题，也是政府和国家需要管理的问题。国家信息一旦被泄露，损失就更大了，这就是为什么我们国家一直非常重视网络空间安全技术方面的人才培养。

中国在网络空间（信息）安全方面开设的大学比较多，有 100 多所，包括著名的西安电子科技大学、北京邮电大学、上海交通大学、哈尔滨工业大学，它们在网络安全专业内的实力非常强。这个专业致力于培养"互联网 +"时代能够支撑国家网络空间安全领域的具有较强的工程实践能力，系统掌握网络空间安全的基本理论和关键技术，能够在网络空间安全产业以及其他国民经济部门，从事各类网络空间相关的软硬件开发、系统设计与分析、网络空间安全规划管理等工作。

我国网络空间安全技术人才需求量大，缺口约 150 万人，网络安全技术专业毕业生的就业方向很广，可以到政府部门工作，可以到 IT 公司工作，甚至可以到电信公司工作等，本科生待遇一般年薪 10 万以上。该专业对计算机要求较高，适合对网络空间安全感兴趣的学生就读。

虽然在这里只举例了 7 个专业，但是"新工科"还有很多的专业都是值得选择的。它们在未来的实践性上是顺应了社会的发展需求，是有巨大潜力的。

那么哪些学生适合读"新工科"专业呢？

首先，新工科的部分专业对考生的理科成绩是有一定要求的。新工科专业不仅要求运用所学知识来解决现有的问题，而且还要有能够掌握新的知识技能，解决未来可能出现的新问题，除了技术要过关之外，还需要懂经济、懂管理等，总而言之，新工科对学生的综合素质、动手能力、学习能力，要求是非常高的。

整体来看，理科成绩优秀的，尤其是在数学和物理这两门学科上比较优秀的会比较适合新工科。比如热门的航空航天类专业，就要求学生有很好的逻辑思维能力、学习钻研能力和动手能力，对数学、物理的要求都非常高。再比如电子类专业则要求学生具有较扎实的数学、物理基础和较强的逻辑思维能力，喜欢科学实验和动手实践，更重要的是需要具有一颗深度探究新事物的好奇心等。

"新工科"无疑将是大势所趋，很多开展"新工科"专业的高校都在"985"或者"211"之列。如果您的孩子想学习"新工科"专业，这些高校无疑是最好的选择。而对于高中生来说，在"新工科"背景下，物理学科的基础地位依旧不会动摇，化学和生物等科目将更加强调应用性和与其他学科的关联性。

那接下来给大家讲讲填报新工科专业的一些注意事项。

首先第一点要注意大类招生，我们在填报的时候一定要注意，现在很多的院校，特别是像新工科这样的一个专业，都会放在大类当中来进行招生。比如说北京邮电大学数据科学与大数据技术这个专业，它就放在了计算机大类里面进行招生。随着各省新高考改革的实施，更多的高校会把这些专业按大类来进行招生，所以大家一定要注意看清楚了。

第二个要注意的就是我们选择院校的时候也一定要选择相关强势专业的一些院校。新工科刚才也说了，它是一门交叉性非常强的学科，像计算机、软件、电子等多个专业的知识。我们在选择的时候最好能够选择相关专业在这个院校实力和背景比较强的一个院校，比如说与互联网专业关联比较密切的计算机和通信专业。我们在填报的时候就可以选择这两个专业实力背景比较深厚的一个院校。专业的培养方向决定了我们将来的考研，决定了将来就业的发展方向。所以择校是非常关键非常重要的。

第三个要注意的就是一定要多去查看往年的录取分数，并且要多参考各个院校的往年的录取分数。开设的院校逐年都在增加，大多数的院校招生的分数要求都是比较高的。我们在填报的时候一定要尽量多地去参考往年的录取情况。在新工科的背景下，物理学科的基础地位依然是不会动摇的，化学和生物等科目也将会更加地强调应用性以及与其他学科的关联性，而且技术科目的重要性也是大大地增加的。也就是说你要想学好新工科，物理基础一定要扎实，化学、生物等科目也不可以忽视，而且一定要注意培养自己的动手实践操作能力等等。

所以在这里还是要提醒各位朋友，专业热归热，但并不适合所有人去填报，也不是说填报了一个热门专业，将来的发展就一定会好。我们一定要了解自身的一个实际情况，要了解专业跟院校的一个具体情况，要根据自己的兴趣爱好、自己的学科强弱以及将来的发展方向来进行选择填报。

三、认识新专业

2022 年 2 月 22 日，教育部发布《教育部关于公布 2021 年度普通高等学校本科专业备案和审批结果的通知》及《列入普通高等学校本科专业目录的新专业名单（2022 年）》，名单公布了 2022 年 31 个新增本科专业。有家长可能会担心，新专业值不值得选择？

对于这一点，我觉得大家不必过分担心。各大专业的增设都会经过对市场的需求进行分析，根据市场发展的特点，对新兴的职位需求进行定位，最终产出相关的新兴专业。因此，对于新兴专业的发展前景，那一定是朝阳行业、一定是广阔的行业。原因如下：

1. 更大的社会需求

新专业对应新兴产业，新兴产业起步晚，在满足社会需求严重不足的情况下，相应的专业才会应运而生，因此，对于一个新兴的空白行业，市场会在相对较长时间段内对该类职业保持极大的需求量。

2. 更容易的就业机会

对于新兴产业，一般初期开设的院校都相对较少，并且这些学校也需要雄厚的师资、研究及相关的资源。因此，对学生来说，报考新兴专业，一方面可以享受到大学对该专业的扶持政策，另一方面在毕业后因为社会需求量大、毕业人数少等因素，让他们在毕业后成为抢手货。

3. 更多的扶持

新兴专业对于大学来说，就像婴儿对于一个家庭一样，在孩子成长过程中，父母都会不遗余力地投入大量的精力、财力培养孩子，都对这个新生命抱着最大期待和希望，都想他能成为最好的那一个。

而大学院校也是这样，在一个新专业发展初期，一定会花大力气在该专业的研究和发展上，因此这些专业也极有可能迅速成为该校的王牌专业。

4. 更多的可能性

新兴专业不仅意味着更容易的就业机会、较好的薪资待遇，还意味着更多的可能：创业的机会、更快的晋升发展空间等。不过，因为新专业确实会存在一些问题，比如课程开展目的性不明确，对新开专业认识程度不深刻，缺少对应的硕士学位授予点等。同一专业先开的要承担为发展探路的风险，后开的水平不够可以仿照先开的课程计划。从专业授课角度其实差不多的，老师肯定还是学校里那些人，只不过整体的教学规划有改变。

我们应将目光放得更加长远一些，并有针对性地选择适合自己的工科专业，但若是对工科类专业不感兴趣，或是文科生等，可以选择一些看起来相对冷门但未来发展前景好的新专业。所处的角度不同，看待冷门专业也会有着不同的看法，但这并不代表冷门专业不适合选择，不过是"术业有专攻"罢了，也许今天的冷门专业，在毕业的时候就转身成了热门专业，而我们也要争取选择更适合自己的专业，若是对工科专业感兴趣，也不要受传统思维的局限，报考前景更好的新工科专业！

我们了解了新工科专业和新专业的相关内容，了解了新工科专业的4个具有潜力的新工科专业，接下来我们将带着大家一起来看看互联网＋时代下你所不知道的新兴职业。

第三节　互联网＋时代下你所不知道的新兴职业

互联网时代产生的新兴职业，整体可以分为两大类型：

1. 企业因为互联网的影响产生的新需求，需要新的职位来满足，比如数据分析师、算法工程师、产品架构师，以及企业线上社群赋能师。这些职位大部分都属于专业精进型岗位，也就是职业的发展方向不是转向管理岗，而是做得更为专精。

2. 个人可以脱离对特定企业的依附关系，而通过互联网平台实现自由职业。比如网络主播、自媒体内容创作者，为企业提供外包服务的顾问，为平台提供外包服务的视频剪辑师、声音主播、有声读物朗读师，还有服务于个体的职业，比如帮助个人技能提升的线上训练营老师，提供专项信息咨询或产品服务交付的职业规划师、简历优化师、收纳师等等。

那这些职业是在什么条件下怎样发展起来的？有什么规律？怎样识别哪些职业未来更有发展？哪些职业可能只是昙花一现？哪些职业存在幸存者偏差，你看到的是极少数人名利双收，看不到的是大部分人没有挣到钱？哪些职业适合做主业，哪些职业适合做副业慢慢养着，厚积薄发？主业和副业如何平衡？

接下来我们逐一分析。

首先，从长期稳定的角度来看，满足企业需求的职位，稳定性更大，更适合作为全职主业。而且，由于属于新兴职业，人才市场上总体来看需求大于供给，对于学历、经验的要求不会特别苛刻，比如，学习一门数据分析或算法编程相关的技术，获得一份相对稳定的正式工作还是有很大的成功概率的。

企业需求的新兴职业，也有不同的特点。

比如数据分析师或者叫数据官，在未来 5—10 年，有点类似于之前"网管"

的角色，其实不需要特别专业的技术，但是很多有规模的公司，特别是电商企业、教育培训企业，可能都要配一个，因为分析客户的数据，对于迭代公司的产品服务，是一个非常有力的工具。但是怎样收集客户数据，通过数字化的方式进行数据的汇总、筛选，生成可视化的报表，这些工作是企业的痛点，目前又没有专门针对企业需求提供服务的可靠平台，那聘用一个数据分析师就很有必要了。

但是，对数据进行分析，其实反而不一定是数据分析师的主要工作，因为数据分析师又不懂企业的产品和业务，通常会有业务侧的管理者提出需要收集哪些维度的数据，在数据分析师生成报表后，再交给业务管理者，业务管理者根据自己制定的数据维度进行决策判断。

这就决定了数据分析师的价值还达不到参与决策的地步，所以薪酬天花板也很明显，普遍的岗位薪酬在 7000 元到 2 万元之间。

但是这份工作其实相对是比较轻松的，因为企业通常只有一个数据分析师，薪酬也不是很高，所以没人跟你竞争，没人跟你内卷，作为一份压力不大的工作，比较适合利用这种状态，提升自己的能力，获得更好的职业发展。比如说，学习算法相关的知识，未来可以向算法工程师的方向发展。

如果不思进取，就此躺平，不学习新的技能，那 5—10 年就会面临被淘汰的风险。为什么这么说呢？你可以想想现在为什么网管这个职位减少了很多？因为有更好的解决方案满足企业需求，比如云服务取代了服务器。那数据分析作为并不高的技术门槛，未来被某个智能软件或外包服务产品取代，只是时间问题。

说到算法工程师，这个职位的薪酬区间，通常在 1.5 万元到 5 万元，甚至有些稀缺类别的算法工程师，月薪已经到了 7 万元。为什么呢？道理很简单，如果说数据分析师类似于 20 年前的网管，那算法工程师就类似于 10 年前的程序员，要不断地学习新的编程知识，而且算法也分不同领域，比如图形算法、通信算法等等。小众的算法应用范围更窄，但也更稀缺。

但从长远来看，如果现在要学习算法，建议选择应用范围更广的算法领域，比如图形算法、知识图谱等，因为长期的选择空间更大。而小众算法的领域，一旦遇到黑天鹅事件，行业遇到了衰退，或者大家看这个领域收入高，一拥而上地学起来，那很快就供大于求了，而你的技术应用不到其他领域，就等于白白浪费了时间和金钱学了一门用不上的屠龙技。

算法工程师的职业生命周期是比较长的，因为它所在的行业是 AI 人工智能领域，目前还处于朝阳期，发展空间比较大。相对地，也需要不断学习更新自己的知识和技术。

说完企业方面的新兴职业，我们再来看新兴的自由职业。

从稳定性角度来看，在自由职业中，能同时为企业和平台提供外包服务的职业，收入的稳定性相对更高。为什么呢？

因为企业服务的需求通常是长期的，比如一个设计师和出版社合作，提供插画设计服务，这就是一个相对稳定的合作。但是他如果是在淘宝上挂一个账号，那就谈不上稳定性，平台给你多少流量，可控性是非常低的。而接到的平台业务又大多是一次性的，比如企业要做一个海报，在淘宝上下单购买了设计服务，这种临时性需求通常都没有很高的复购率，不如长期合作的企业客户稳定。但是平台可以作为转化新的企业客户的渠道，如果你有现成的合作方案和案例，一些有长期需求的企业可能会选择和你合作，这样你的收入稳定性就比较有保障了。

再比如职业规划师，如果一边为企业提供新员工职业规划培训，或者为高管进行团队成员优势分析的培训＋咨询，同时再搞自己的自媒体账号，输出视频和图文内容，转化个人咨询，这样的收入稳定性就比较高。如果只做个人自媒体，我是非常不建议的，因为粉丝的积累是个长期的事情，如果是赌运气，某一个视频或文章突然成了爆款，这毕竟是小概率事件。所以，抱着长期主义的心态，以慢为快，日拱一卒，哪怕是周更的节奏，也好过日更3个月，然后粉丝几百人，心态上受到打击，从此失望甚至放弃。

当然，任何事都有两面性，如果一个人在某个内容领域已经有1万小时以上的持续积累，并且有3年零收入的长期主义心态和储备金，那也可以选择用1—2年的时间来专注地修学储能，一边学习提升自己，一边做内容，积累粉丝，只要内容的质量足够好，且质量足够稳定，那么把时间的周期拉长，这个过程中大概率就会碰到某些机遇，因为优秀的内容创作者其实是相对稀缺的，就算自己不去找资源，也很可能会有平台或MCN网红培养机构来找你。

即便最后还是没有成功，这1—2年高质量学习和输出的间隔年，其实也会大大提升一个人的思维质量和表达能力，职场竞争力其实是提升了至少一个等级的，因此在人才市场也变得更为稀缺了。

自由职业中，相对稳定的新兴职业还有2种：硬核技能型职业和综合价值型职业。

什么是硬核技能型职业呢？我出一个选择题，大家猜一下。

A. 整理收纳师　　B. 宠物陪伴师　　C. 简历优化师

正确答案是C. 简历优化师。为什么呢？

整理收纳和宠物陪伴，技能门槛其实是不高的，技能的提升空间也不大，而且需求其实是小众的，以不够硬核的技能满足一个小众的需求，作为爱好或副业还是可以的，但并不适合作为主业，因为这样的职业抗风险性比较低。

而简历优化师的技能门槛其实不算很低，要快速了解并梳理一个人的职业经历，提炼核心价值和能力优势，按照STAR原则有说服力地论述岗位价值，还要语言凝练，格式专业，重点突出，聚焦职业目标。这需要优化30—100份简历，才能确保做到有稳定的专业性和价值感的简历交付的。但一旦过了这个硬核技能的门槛，那简历优化作为一个相对刚需的产品，客户转介绍的比例会比较高，加上这个市场很大，有专门的平台派单，那收入的持续稳定显然也更有保障。

另外通过进一步学习精进，也可以打包成职业规划、简历优化、面试指导的服务，或出售自己的课程，具备职业的发展空间。

硬核技能型职业的选择，一方面要看自己的偏好和技能特性，其次是判断有没有广泛和可持续的需求，如果符合以上两点，并且在某个大型平台对这个职位的需求刚开始爆发式增长的时期进入这个领域发展，通常会有一波红利。

比如，简历优化师，作为一个新兴职业，最初只是个人单打独斗，在淘宝上售卖技能服务，而到了 2019 年，猎聘网开始推广简历优化服务，平台就开始大量招募简历优化师，只要有 HR 经验或职业规划师经验，几乎不需要经过严格的面试环节就可以得到免费的技能培训，还有导师指导，以及平台大量的派单，1—2 个月就可以迅速出师，不用导师督导，独立完成简历优化服务了。到了 2021 年，平台已经拥有了一批有经验的成熟简历优化师，招募的门槛就大大提高了。

现在有声书读物和声音主播的需求，也处于需求量大，人才缺口也比较大的时期，有平台免费培训这一技能，可以预见，2 年左右的时间，也会到达人才供需平衡的时期，那时候再进入这一职业的门槛也会比现在更高，竞争也更为激烈。

这些硬核技能型职业，如果选对了正确的进入时期，掌握一门技能，短时间内的稳定收入是没有问题的。长时间来看，还是存在一些不确定性，需要我们了解相关的影响因素。

因为这些新兴职业的迅速崛起，可能是因为一种新的产品形态，突然爆发出了某种需求，比如短视频这一产品形态，让短视频剪辑成为一个新兴的硬核技能职业。只要短视频依然能吸引大量受众的关注，短视频剪辑就是一个稳定的职业。

如果有一天，短视频不"火"了，VR 普及了，大家都纷纷戴上 VR 眼镜观看沉浸式 3D 视频，那视频剪辑这个职业可能有 80% 的人就得不到稳定收入了，当然如果你关注到下一波新兴产品崛起的趋势，提前学习了相关的技能，假设是虚拟视频的制作技术，那就可以顺应需求的变化，转型到下一个硬核技能职业，可能是虚拟视频制作师。

影响硬核技能型职业稳定性的另一个重要因素，是持续获客的渠道。

像视频剪辑、有声读物主播这种硬核技能，由于有高频的输出需求，所以持续获客的渠道比较好建立，和机构或个人都可以达成长期合作。

但是像简历优化、职业规划这种硬核技能，由于不是高频需求，所以持续获客的渠道比较依赖平台流量，一旦失去平台分配的客户，靠自己的营销能力获客，难度相对是比较大的。

说完硬核技能型职业，再说一下什么是综合价值型职业。

综合价值型职业，就是产品服务本身有价值，同时还能为客户提供情绪价值或社群价值等复合价值。

举个例子，现在宏观经济的增速放缓，大部分人的心理压力和焦虑感是需要缓解的，但是又没严重到需要找心理咨询师的程度。那"疗愈"型、陪伴型的产品服务，其实是一种刚需。

比如说，有一位在昆明做新媒体运营的刘女士，做了一个自己的微信公众号，专门针对心理压力大引起的"暴食症"输出相关的原因分析，并提供相关的线上社群课，以陪伴的方式让大家解决"暴食症"的问题。

"暴食症"其实并不是一种疾病，只是有些职场人，由于压力比较大，在不饿的时候也用过度饮食的方式来获得安全感，用短暂的生理性满足缓解心理的焦虑。

这种内容和产品服务很容易引起这部分群体的共鸣，特别是女性群体，暴食会影响身材，也是她们很在意的一个痛点。

刘女士本身做内容运营，有文字功底，再通过用户反馈不断优化产品，经过 2 年的打磨，她的训练营已经从几百元 / 人，上涨到将近 2000 元 / 人，而一期训练营可以有 10 多个人，一期一个月的训练营，她的收入可以达到 2 万元左右。如果 2 个月开一期，她的收入也可以和主业收入持平了。而且她的内容除了发在自己的公众号，在小红书等互联网平台的投放也有持续增长的用户关注，让她的产品转化是可持续的。

再比如，通过有态度和有温度的社群，把一群有相同兴趣或相同价值观的人聚在一个社群，除了提供一些有价值的知识输出，同时也可以输出自己的读书笔记，或进行线上的共修交流，这样一个学习型的场域，就提供了社交价值和学习价值，很多 95 后，甚至大学生，在学习了知识管理、时间管理、精力管理、优势探索等知识型课程后，就建立了以自己为核心的学习型付费社群，如果运营得当，也是一个不错的副业。如果结合自媒体的持续输出，也有发展成一份职业的潜力。

以上，就是对互联网 + 时代下，新兴职业的分析。最后我们谈一谈关于新兴职业的几点注意事项。

1. 新兴职业的高收入迷局

新兴职业看起来轻松又时尚，高薪有发展，着实让人羡慕，成了网民中的香饽饽。但只要追溯这些新兴职业的来源，就很容易发现新兴职业的高收入只是一个公开的迷局而已。一个问题："新兴职业从哪里来？"新兴职业往往是由一些传统行业本身具有高素质、敏锐眼光的公司或个人发现并投入其中，所以这些新兴职业者本身就具有很高的职业身价。是金子总会发光，他们只不过找到了一块全新的任其生长的沃土。新兴行业的收入结构也明显地符合二八原则，即 20% 的高收入人群带来了新兴行业的高收入假象。甚至由于缺乏明确的行业标准，这个比例还会高于传统行业。

2. 投资者还是投机者

由于新兴行业是迎合社会需求出现的一座座金矿，所以必然会吸引大量人群的目光，让一批批淘金者趋之若鹜，但这座金矿蕴含了多少金矿往往需要市场的长久考验。任何一个行业由新兴走上成熟都必然经历一个震荡期和孕育期。所以如果大家想进入新兴行业，请谨慎思考：你到底是这个行业的投资者还是投机者？如果是机会主义的投机者建议还是慎重考虑进入新兴职业，因为新兴职业受市场影响更大，如果你无法在其中快速让你的价值变现，很可能被这个职业套牢，并不利于职业能力的提升。

3. 新兴职业与新新人类

新兴职业往往会吸引一些新新人类。很多刚毕业的大学生，缺乏对职业的清晰认识与了解，往往被职业的艺术照所吸引，进入新兴职业更需谨慎。新兴职业往往缺乏明确的职业规划，而且尚处于孕育期，对于职场新人的职业化成长并不一定是最好的选择。所以除非这些新新人类已经在该领域有很好的资源积累，比如一些大学生已然是很好的微博营销高手，否则还是谨慎为好。新新人类进入新兴职业一定要清晰自己的职业规划，希望在这个领域做多久，希望获得什么样的成长与知识？这些成长与知识在未来的职业环境中会获得什么样的可迁移技能。这些是新进入新兴职业的新新人类需要深入思考的。

新兴职业是一种新兴事物，无论企业还是从业人员对此都没有太多的经验，都在摸索当中，对于这些甚至连职业标准、职业规范都还没建立起来的新兴职业，当然不可能有现成的员工劳动保护的专门规定，于是就使得从事新职业的员工往往会对自身权益维护感到束手无策。

新兴职业并非尽善尽美，在顺应社会进步的同时，也伴生了一些新的社会问题，如与新兴职业配套的行业标准、服务内容等都有待明确，由于这些职业都比较前沿，其管理还不太成熟。好多企业都不是长期需要这些人员，有的只是短期内需求，所以可能不会签订长期合同，而只是按项目付费。有时可能会出现工伤现象，建议一定要和企业签订劳动合同，形成劳务关系。其次，证据意识。再次，要学会用劳动合同法维权。

随着时代的变迁，新兴职业只会越来越多，这些职业在一定程度上打破了传统的束缚，又满足了年轻人爱好自由的选择。在一个工作岗位上，有了爱好的加持，从心里真正喜欢这个工作，在这份工作上才会更加有动力。

我们也要与时俱进，及时更新自己的观念，了解新需求，给予合适的建议和指导，而不是让家人听从自己的安排。

古语云，不谋全局者，不足以谋一域。通过了解新兴职业的类型和发展规律，帮助建立一个相对整体，统观全局的认知，对于帮助孩子正确、合理地进行未来的职业选择，能够有所帮助。

第三章
如何看懂职业兴趣

第一节　探寻职业的启明星，从霍兰德职业兴趣谈起

在之前我们了解了专业与职业，面对众多职业，我们如何帮助孩子找到自己喜欢的并且能够走长远的那一个呢？让我们先来看一个案例：

国内知名教育学者钱志龙老师在他的公众号发过一篇文章给自己招学徒，发出招聘启事后，他收到200多人咨询报名，最后只收到56份完整的申请，他看完这些申请资料，发现提交材料的年轻人普遍缺失以下几种特质：

1. 关于真正的成就：很多人除了考试啥也不会，除了读书啥兴趣也没有。

2. 真正的挫败：除了按部就班地完成家长、学校给他们定的目标和任务，大部分人连尝试和探索的机会都没有，更别说什么失败的经验，以及如何面对挫折的学习经验。

3. 真正的思考：很多人都是跟着别人一起做决策，一起考大学，大学毕业找不到好工作再一起考研，但从来没有停下来思考"我为什么要这么做？自己到底想要什么？"

所以，很多职场人并不知道自己喜欢的是什么、想要做什么就不奇怪了。那应该如何找到自己的兴趣呢？我们下面就来一起探讨一下，如何找到兴趣和职业兴趣的线索。

一、兴趣与职业的关系

我们都知道，兴趣是职业生涯选择的重要依据。兴趣是最好的老师，是一种强大的精神力量。兴趣可以使人集中精力去获得你所喜欢的职业知识，启迪智慧并创造性地开展工作。当一个人对某种职业产生兴趣时，他就能充分调动自己的主动性，积极地去感知和关注该职业的相关知识、动态，并积极地思考，大胆地探索；就能全身心地投入，使情绪高涨，想象力丰富，增强记忆效果，增强克服困难的意志。反之，"强按牛头不喝水"，没有兴趣，是不会取得良好效果的，当然也就很难在该职业上发挥个人的优势、作出巨大贡献了。

兴趣还可以提高工作效率，充分发挥才能，一个人对工作感兴趣时，枯燥的工作也会变得丰富多彩、趣味无穷。兴趣使工作不再是一种负担，而是一种享受，可以使人集中全部的精力，充分发挥其敏锐的观察力、高度的注意力和丰富的想象力。

因此，兴趣和能力的合理结合会大大提高工作效率。曾有研究表明：如果你从事自己感兴趣的职业，则能发挥你的全部才能的80%—90%，而且长时间保持高效率而不感到疲劳；若对你所从事的工作没有兴趣，则只能发挥你全部才能的20%—30%。

兴趣是保证职业稳定、职场成功的重要因素。兴趣是工作动力的主要源泉之一。对于一个人来说，对工作感兴趣，就愿意去钻研，就容易出成就——这正是兴趣的作用所在。

因此，在选择长期、稳定的职业生涯时，不仅要知道自己有能力从事什么样的工作，更重要的是要知道自己对哪类工作感兴趣。只有将能力和兴趣结合起来考虑，才更有可能规划好职业生涯，进而取得职业生涯的成功。

二、职业兴趣的定义

知道了兴趣的重要性，那什么是职业兴趣呢？它是兴趣在职业方面的表现，是人对某种职业活动具有的比较稳定而持久的心理倾向，使人对某种职业给予优先注意，并向往之。

职业兴趣是以一定的素质为前提，在生涯实践过程中逐渐发生和发展起来的。它的形成与个人的个性、自身能力、实践活动、客观环境和所处的历史条件有着密切的关系，因此，职业规划对兴趣的探讨不能孤立进行，应当结合个人的、家庭的、社会的因素来考虑。了解这些因素，有利于深入认识自己，进行职业规划。

1. 个人需要和个性

不管人的兴趣是什么，都是以需要为前提和基础的，人们需要什么就会对什么产生兴趣。由于人们的需要包括生理需要和社会需要或物质需要和精神需要，因此人的兴趣也同样表现在这两个方面。人的生理需要或物质需要一般来说是暂时的，容易满足。例如，食物、衣服之类，吃饱了、穿上了也就满足了；而人的社会需要或精神需要却是持久的、稳定的、不断增长的，例如人际交往、对文学和艺术的兴趣、对社会生活的参与则是长期的、终生的，并且不断追求的。

2. 个人认识和情感

兴趣是和个人的认识和情感密切联系着的。如果一个人对某项事物没有认识，也就不会产生情感，因而也就不会对它发生兴趣。同样，如果一个人缺乏某种职业知识，或者根本不了解这种职业，那么他就不可能对这种职业感兴趣，在职业规划时想不到。相反，认识越深刻，情感越丰富，兴趣也就越深厚。

例如，有的人对集邮很入迷，认为集邮既有收藏价值，又有观赏价值，它既能丰富知识，又能陶冶情操，而且收藏得越多，越丰富，就越投入，越情感专注，越有兴趣，于是就会发展成为一种爱好，并有可能成为他的职业选择。

3. 家庭环境

家庭作为最基本的社会单元，对每个人的心理发展都产生重要的影响，因此个人职业心理发展具有很强的社会化特征，家庭环境的熏陶对其职业兴趣的形成具有十分明显的导向作用。大多数人从幼年起就在家庭的环境中感受其父母的职业活动，随着年龄的增长，逐步形成自己对职业价值的认识，使得人在选择职业时，不可避免地带有家庭教育的印迹。家庭因素对职业取向的影响，主要体现在择业趋同性与协商性等方面。

一般情况下，个人对于家庭成员特别是长辈的职业比较熟悉，在职业规划和职业选择上产生一定的趋同性影响，同时受家庭群体职业活动的影响，个人的生涯决策或多或少产生于家庭成员共同协商的基础上。兴趣有时也受遗传的影响，父母的兴趣也会对孩子有直接的影响。

4. 受教育程度

个人自身接受教育的程度是影响其职业兴趣的重要因素。任何一种社会职业从客观上对从业人员都有知识与技能等方面的要求，而个人的知识与技能水平的高低在很大程度上取决于其受教育的程度。一般意义上，个人学历层次越高，接受职业培训范围越广，其职业取向领域就越宽。

5. 社会因素

一方面，社会舆论对个人职业兴趣的影响主要体现在政府政策导向、传统文化、社会时尚等方面。政府就业政策的宣传是主导的影响因素，传统的就业观念和就业模式也往往制约个人的职业选择，而社会时尚职业则始终是个人特别是青年人追求的目标。如当前计算机技术和旅游事业都得到较大发展，对这两个职业有兴趣的人也增加得很快。

另一方面，兴趣和爱好是受社会性制约的，不同的环境、不同的职业、不同的文化层次的人，兴趣和爱好都不一样。

6. 职业需求

职业需求是一定时期内用人单位可提供的不同职业岗位对从业人员的总需求量，它是影响个人职业兴趣的客观因素。职业需求越多、类别越广，个人选择职业的余地就越大。职业需求对个人的职业兴趣具有一定的导向性，在一定条件下，它可强化个人的职业选择，或抑制个人不切实际的职业取向，也可引导个人产生新的职业取向。

7. 年龄和时代变化

最后，年龄的变化和时代的变化也会对人的兴趣产生直接影响。就年龄方面来说，少儿时期往往对图画、歌舞感兴趣，青年时期对文学、艺术感兴趣，成年时期往往对某种职业、某种工作感兴趣。它反映了一个人兴趣的中心随着年龄的增长、知识的积累在转移。就时代来讲，不同的时代，不同的物质和文化条件，也会对人兴趣的变化产生很大的影响。

以上因素对每个人的影响都不同，都需要在职业规划中予以考虑。

三、霍兰德职业兴趣理论

职业兴趣是诸多兴趣中的一种，不同职业兴趣的人对不同的职业产生的心理倾向具有较大的差异性。有的人对研究自然科学感兴趣，有的人则对社会科学领域感兴趣；有的人的兴趣在于情感世界，活跃在人际关系领域；有的人的兴趣却是在理性世界，偏爱于枯燥的机械、数学；有的人喜爱动脑，有的人则偏爱技能操作。对于同一职业有的人热烈地向往，积极地追求，有的人却无动于衷，甚至感到厌倦。

为了解决这一问题，美国著名的心理学教授和职业指导老师约翰·霍兰德于1959年提出了具有广泛社会影响的人业互择理论，也就是平常大家所说的职业兴趣理论，实质在于劳动者与职业的相互适应。这一理论首先根据劳动者的心理素质和择业倾向，将劳动者划分为 6 种基本类型，相应的职业也划分为 6 种类型。以往，该理论主要应用于招聘，人们在选择工作时，经常做职业性格测试来了解自己适合做什么类型的工作。如果大家对这方面有兴趣，也可以找测试题做一做。

霍兰德认为，当同一类型的劳动者与职业互相结合，便是达到适应状态，劳动者找到适宜的职业岗位，其才能与积极性才会得以很好发挥。这6种基本类型分别为：

常规型（C）：尊重权威和规章制度，喜欢有秩序的、安稳的生活。惯于按照计划和指导做事，按部就班，细心有条理。不习惯自己对事情做判断和决策，较少发挥想象力。没有强烈的野心，不喜欢冒险。

艺术型（A）：热爱艺术，富于想象力、拥有很强的艺术创造力。乐于创造新颖、与众不同的成果，渴望表现个性，展现自己。做事理想化，追求完美。善于用艺术形式来表现自己和表现社会。进行艺术创作或创新时，不喜欢受约束和限制。

实用型（R）：喜欢使用工具或机械从事操作等动手性质的工作，动手能力强，通常喜欢亲自体验或实践理论和方法甚于与其他人讨论，一般不具有出众的交际能力，喜欢从事户外工作。

社会型（S）：乐于助人和与人打交道，乐于处理人际关系。喜欢从事对他人进行传授、培训、帮助等方面的服务工作。愿意发挥自己的感染力和说服力引导别人。通常他们有社会责任心，热情、善于合作、善良、耐心，重视社会义务和社会道德。

研究型（I）：喜欢理论研究，潜心于专业领域的创新和应用；喜欢探索未知领域，擅长使用逻辑分析和推理解决难题。不喜欢官僚式的管理行为过多地影响研究工作。

企业型（E）：对其所能支配的各种资源能够进行有效的计划、组织、领导和控制。喜欢影响别人、敢于挑战，自信、有胆略、有抱负，沟通能力出色，

擅长说服他人，追求声望、经济成就和社会地位。

那是不是通过测试找到的职业兴趣就证明我们找到了完美职业？不好意思，这只是理想化的结果。在实际生活中，测试结果往往只能作为一个参考。

四、如何培养职业兴趣

职业兴趣的四个阶段：

接下来，让我们了解一下职业兴趣的四个阶段。要知道，职业兴趣是可以培养出来的，培养职业兴趣需要经历这样的四个阶段：

1. 感兴趣，想尝试。感觉对某个领域感兴趣，认为自己能有所作为，想尝试行动。

2. 提能力，获反馈。在这个阶段，投入自己的时间和精力、资源，能力得到了初步提升，获得了外界的反馈和价值。

3. 继续做，再反馈。上个阶段的反馈和价值提升了你的自我效能，信心与勇气兼备，继续提升能力，又获得新的反馈。

4. 再行动，想未来。这个阶段行动还是核心，通过行动输出自己的价值、产品，思考未来产品的方向及用户需求。

经历这四个阶段后，才能具备某领域的职业兴趣。就像是恋爱找对象更多关注颜值，一旦想要结婚就要讲究门当户对、三观一致。毕竟，恋爱脑靠的是激素，更感性，结婚看的是缺点的融合，更理性抉择。

这就是为什么一些人进入大学之后，兴趣还会发生转变。或者说，之前的兴趣也许只是表层的兴趣，它暂时遮蔽了真实的兴趣。毕竟，年轻的时候，能够接触到的人和事，乃至领域都很有限，父母能给予的引导也可能很有限。在成长的过程中，兴趣发生转变是很正常的事情。

还有一种很普遍的情况，在应试教育下，有些兴趣被考试压抑了。他们按照分数报考学校、选择专业，对所选的专业也不能说一点兴趣都没有。但是随着年龄的增长，可能找到了自己更喜欢的领域。他可能在某方面进行学习后，能获得成就感，实现自己的价值。从人格完善的角度来说，这也不失为一种快乐和圆满。

所以，职业兴趣的获得并不是一蹴而就，而是要真正通过行动去感受、探索、尝试，获得反馈中持续提升能力才能支撑走得更远、更好。这也是辨别兴趣真伪的好方法。

如何提前了解职业，并且怎么帮助他们找到更有"幸福感"的职业呢？

再来说个小故事，米娅只有四岁的时候，她想要妈妈的一根亮粉色的唇彩。"找一份工作，然后自己付钱买。"她的妈妈温斯坦开玩笑似的告诉她的女儿。然而，这些话使她产生了一个想法。（这就是人们所说的"眼前一亮"吧）温斯坦回家后，便在一张便签上草草写下了她的想法：不再给女儿零用钱作为做家务的奖励，而是付钱给她去做真正的工作。温斯坦说道："她的第一份'工作'是她爸爸的市场调研员。她将她的 15 个朋友和家人列了出来，并让他们在三种口味的冰激凌之间做出选择……她将结果交给我之后，我付给她钱。"米娅了解了有趣的工作，同时也获得了金钱的奖励。温斯坦了解到其他人也正在寻找激励孩子们了解工作和理财的方法。所以，她采访了近 50 名专家，并将他们的工作分解成 1000 个适合孩子的任务，然后写了一本名为《Earn It，Learn It》的工作手册。温斯坦的理念尤其适用于 12 岁以下的孩子，但是也有很多方法可以鼓励年龄较大的孩子去探索职业选择。最后，我们介绍几种如何鼓励孩子去探索职业的方法。

方法一：支持他们

把自己看作是一个基石，在他们找寻理想职业时，鼓舞他们并支持他们。你鼓励他们，而他们是那个能实现不同可能性的人。确保你在他们身后起着支持的作用，而不是在监控、指导他们的一举一动。这是他们的事业和幸福的关键，他们比以往任何时候都更需要自己领头探索。

方法二：跟他们讲道理

从小讨论自己在工作方面的尝试，也介绍一些职业行话。他们应该知道简历和求职信，求职申请和面试，薪水和加薪等等。你自己替他们修改简历会比教他们如何修改简历更容易，但是，你要抵制住诱惑。这些都将是宝贵的学习经验。

方法三：让他们确定自己的优势而非直接明确自己的职业

心理学家将这个称作"优势检测"。当你足够了解自己之后，将非常有助于找工作。在微观层面上提醒他所具备的优势。例如，"说话前整理你的思绪"。同时，注意一下在什么情况下表现最优，是单独的时候，还是在小团体中，还是在较大的组织内。所有这些技能和偏好都是潜在的职业线索。如果他善于"在说话前整理他们的想法"，你可能会试图提出更多的宏观建议，比如"你会成为一名优秀的律师"。然而，同样的技巧也适用于记者、政治家、专业演说家等等，所以，为什么一定要把求职者放在某个被限定的框架内呢？明确他们的技能与优势，然后让他自己选择特定的职业吧！

方法四：做一个职业生涯列表而不是仅仅列举你所了解的职业

美国劳工统计局职业展望手册列出了 25 个职业类别，描述了这些类别中数以百计的工作，甚至还包含了那些工作的平均工资。我们作为家长，无法得知全世界所有的工作，特别是那些在我们开始我们自己的事业时并不存在的工作。这也是避免确定特定职业的另一个原因。

方法五：使用你的人脉但不要逼迫家人进入你的领域

当家人说出一些他们感兴趣的职业时，你可以利用你的门路去帮助他们。在一些应急的时刻，你也可以找一些专业人士来与他们沟通并跟着他们。在更加深刻而有意义的层面上，或许你可以给他们找个导师或是实习的机会。但是，仅此而已。逼迫家人跟随你的脚步进入同一个领域是行不通的。如果你真的要他们追随你的步伐，那么他们会更乐意自己解决问题。

方法六：鼓励他们参加暑期实习而非全职实习

求职者可以用一部分时间实习，再用一部分时间工作。一周20多个小时足够去弄清楚你是否对某项职业充满热情。做一个典型的暑期工，例如服务员、救生员，也可以收获宝贵的职业经验，例如如何做多种任务、如何有责任心。

方法七：激起对工作的热爱而不是对名誉的追求

在某种程度上，父母们有着一种陈旧的观念，都希望他们的孩子成为医生或律师。你可以期望他们从事那些工作。但是，问问你自己：如果他们成为很重要的人，你就会开心吗？或者，如果要他们快乐，那什么才是最重要的？

第二节　实用职业兴趣定位方法论

心流

你是否曾有过这样的体验？当你专注思考某个问题时，会忘记时间的流逝，忽视周遭发生的一切，抬起头时才发现已经深夜？又或者下班回家后的你，窝在沙发上沉迷游戏不可自拔，停下来时才发现已经饥肠辘辘？这就是"心流"状态。"心流"的概念是由美国心理学家米哈里发现并提出的，指的是某种将个人精神完全投注在某种活动上的感觉；心流产生时会有过度的兴奋及充实感。使心流发生的活动有以下特征：

1. 我们倾向去从事的活动。

2. 我们会专注一致的活动。

3. 有清楚目标的活动。

4. 有立即回馈的活动。

5. 我们对这项活动有主控感。

6. 在从事活动时我们的忧虑感消失。

7. 主观的时间感改变——例如可以从事很长时间而不感觉时间的消逝。

8. 我们对于所从事的活动是力所能及的，且具有一定挑战的，我们可以通过不断的练习来提升能力超越更高的难关。

以上内容不必同时全部存在才算心流发生。

那么，心流与我们今天所要谈论的职业兴趣之间有什么关系呢？米哈里还提出：当人们所从事的活动是他所倾向的，有意愿去从事的活动时，更加容易专注一致，从而容易产生心流。而兴趣就是那些能够使一个人产生积极情绪，从而自发坚持去做的事情。从这一点来看，那些能够产生心流体验的活动，很可能就是兴趣所在。所以，在平时的生活中，我们要注意哪些事情是孩子们自己能产生心流体验的活动，那这个可能就是他的兴趣所在。

一、兴趣的三个层次模型

再思考一个问题，喜欢的事情到底能不能成为工作？这就需要从兴趣的层次模型入手来进行分析。兴趣，主要分三个层次，由低到高依次是：感官兴趣、自觉兴趣和志趣。

感官兴趣：通过直观的感官刺激产生的兴趣。比如，追一部大剧沉浸其中停不下来；刷一天的视频或玩一天的游戏，虽然当时很爽却无法留下什么印象。做这些事情可能也会让你产生心流，但其实你并没有什么投入和付出。换句话说它们只是"感官上的享乐"，我们并不能从中挖掘出自己的职业兴趣。

自觉兴趣：在情绪的参与下，把兴趣从感官推向了思维，由此会产生更加持久的兴趣，在这个过程中认知行为参与其中。比如，我们在饭店吃了一道菜，觉得特别好吃，于是对怎么做出来的产生了兴趣，于是去研究菜谱、食材和烹饪方法，这就是自觉兴趣的开始。在这个过程中，由于思维的加入，兴趣可以得以维持得更加持久并定向在一个领域，这种稳定的兴趣可能会成为我们的职业兴趣。

志趣：也称为潜在兴趣，是一种更加强大而持久的兴趣，但凡能持续一生的兴趣都属于志趣。爱迪生和他的团队尝试了 1600 多种耐热材料和 600 多种植物纤维，最后才制成第一只能够点燃 45 小时的碳丝灯泡。当别人问他为什么能够坚持，他说我没有失败，我只是找到了一千多种不成功的材料！能把痛苦的事变得有趣，在被挫败一千次后依然兴致勃勃的动力就来自他的志趣。志趣的秘密不仅在于有感官和认知能力，还加入了更深一层的内在发动机——志向与价值观。所以志趣是兴趣的高级阶段。

孔子说："知之者不如好之者"，如果对应上面三个兴趣阶段，可以再接上两句：好之者不如乐之者，乐之者不如志之者。通过以上分析，我们可以发现，兴趣的三个阶段是一个由低级到高级，由外部激发到内在激励，从不稳定到稳定的发展过程。兴趣也从最初的好奇心逐步发展成一种执着追求的精神。在不同阶段，表现出的创新的个性品质也是完全不同的。

人们通过学习将自觉兴趣变成能力，再持续提高能力，使之成为自己最有力量的一种，最后通过这种能力创造价值。既然只有到了自觉兴趣的时候，才有可能将兴趣变成我们的职业兴趣。那么，可以如何发现并发展兴趣，从而让它能够变成职业兴趣呢？

二、职业兴趣定位方法：霍兰德职业兴趣测评

就在前不久，中新社发布了一篇报道，标题为《中国"00 后"走向职场：注重用兴趣来择业，看重工作和生活平衡》。从标题可以看出，对于新生代而言，兴趣在他们的职业选择当中占据了越来越高的比重，职业兴趣的探索就变得尤为重要。

做个小游戏，问问他，假设有一天你中了一个大奖，奖品是一次免费度假游的机会，有机会去下列六个岛屿中的一个。唯一的要求是你必须要在这个岛上待满至少半年的时间。请不要考虑其他因素，仅凭自己的兴趣，按照一、二、

三的顺序挑出你最想前往的 3 个岛屿。

这六个岛分别是：

R 岛：自然原始的岛屿。岛上自然生态保持得很好，有各种野生动物。居民以手工见长，自己种植花果蔬菜、修缮房屋、打造器物、制作工作，喜欢户外运动。

1 岛：深思冥想的岛屿。有多处天文馆、科技博物馆和图书馆。居民喜好观察、学习，崇尚和追求真知，常有机会和来自各地的哲学家、科学家、心理学家等交换心得。

A 岛：美丽浪漫的岛屿。充满了美术馆、音乐厅、街头雕塑和街边艺人，弥漫着浓厚的艺术文化气息。居民保留了传统的舞蹈、音乐与绘画，许多文艺界的朋友都喜欢来这里寻找灵感。

C 岛：现代、井然的岛屿。岛上建筑十分现代化，是进步的都市形态，以完善的户政管理、地政管理、金融管理见长。岛民个性冷静保守，处事有条不紊，善于组织规划，细心高效。

E 岛：显赫富饶的岛屿。居民善于企业经营和贸易，能言善道。经济高速发展，处处是高级饭店、俱乐部、高尔夫球场。来往者多是企业家、经理人、政治家、律师等。

S 岛：友善亲切的岛屿。居民个性温和、友善、乐于助人，社会均自成一个密切互动的服务网络，人们重视互助合作，重视教育，关怀他人，充满人文气息。

最想前往的是哪三个岛屿呢？请在此记录下他们的选择。这就是著名的心理学家霍兰德所创的著名的岛屿计划，这六个岛屿也就分别对应霍兰德所提出的人的六种兴趣类型，分别是实际型（R）、研究型（I）、艺术型（A）、社会型（S）、企业型（E）和传统型（C），每种类型所喜欢的活动、重视的事情、对职业环境的要求和代表性的职业如下图所示。霍兰德所划分的六大类型，并非

并列和有着明晰的边界的。他以六边形标示出了六大兴趣类型之间存在的三个
关系：

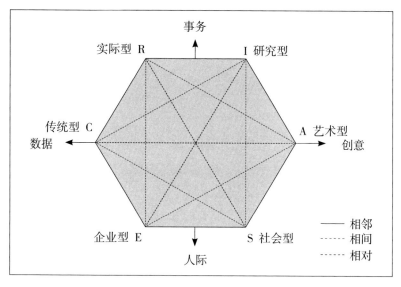

1. 相邻关系。如 RI、IR、IA、AI、AS、SA、SE、ES、EC、CE、RC 及 CR。
属于这种关系的两种类型的个体之间共同点较多。实际型 R、研究型 I 的人就都
不太偏好人际交往。这两种职业环境中也都较少机会与人接触。

2. 相隔关系。如 RA、RE、IC、IS、AR、AE、SI、SC、EA、ER、CI 及 CS。
属于这种关系的两种类型个体之间共同点较相邻关系少。

3. 相对关系，在六边形上处于对角位置的类型之间即为相对关系．如 RS、
IE、AC、SR、EI 及 CA 即是，相对关系的人格类型共同点少，因此，一个人同
时对处于相对关系的两种职业环境都兴趣很浓的情况较为少见。

三、职业兴趣定位方法：自我观察

不知道你是不是跟我一样，有过看孩子画画的经历。平时吵吵闹闹的熊孩
子，浑然不觉所有的注意力都在笔尖上面，可以一个人独自待很久。他们完全
沉浸其中，源源不断的好奇，无须外在奖励的自动自发，这就是我们热情所在

兴趣指针所指向的地方。当我们步入社会，我们当然想知道这个社会到底有什么地方是自己的热情领域。如果我能找到像小孩子画画那样子的热情领域，我自动自发地学习成长，全情投入，只看过程，不问结果，结果也一定会更好。但是我怎么样才能找到自己的兴趣领域热情所在呢？

问过很多把兴趣和职业合为一体的人，当时你是怎么做的？很多人都会说，其实我是撞大运撞上的。在年轻的时候能碰到自己喜欢的领域固然是运气，但在一个天天变化的时代，外面的环境天天在变，自我也在不断地变化，在这个时候还能靠撞大运吗？

从朦胧地觉得自己喜欢些什么，到大概知道自己适合什么类型的工作，到精准地指向某一个具体的类型，最后决定在这个里面越做越深，干上一辈子。这个过程可不仅仅是靠一个测评可以得出来的，它需要我们纸面的探索，也更加需要你真实的体验，需要自我反思以及需要你做这份工作以后的实际反馈，把兴趣指针指得越来越精准，越来越清晰。

1. 自我观察定位

自我定位，要搞清楚的，就是这几个问题：我是谁？我在哪里？我想得到什么？我拥有什么资本来换取想得到的？我的人生意义何在？

自我定位，不是未来或过去你在哪里，而是当下所在的位置。

自我定位有以下几种方法：

1.1 自我画像：如果去面试，是不是会向对方介绍一下自己？

现在，先做一个自我介绍吧：我是谁？我是个什么样的人？我有什么爱好？有什么特长？我的价值观是什么？我想要一份什么样的工作？希望和什么样的人一起工作？有什么优缺点？我未来想要得到什么？我通过什么来换取我想要的？

至于要用图片、文字、表格或是思维导图，这个可按照他自己的习惯去做。

1.2 商品说明书

其实这个和第一点相似，但我单独列出来，希望能更加全面地知道如何定位自己。我们假设，如果是一个超级市场货架上的商品，那么你的属性是什么？作用是什么？比同类产品有什么优势？定价是多少？有什么证明？

每一款产品的问世，都有它的使用价值，人也一样。每一款商品在上架之前都会有商品说明书，以至于能让自己脱颖而出，被客户认可，那么，现在为你这个"商品"制定一个"说明书"吧。

1.3 他人印象

另一种方法，是让他的朋友、同学、长辈评价一下他。在他们眼中，他是个什么样的人？适合做什么工作？有什么优缺点？需要改变些什么？不过，在此要提醒一点，他人的建议都会存在主观性，每个人的观点不同，一千个人心中有一千个哈姆莱特。所以，记录之后，你要对这些建议做筛选，甄别出那些真正适合的。

1.4 测试法：这里列出了一些世界知名的测试方法，大家可以按需选择。

MBTI 职业性格测试

霍兰德职业兴趣测试

九型人格测试

大五人格测试

菲尔人格测试

艾森克人格测试

DISC 性格测试

舒伯职业价值观测试

……

如果认真按以上的方法去做，相信现在已经大概知道了如何定位。接下来你还需要对自我这个"商品"进行自我分析。

2. 自我分析：不管现在是在哪个阶段，这一步都同样适用，分析内容如下：

优势劣势分析：咱们这里说的优势劣势分析，不是自己认为的，而是在与别人比较之后的优势劣势。

在这里，有几个注意事项：

2.1 每一条都要具体。比如做了什么事，当中有什么收获，越多越好，因为写得越多，就越了解自己。

2.2 曾经的成就，也就是曾经的高光时刻。虽然说好汉不提当年勇，但需要总结的是在那些事情里学到的经验。

比如：目前为止，做过哪些让自己觉得骄傲的事情？在这些事情里，都参与了什么角色，做了哪些工作？这些事情，有什么不足？有什么好的地方？从中学到什么？

2.3 无论是优点还是缺点，都要大胆地写出来，因为正在编制问市之前的说明书，是面对自己的，只有发现得越多，才越有利于完善自己。

3. 区分爱好和兴趣：在选择职业时，很多人把爱好和兴趣混淆了。

3.1 爱好不一定能变现

比如喜欢跳舞、喜欢唱歌、喜欢看书、喜欢画画，这是爱好，但这些是在我们工作或生活之余，用来放松或增加生活乐趣的，并不一定能变现。

3.2 兴趣是变现了之后慢慢产生的：没有多少人一开始就真正了解自己的职业兴趣，也没有人敢保证一开始就找到自己感兴趣的职业。

职业生涯会有一个试错的过程。毕业后，可能要经历几份工作，换不同的行业，经过几年的时间你才会发现自己的职业兴趣。

没有哪份工作在进入之前就能完全了解工作内容，没有亲身体验过，是无法完全了解的。况且，不同的公司，有不同的环境和工作方式。所以，只有经历了一些公司或职业，才有可能找到自己的职业兴趣。

3.3 如何区分爱好和兴趣

爱好，是那些在工作之余用来放松、消遣的，但不会时时刻刻都在想着念着的事。

兴趣，是那些一直都会想着念着，并会花时间精力去做的事。比如有些人说爱好看书、写作，但只是偶尔看看写写；而有些人却越写越来劲，于是坚持每天看书和写文章。

假如你是一个产品，那么自我定位，就是这个"产品"的开发阶段，开发的结果，直接影响你上市后的市场效果。现在，好好为自己写一份"商品说明书"吧。

第三节　经典职业兴趣案例剖析

我国很早就有论著谈到了职业发展规划，距今已有两三千年的历史。早在三国时期，就有著作对于职位定位进行了详细的阐述。《人物志》是三国魏时期刘劭编写的一部系统品鉴人物才性的著作，书中原著是：

主德者，聪明平淡，总达众材，而不以事自任者也。

是故主道立，则十二材各得其任也。清节之德，师氏之任也。

法家之材，司寇之任也。

术家之材。三孤之任也，

三材纯备，三公之任也。

三材而微，冢宰之任也。

臧否之材，师氏之佐也。

智意之材，冢宰之佐也。

伎俩之材，司空之任也。

儒学之材，安民之任也。

文章之材，国史之任也。

辩给之材，行人之任也。

骁雄之材，将帅之任也。

是谓主道得而臣道序，官不易方，而太平用成。

若道不平淡，与一材同用好，则一材处权，而众材失任矣。

翻译过来的意思就是：人主之德为何不在其中？人主之德，乃是聪明平淡，兼备各种材质之能，却不担任具体事务之人。因此，人主之道确立，则十二种材质者之任用可以各得其所：

具有清正守节之德者，可以任用为师傅以教导子嗣。具有擅长法令材质者，可以任用为司寇以掌管刑罚。具有擅长道术材质者，可以任用为三孤以辅佐王公。三种材质纯而能全者，可以任用为三公以谋划国策。三种材质微细深达者，可以任用为冢宰以观测天象。具有批评人物材质者，可以任用来辅佐师傅行教化。具有运智用意材质者，可以任用来辅佐冢宰观天象。具有擅长技巧心智者，可以任用为司空以掌管制器。具有儒雅贤达材质者，可以任用为安定民心之官职。具有作文立说材质者，可以任用为记载国史之官职。具有能言善辩材质者，可以任用为外交使者之官职。具有骁勇雄杰材质者，可以任用为将军统帅之官职。

这就是人主之道得以立而臣子之道即可按部就班，官员各定其位分，因而太平得以实现。若人主之道不能平淡，与某一种材质者偏好相同，则此一材质者得到权势，其他各种材质者之职责必然不能得以重视。

由此可以看出，《人物志》就是一部用人、识人及了解自己的著作，教人了解自己是哪种可造之才，这样就能为自己选定一个适合的位置。书中记载将人才的类型按专业可分为十二种：清节家、法家、术家、国体、器能、臧否、伎俩、智意、文章、儒学、口辩和雄杰。

可见，古人对于职业定位已经有了清醒的认知：什么能力适合什么职位。拿到今天，也是很有借鉴意义的。

正所谓"先谋后事者昌，先事后谋者亡"，经过深思熟虑地谋划才去经营的事业，如同有的放矢，必然驾轻就熟，事半功倍。

一、职业兴趣对职业发展的影响

我们来看一个案例：

一位刚过 30 岁的人，写信给一位百岁老人，诉说自己的苦衷。说自己从小就喜欢写作，可阴差阳错，却当了名医生，而他对自己从事的职业一点都不感兴趣，想改行干写作，又担心年龄偏大，为时已晚。老人看过信后，立刻给这位医生回了一封信，信中说："做你喜欢做的事，哪怕你已经 80 岁。"这位医生接到信后，受到鼓舞，当机立断放弃行医，拿起了笔杆子，以后竟成了大名鼎鼎的作家，他就是日本作家渡边淳一。而那位百岁老人名叫摩西，曾是美国弗吉尼亚州一位普通的农妇，76 岁时因患关节炎放弃农活后开始画画；80 岁时在纽约举办了个人画展，引起轰动；101 岁辞世时留下 1600 幅作品。

明明对自己所从事的职业不感兴趣，为什么还要"泡"在其间，"钉"在其中？也许是为了生计，也许是为了安逸，也许是为了所谓的"前途"。但人生的前途绝不是在自己不感兴趣的事业上，因为想做的事才是你真正的天赋所在，才是人生的成功点，才是你生命的寄托和精神的家园。

告诉自己，人生只有一次，不应该浪费在没有快乐、没有成就感的领域。改变专业可能会付出很多代价，但做没有激情的工作将会付出更大的代价。

职业兴趣对职业发展的影响主要表现在以下三个方面：

1. 兴趣是职业选择的重要依据。在外界环境限制较小时，更倾向于选择自己感兴趣的职业。因此，对职业兴趣类型进行正确的评估，有助于预测或帮助自己进行职业选择。

2. 兴趣可以增强自己的职业适应性。曾有人进行过研究，如果你从事自

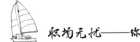

己感兴趣的职业，则能发挥你全部才能的80%—90%，而且长时间保持高效率而不感到疲劳；如果你对所从事的职业没有兴趣，只能发挥你全部才能的20%—30%。

3. 兴趣会影响自己对工作的满意度和稳定性。在某些情况下（如不考虑经济因素），甚至具有决定性作用。有人曾对美国成功人士进行过一次调查，结果表明，他们之中94%以上的人都从事着自己感兴趣的职业，这充分说明，兴趣对自己的职业和职业发展产生很大的影响。

总之，一个人选择的职业与自己的兴趣吻合，那么枯燥的工作也会觉得丰富多彩，趣味无穷，就会产生一种动力，就如同装有强力电池的电子表一样，自动运转、自动钻研，甚至有时能达到痴迷的程度。痴迷就能深入，深入就能钻透，钻透就有惊人发现，就会有丰硕的成果，就会有成功的职业生活。而如果一个人的兴趣与职业不吻合，那么这个人的工作始终就是被动的，领导让干多少，就干多少，一点也不会多干。因为他对工作不感兴趣，干是为了完成任务。一切都是应付的，应付是不会有好业绩的，更不会有成功的职业生活。所以，大学生在求职时，要尽可能选择和自己兴趣相似的职业。

二、六大兴趣类型经典案例剖析

我们再来举两个案例，让大家感受一下如何运用霍兰德兴趣测试：

【案例一】小 A 同学的职业生涯规划

下面，我们以小 A 同学的职业生涯规划为例，来看看霍兰德职业兴趣测试的应用。

小 A 同学目前是一位在校三年级的学生，在过去的两年时间里，小 A 同学一直能较好地完成各门学科的学习，但始终觉得无法把握好自己未来的方向。咨询师在经过了解之后，发现他存在以下几个方面的问题：不清楚自己以后可以从事什么工作；感觉学生生活比较枯燥，每天重复相同的生活；不清楚自己的优势和弱势，想提升自己却不知道从什么方面开始；想改变目前的生活状态，但力不从心。

针对小 A 的情况，咨询师让小 A 同学进行了霍兰德职业兴趣测试。每一种不同的职业都有自己的独特性，不是所有人都能在一种职业上有所建树，只有匹配到相应的职业，才能发挥每个人最大的特长。

小 A 同学在经过霍兰德职业兴趣测试后，发现自己在研究型（I）、传统型（C）、实际型（R）三个维度的分数较高，最高的维度是研究型（I）。而经过测评，小 A 的霍兰德职业兴趣结果为 ICR，在系统给出的职业建议中，小 A 同学发现其中的两种职业是自己比较感兴趣的，那就是工程师和程序员。

因此，通过测评，小 A 同学对自己的职业性格和兴趣有了较为全面的了解，同时也确定自己以后成为一名 IT 工程师的目标。下一步小 A 同学将通过对自身的能力分析，结合企业对 IT 工程师的具体要求，进行有目标的学习和提升，以便在未来的就业中找到自己的定位。

【案例二】小宇，高一年级男生，对未来的困惑

小宇，高一年级男生，因为对未来存在困惑，开始寻求咨询师的帮助。咨询师先让这位同学从 5 个 "W" 来思考自己的职业规划。5 个 "W" 分别是：① Who are you？（你是谁？）；② What do you want？（你想干什么？）；③ What can you do？（你能干什么？）；④ What's support you？（环境支持或允许你干什么？）；⑤ What are the ultimate career goals？（最终的职业目标是什么？）。

小宇针对以上 5 个问题回答的答案依次如下：

①我叫小宇，性别男，今年 16 岁，是一个性格内向的男生，不太善于与同学交往。

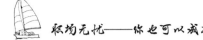

②喜欢画漫画，将来想成为一名职业漫画家。

③觉得自己漫画画得不错。

④没想过。

⑤成为一位优秀的职业漫画家。

通过霍兰德测试，咨询师发现小宇同学在高分艺术型（A），在系统给出的职业建议中，也有小宇喜欢的漫画家。通过小宇对5个"W"的回答可以看出：

一方面，作为高一学生，他已经有了一定的自我意识和自己的职业理想；另一方面，对于5个"W"的回答反映出他还存在自我认识不清晰、职业定位窄化、能力认识不清楚、环境支持认识不明确、职业目标太理想等问题。

咨询师是这样分析的：

第一，我们从自我认知的角度分析。把沟通能力作为将来职业选择的一种能力来看，小宇认识到自己不善与人交往，在一定程度上这可以看作是一种能力的欠缺。但我们相信，上帝在关上一扇门时，一定为你打开了一扇窗。小宇对自我的认识仅局限于自我沟通能力的欠缺，关于自己的优点或者特长，尤其是涉及自己人格品质方面的优势却没有很好地认识，比如虽然他不善与人沟通，但与小组成员相处融洽，说明他具有团队协作精神或者性格比较随和。作为一名中学生，正处于职业准备阶段，不应该因为对自我的认识不够全面限制了自己的职业选择。

第二，从职业的角度分析。小宇的职业理想是成为一名职业漫画家，依据是自己喜欢漫画。老师通过与小宇的进一步交流得知，他对将来想从事职业漫画的这一职业除了自己爱好漫画这个原因外，还有个重要的原因就是认为自己不善与人沟通，所以想从事不需要太多人际沟通能力的漫画创作工作。但对这一职业需要的个人素养以及影响这一职业发展的社会因素，比如社会需求、发展潜力等，这位学生几乎不知道。从职业分析的这一角度来看，因为这位学生对自己的职业理想知之甚少，加之确定职业发展的依据又不够充分，所以很可能导致这位学生的职业定位过于窄化，甚至可能并不完全适合自己。

第三，从自我能力认知的角度分析。小宇的分析显然过于简单，依据仅仅是觉得自己画得还不错。通过老师与这位同学的进一步沟通得知，这位学生在校级比赛中确实拿到了不错的成绩，但并未参加过更高级别的比赛。这位同学的表现非常典型，很多中学生对自己能力的认识往往过于简单，从而影响职业定位的客观性。

第四，从职业环境的角度分析。这位同学直言没有分析过漫画这一职业的行业环境，但这却是职业规划中非常关键的一个部分。想做什么，能做什么，只有在想做和能做之间取得平衡，才能实现自己的职业理想。

第五，从职业目标确定的角度分析。职业目标是一个人职业发展的动力，只有确立合适的职业目标，才能指引我们取得职业的发展和最终的成功，但根据小宇的回答，他对自己职业目标的描述非常笼统，这与高一学生普遍存在只关注当下，无暇或者说无心关注未来有很大关系。

通过几个方面的探索分析，小宇的职业理想越来越清晰，但能否让理想变成现实，关键一步是要考上理想的大学。虽然他对国内几所比较著名的艺术类大学很向往，但以他现在的文化课成绩和专业水准，想要考上他心仪的大学，还需要付出更多的努力。但有了这次职业规划的尝试，他表示自己学习的动力很足，一方面在文化课上会好好努力，另一方面会利用假期好好提升自己的绘画、摄影等专业能力，并尽自己最大的努力向自己理想的职业靠近。

第四章
如何选择职业生活

第一节 带你了解职业生活的要义

一、高满意度职业生活的三要素

通过之前的内容，我们已经了解了职业性格、看懂了职业兴趣。

在今天的学习中，我们将一起来了解一下什么是职业生活，如何提升职业生活的满意度，以及掌握符合时代特点的职业发展观和良好习惯，从而为孩子规划一个美好的明天。那什么是职业生活呢？

职业生活，又称职业生涯。职业生活可以是一份工作的开始与结束，也可以是指人从毕业离开校园，到离职退休的这段工作生涯。

职业生活，是人生当中最重要的阶段，是体现人生价值的途径之一，也是人们生活质量的保障。弗洛伊德曾经说过，人生最重要的两件事情就是工作和爱。

我们每天大部分的时间是用在工作上的，如果在工作中有比较高的满意度，那对于职业生活的幸福感，是非常重要的。

那要提升职业生活的满意度，首先得知道职业满意度是从哪来的？我们可以看一下这张图，如果我们的工作是自己想做、能做、认为值得去做的，那我们的职业生活就有比较高的满意度。

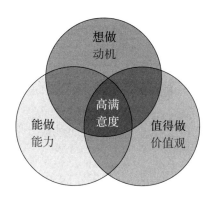

如果我们想做一份工作，也认为值得做，但是能力不够，那满意度会降低一些，因为能力不够会让人感到焦虑。如果我们对工作本身感兴趣，想做，也有能力做，但是得不到自己想要的价值，比如薪酬还可以但是工作强度高，经常加班，工作和生活不能很好地平衡，那职业满意度也会降低，可能会感到失落，在工作中得不到足够的意义感。如果我们的工作稳定，压力不大，能力也能胜任，但是我们缺少兴趣，那我们的职业满意度也不会很高，很容易感到职业倦怠。

所以，职业生活的满意度，来自工作是自己想做、能做、认为值得去做的。进一步追问，让一个人对于工作感到"想做、能做、值得做"的原因又是什么呢？有三个影响要素，就是动机、能力和价值观。

动机，指的是做什么事是我们真心热爱的，有内在动力和内在奖赏的。

能力，指的是我们做什么事能够做得快、做得好，有比较高的行为绩效，从而能给我们带来更高的自主权、自主性。

价值观就是我们主观上更看重的是哪些价值，比如有的人更看重工作稳定，认同制度和流程，喜欢按部就班地做事，达成固定的目标，他在体制内工作的舒适度就比较高。

而有的人看重创造性，不喜欢受规章制度这些条条框框的约束，更喜欢鼓励创造力和想象力的工作环境。这没有好坏对错之分，只是因为每个人都有自己的职业价值观。

所以动机、能力、价值观，是影响职业生活满意度的三个基本要素。

二、发挥禀赋优势，提升职业满意度

接下来，结合这三个要素，讲一下如何通过提升职业生活满意度，搭建自身职业发展的"成长飞轮"。

搭建成长飞轮的第一步，是根据禀赋优势选择职业。

如果一个人不了解自己的性格特质和职业兴趣，不知道自己喜欢且擅长的工作方式是什么，不太了解自己的禀赋优势，这个成长飞轮就很难启动。所以之前讲过的MBTI、霍兰德兴趣测评，都是为了更好地了解测试者的禀赋优势，从而根据禀赋优势选择适合的职业。

搭建成长飞轮的第二步，是发挥禀赋优势。也就是主动在工作中制造发挥优势的机会，增加使用优势的行为频次，提升工作的绩效表现。

因为禀赋优势只是一种潜能，需要经过大量的行为实践，才能转化为技能。如果每天在工作中发挥禀赋优势的时间达到30%，或者2个小时左右，就可以完成对优势的刻意练习。让潜在的禀赋优势转化为实实在在的工作能力和工作成果，提升工作绩效。

搭建成长飞轮的第三步，是得到回馈形成正向循环。一个人随着优势能力越用越强，为公司或组织带来的价值越来越高，他会通过一个一个的成功事件得到证明，在工作中就积累了越来越多的职场资本，从而提升对工作环境的掌控程度，获得更多的发挥优势的空间。这就反过来促进了TA对发挥自身优势的自我效能感，形成了一个正向的循环：发挥优势提升绩效，绩效改善提升对工作环境掌控度和自我效能感，从而进一步发挥禀赋优势。

通过这三个步骤，提升职业生活满意度的成长飞轮就搭建好了。这里要说明一下的是，成长飞轮循环到第二轮的时候，由于职业本身并没有变化，也就是说不存在选择适合自己的职业这个问题了，所以这一步会有一个变化，就是要思考如何发挥禀赋优势，在工作环境中创造价值。有了这个思考，就可以引发出第二步：发挥禀赋优势，提升优势行为的使用频次，创造工作价值。这样就完成了成长飞轮的正向循环了。

这个第二轮的成长飞轮非常重要，因为根据禀赋优势选择工作虽然是理想方案，但在现实中，不一定刚好能根据自己禀赋优势，一次到位地找到适合自己的好工作。

那这种时候，"骑驴找马"的策略也是可以采用的，毕竟，一个还没有工作经验的大学毕业生，如果连续4个月到半年没有找到适合的工作，心态多少会受到影响，那这时候如果有一个不是特别适合自己，但是也有机会发挥禀赋优势的工作机会，是可以先干再说的。

那一份不是特别适合自己，职业生活满意度也不高的工作，能通过成长飞轮来提升职业满意度吗？其实也是可以的，但是需要发挥TA的主动性。我给大家举一个实际的例子：

G老师，24岁，他的专业是建筑设计，第一份工作是做建筑设计绘图，现在是在成人英语的培训机构做老师，属于职业发展的初期，我们看到他的能力部分的得分是8分，授课能力还是不错的，得到了学生们很高的一个评价。为什么授课能力不错呢？我们深挖之后发现是因为他有一些个人的禀赋特质，比如生动幽默、很有个人魅力。在价值观这个维度他的评分是7分，我们稍做细化，例如帮助他人是8分，因为他比较在意的一件事是能否帮助到他人，所以辅导学生提升英语水平显然是对人有帮助的，没有问题。其次创造性也是他很看重的一点，可以满足一部分期望，比如每次上课他的学生是不一样的。但是美中不足的是，他的课程教授的是同一门课，所以创造性还是不太能够得到满足，也就是6分的水平，平均起来可能是70分。最后在动机维度，他在入职半年以后极有可能已经产生厌倦情绪，究其原因，我们可以经过分析得知，主要原因其实来自创造性部分，这项分值不断降低，从一开始授课的新鲜感再到面向不同的人讲，新鲜感仍可能存在，但是持续半年过后便会开始出现类似工具人的感觉，当不舒服的感觉一旦出现该如何解决呢？

我们可以通过班杜拉的一个模型来分析，叫作三元交互决定论，就是认知行为环境，这三者是交互影响的，我们用这个模型来分析一下怎么去破这个问题。首先在认知层面，我们还得了解自己的禀赋优势，然后我们得去思考，在工作环境之中，如何发挥禀赋优势创造价值。于是 G 老师就想了：我的工作中，明显是创造性不够，如果我的创造性得到了更好的发挥的话，那么我的价值观和动机的分值都会提升。通过这个洞察，他就可以启动成长飞轮的第二步——增加优势行为了，那么这个老师是怎么做的呢？

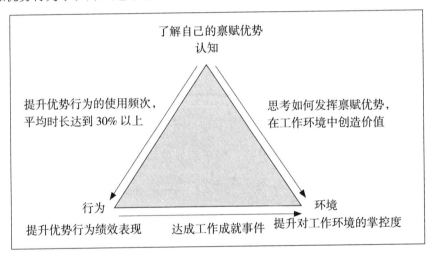

首先，他利用业余时间，重新设计了教案，这样，每次的暑期培训班，他都可以用不同的形式去授课，可想而知，每天花时间熬夜去做这件事是很辛苦的，但是他对于工作的满意度其实是提升了的，因为更多地发挥了自己创造力的禀赋优势。而且在这个过程之中，他的课程研发能力得到很大的提升。这是他第一次主动发挥自己优势尝试。

接下来，公司要做一个课程的新项目，他又主动自发地去研发这个课件，通过试讲，成为公司这个新课程的首批讲师，这也是发挥了他创造力的优势。那么这两个优势行为，给他带来一个什么样的结果呢？就是他成为公司这个新课程里面讲得最好的老师，也就是首席教师，由于他成为这个新课程的首席教师，于是就获得了一个培训更多的新课程老师的机会，他的身份也变成了公司的一个内训师，工作的职级得到了提升，对职业生活的满意度也得到了提升。

这就是一个完整的运用成长飞轮的案例：增加优势行为，创造价值成果，影响改变环境。

三、职业生活的发展阶段

讲完了提升职业生活满意度的方法，下面我们再来看一下职业生活的三个阶段，以及禀赋优势如何在不同的职业阶段助力职业生活发展：

第一个阶段，通常是前两年，要点是禀赋的识别和发挥。

第二个阶段，是 2—5 年，要点是禀赋的扩容和补短。

第三个阶段，是 5—10 年，要点是禀赋的最大化变现。

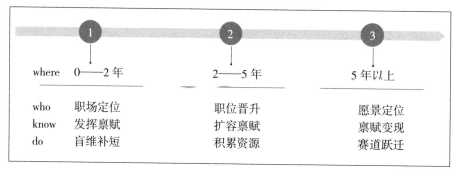

在职业发展的第一个阶段，通常要解决三个问题：身份上是职场定位的问题，也就是匹配自身核心禀赋优势选择职业赛场。选择匹配的职业领域作为自己的赛场之后，可以保证自己的价值输出效能。我们现在已经学到了发挥禀赋优势，打造成长飞轮的方法，在这个阶段就可以用起来，让核心能力和价值输出获得可持续提升，从而具有稀缺性和比较高的职场交换价值。这个阶段需要刻意练习的行为，是补短板。人有短板不可怕，可怕的是自己不知道自己的短板，这就是认知盲维。

问题是如果一个人的短板很短，反而可能意识不到自己这方面有欠缺。所以，这个阶段，需要主动让领导、老师、同事、朋友来指正，客观、全面地评估自己的能力水平，有自知之明。提升短板的时候，越短的短板需要越好的老师，因为越是短板，越是需要有人掰开了揉碎了给 TA 示范讲解，做榜样参考，才能让 TA 正确地刻意练习。

那短板要补到什么水平呢？比平均水平稍微差一点，也可以接受，没有关系。因为如果一个人的优势明显，通常人们也能理解和包容 TA 的短板。没必要特别和短板较劲，一定提升到比一般人更强的水平。因为还是要把更多的时间精力投入优势发展和能力的扩容升级上面。之所以把补短板放在第一个职业生活阶段，主要是因为越是我们的弱项，越需要长期的刻意练习才能提升，所以还是越早开始练习越好。

那对于 2—5 年的职场人，身份上，是职位的晋级，最好能完成管理者的身份转变。这样，TA 能有更多的时间用于决策，以及开阔眼界，提升认知。需要了解的重点，是扩大自己的禀赋优势区，形成更有竞争力的组合技能。方法是对标复盘。纵向可以和自己比，每个月对自己的工作任务进行一次复盘，看看自己的输出效率、输出质量、综合价值有没有提升。建议还可以让 TA 每半年更新一下简历，看看能增加哪些新的亮点和业绩，验证自己的能力发展速度。横向对标是请教有经验的前辈，也可以通过参加线上学习社群链接到优秀但和自己没有直接竞争关系的伙伴横向比较。一个人通常能在和前辈或伙伴的交流中，感觉到自己实力的提升以及存在的差距。当 TA 发现自己在这个领域不需要加班加点也可以比 80% 的人做得好，TA 就建立起了自己的能力护城河了，职业生活会处于一个稳定上升的状态。这个阶段，在行为上，还要注意积累资源，包括人脉资源、渠道信息资源，这些都是专有信息，很难进行时间上的量化衡量，可以让 TA 摆脱初级阶段低水平拼加班时间和工作量的内卷状态。

到第三个阶段，5 年以上，又到了一个定位期，所谓愿景，其实就是自己的禀赋优势能做什么对社会有价值，自己又感兴趣的事。这是事业成功和生活幸福二者兼得的方式。这时候一个人职业生活的关注点在于如何用禀赋去变现。这个阶段的关键行为，是赛道跃迁。当 TA 通过对标，发现自己已经在这个赛场做到天花板了，产生了职业倦怠。这时候可以留意有没有更适合自己的细分赛道。怎么判断是否更适合呢？可以预估自己在这个新赛场，禀赋优势是否可以得到更大发挥，如果 1 年内可以立稳脚跟，保证收入不太降低，3 年内有机会比这个赛场 80% 的人做得好，这时候就可以果断进行职业发展的跃迁了。幸运的话，就会进入职业生活的最终形态："在热爱的领域努力地玩。"这种状态，兼顾了事业发展与人格成长，不会压抑或消耗一个人的能量，反而会对 TA 有滋养和赋能。同时收入方面能保证一定的生活品质，活出了强大而美好的自己，实现了个人价值的最大化。

四、高效能职业生活的习惯

最后，再和您分享一下什么是高效能职业生活的习惯。高效能的职业生活，首先要避免一个陷阱，叫作注意力残留。什么是注意力残留呢？我们通过一个心理学实验来说明一下。这个实验是，让一个实验对象先干一件事，就是阅读简历，看到一半的时候，给他切换到一个猜谜的任务，然后，让他切换回来看简历，实验结果就发现，这个人，如果他是看着简历，再切换到一个别的任务，再切换回来，那么他对上一个任务其实是存在注意力残留的，这个注意力残留一定会影响之前这个任务的绩效表现。而且，这个注意力残留越大，表现就越差。

可是我们真实的工作生活场景呢？是不是大多数人都会10分钟看一次邮件、微信、手机，因为现在这是一种社交礼仪，而且深度工作的短期价值存在"度量黑洞"，也就是说，是难以评估的。而响应速度是很好评估的，我们看一个人回消息的速度，会联想到这个人的工作效率高，很敬业和尊重别人，你看，都是正面联想。重要的是，领导往往也是这么想的。所以大部分人，他会去追求响应速度，从而掉入了注意力残留陷阱。那怎样避免注意力残留陷阱，形成高效能的职业生活习惯呢？答案是：深度工作。深度工作，就是能够长时间、无干扰地进行一个单一的任务。这样的话可以保证我们的专注度和专注的时长，而高效能职业生活的公式就是：工作时长 × 专注度 = 深度工作，是对抗低价值的肤浅工作，形成高效能职业生活的必备习惯。

那如何培养这种习惯呢？其实有一个非常简单的方法：番茄工作法。因为它的时间哲学，就非常符合深度工作的原则。

可以在学习生活中先实践起来，为未来的职业生活培养高效能的习惯。番茄工作法，有一个基本架构，就是专心工作25分钟，休息5分钟，每次都要做一件事，中途不能停，如果你被别的任务打断了，那么你这个番茄时间就要作废了。重新开始下一个番茄时间。那么攒满了4个番茄时间，也就是2个小时，就可以休息15—30分钟，叫作长休息时间段。我们每个人去专注25分钟，这个门槛是不高的，小学生上课也不只25分钟。而且，每两小时的工作，有一个15分钟到半个小时的休息时间，也非常符合精力管理的策略。

番茄工作法可以很好地培养深度工作的习惯，提升我们的专注力。你如果能持续做的话，你能够获得对于工作和生活的意义。生活满意度得到最大程度的提升。

举个例子，有一个科学作家叫加拉格尔，他到了癌症晚期的时候才发现自己有癌症，但是，依然让自己生活得很幸福：每天晚上喝一杯自己喜欢的红酒，每天下午去散步，而且保持了阅读和看电影的习惯，他觉得自己没有被这个难以忍受的疼痛所影响，导致生活质量有很大下降。而是保证了自己的生活幸福感，他自己总结，为什么会这样呢？是因为他长期以来科学作家的一个身份，让他的注意力的管理，都是深度工作的模式，而且后来他也专门研究了各种不同学科，对于什么是优质生活的分析和论述，他发现，无论什么学科，都会认为熟练管理注意力是我们获得优质生活的一个重要因素，而深度工作，就能够帮助我们对于注意力的熟练管理。所以呢，如果能用番茄工作法这种哲学去工作的话，就能够让我们进入掌控和享受的一种生活方式里面。

掌控，能够让我们有时间去筹划未来，然后根据我们对未来的一种期待，去专注我们今天的工作和生活，那我们的这个心态，就是很从容的有心流的体验。因为我们对于自己想要的生活有长期主义的思考和明确的愿景，又把我们的时间分配在当下的每个任务之中，那么掌控工作之后，我们就会有更多自由的休息时间，我们对于生活享受的质量就会更高了，因为我们能够把这个时间用来感受、用来体验，去享受当下，而不是去无意义地、肤浅地打发时间和消磨时间。这样，我们整个人生的幸福感，也会得到一个很大的提升。

这就是培养高效能职业生活习惯的收益。这一节我们了解了如何提升职业生活的满意度，了解了不同职业发展阶段的关键策略，还有高效能职业生活的深度工作习惯。这些方法其实不仅仅在职场中有用，用来安排学习任务，落实学习计划，通过刻意练习来聚焦优势领域，提升较弱的学科，注意时间管理，深度学习，对提升成绩也是很有帮助的。而且，这些能力还可以延伸到工作中去，可谓一举两得。

第二节 帮 TA 找到最合适的职业生活

本节和您分享的主题是"帮 TA 找到最合适的职业生活"。要帮一个还没有踏入职场的学生，找到最适合 TA 的职业生活，是一个很大的话题，也是一个比较困难的事，首先，我们要对什么是"合适的职业生活"有一个相对清晰的认知。

因此我们先看看判断和选择合适的职业生活有哪些原则：

第一，反过来想，什么是不合适的职业生活？先排除。比如，和孩子的性格特质不匹配，很难发挥孩子天赋优势的职业。或者，工作的能力专业性需求不强，未来有可能被时代淘汰的职业。

第二，以终为始。选择发展路径比较清晰，路越走越宽的职业。这就需要对职业和行业发展规律有一个前瞻性的认识，所以前面的课程我们也对一些新兴职业和有发展前景的职业进行了专门的解读。

第三，也是最重要的一点——听你心声，选择和 TA 的性格特质匹配的职业。因为合适的职业生活，除了职业的可持续性和伴随职业能力可增长的职业收入，更重要的是 TA 自己的主观满意度和职业幸福感，而一份和自身的特质匹配的工作，才能激发内在的热情。

之前我们已经给大家介绍过 MBTI 和霍兰德兴趣类型，都是了解自身特质的方法，本节我们主要介绍一下如何通过特质和职业进行匹配，以及具体的职业生活是怎样的。

我们知道 MBTI 有 16 种类型，要全部记住，难度其实还挺大的。不过没关系，为了便于大家用图形化的方式记忆，我们用全脑模型的 4 个脑区来代表 MBTI 的 4 个偏好：理性、感觉、情感、直觉。（见下图）

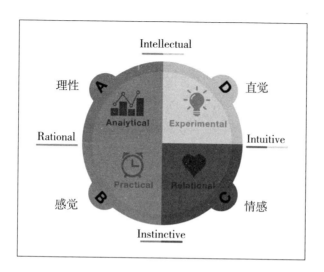

因为 4 个脑区的比喻非常直观，ABCD 脑的代号也比较好记忆，而且结合内、外向的能量风格，就可以组成 8 种禀赋优势了。

了解到这 8 种禀赋优势和对应的职业生活，就可以比较有针对性地指导适合的职业生活类型了。至于每种禀赋优势还包括 2 种 MBTI 人格类型，这里就不做更复杂的区分了。

那接下来，我就和你介绍一下这八种禀赋优势，以及代表性的职业生活。

先看 A 脑（理性脑）的两个禀赋优势。

外向＋理性组合的禀赋优势，擅长分析利弊，统筹资源，效益最大化地达成目标。禀赋优势是统筹力，占总人口的 14.8%。三个关键词是果断决策、结果导向、维护原则。职业生活中，统筹力现在基本是必备技能了。比如划分任务重点，根据人、事、物要素制订统筹方案等等。

统筹力禀赋比较强的人，适合的典型职业是项目经理。项目经理的职业生活，主要是围绕如何统筹协调资源、达成目标。因为项目经理是项目小组的中心，他需要凝聚整个小组的力量去完成项目。所以，他涉及的面很广：技术、测试、商务、工艺、设备……每个职能都要找你解决问题，可能是需求没有办法达到，可能是资源情况不能满足，也可能是因为各种原因的延迟。

很多项目经理每天工作的现实情况就是：电话不停歇，会议不停歇，邮件不停歇……每天的事情都这么多、这么杂，如何管理好自己的时间，在有限的时间里处理好大量毫无关联的事情是项目经理的一个大挑战。而统筹力强的人，就很善于根据实际情况，排出任务优先级，合理安排资源，排除阻碍，出色地完成任务目标。

项目经理在建筑工程或软件开发领域，都是很重要的，因为一个项目总金额动辄成百上千万，周期少则半年，多则 1—2 年。所以项目经理控制成本、协调资源、保证项目按进度完成的工作就非常重要。

而同样是项目经理，在广告公司或设计公司，价值就没有那么大。为什么呢？因为项目周期短，往往以周为单位就结束了，虽然工作职能非常类似，但都是多个小项目并行管理，每个项目的金额都不大，所以很难有亮眼的项目经历，这又导致未来自己想切换到其他的大项目领域，难度也很大。

所以，在选择适合的职业时，除了考虑职业性格优势的匹配性，还要考虑到这个职位在哪些行业是更被重视、更有价值的。除了项目经理，其他比较适合发挥统筹力优势的工作还有以下这些：创业者、行政、运营、建筑工程、经理／主管、金融分析师、会计／审计、电商、保险、销售。

第二个禀赋优势是内向＋理性偏好的分析力，特点是关注内在逻辑，善于进行结构拆解。分析力优势主导的人相对比较少，占总人口的 8.7%。分析力的三个记忆关键词是评估检视、问题导向、逻辑分析。

分析力强的人擅长"先拆解问题的定义、属性和成分，再解应用题"，经常思考和分析接触到的工作任务，它们的结构、特性、运作原理。代表人物是提出"思维模型"的投资大师查理·芒格。

分析力禀赋比较强的人，适合的典型职业是程序员、产品经理和产品架构师。程序员的典型职业生活，大部分时间都是戴上耳机听着歌敲击着键盘，把自己脑海中的想法用代码语言描述在电脑中，以实现产品需求文档中要求的功能。

那产品需求文档，是谁写给程序员的呢？就是产品经理。在大学里面，求职新人对产品经理这个职业有很强烈的向往。一方面，乔布斯、张小龙等人已被封神，他们实实在在地改变了人们的生活，因此大家对产品经理这个职业有较高的认同感。另一方面，产品经理的工资待遇比较好。虽然一开始会低于研发，但是天花板非常之高，职业发展速度据个人能力而定。

然而，趋之若鹜的背后，却有很多人对产品工作缺乏基本的了解。比如误以为产品经理是团队日常工作的管理者，其实产品经理这个职业和行政意义上的"经理"不同，产品经理更像是协调者，而不是团队的管理者。初中级产品经理一般没有下属，却要协调研发、运营、测试等团队的资源和工作，在公司各个团队之间周旋，实属不易。

产品经理的工作日常包括各种项目会议、产品需求文档输出、市场 & 用户调研以及数据分析等。其中策划产品核心功能，制定产品需求规划并设计产品原型图，都需要很强的定义和拆解问题的逻辑分析能力。

至于架构师，普通人可能比较陌生，然而对于每一个软件开发人员，架构师都是一个令人向往的角色，它是能力与高薪的代名词。就连软件行业的传奇比尔·盖茨在 2000 年卸任公司 CEO 时，也担任了微软公司的荣誉角色"首席软件架构师"，可见"架构师"这一称谓的吸引力。特别是对一些大型软件产品和项目的开发，这一角色显得更为关键，是目前很多软件企业急需的人才。

一个成功的产品架构，不仅可以解决用户需求，还要考虑到可行性与扩展性。其中，扩展性又是最容易出问题及最困难的地方。因为要做到容易扩展，就要预测到将来用户需求的变更方向。

分析力禀赋强的人，适合的职业还包括科学研究、策略分析、律师、法官、调研人员和金融分析师等需要很强逻辑性、框架性、条理性的工作。

接下来，我们再看 B 脑（感觉脑）的两个禀赋优势。

外向＋感觉的禀赋优势是应变力，擅长应变和开拓。应变力天赋主导的人

占 12.8%。

应变力的三个关键词是善于观察、快速反应、体验学习。

职场中，应变力强的人认为"想都是问题，干才有答案"，通常遇到问题，喜欢立即行动起来，在行动中了解更多的事实，从而促进对事情的了解和思考。所以，更富于冒险和开拓精神，别人还在思考解决方案的时候，他们已经有好几次试错行动了。

应变力强的人，适合的典型职业是销售，特别是店面销售。比如宜家的销售部经理，会定期跟踪观察顾客的走向：第一眼看到的是什么物品，眼神被哪里吸引，触摸了哪些物品，把哪些物品放进了购物袋，都要敏锐地观察并及时记录，从而根据顾客的购物需求维护和规划产品陈列，从而促进销售。

他们还会关注竞争对手发展，通过线下市场走访，电商竞品分析，倾听顾客反馈信息，了解时下流行趋势和顾客群体的喜好，分析对比竞品与 TOP 产品质量、价格、设计等，快速做出货源扩充、价格调整等反馈。这都是应变力优势的体现。

比较适合发挥应变探索优势的工作还有创业者、经纪人、律师、演员、市场营销、采购、医生、服务业。

内向＋感觉的禀赋优势是稳健力。三个关键词是经验积累、专注细节、注重实效。

稳健力突出的人，不喜欢冒险，比较保守和传统，注重过去的经验。他们靠谱、踏实，喜欢稳定安全带来的秩序感和确定感，善于发现"细节的魔鬼"。比如寿司之神小野二郎，就是稳健力禀赋的代表人物。

稳健力禀赋适合的典型职业是会计。会计的一个重要工作就是看财务相关的报告，需要逐层签字的那种。例如，某个物料要求涨价 30%，原因是原材料涨价了，请求同意。后面附上几页明细和资料。先核对基础数据是否准确。然后去和申请人沟通，申请人总有一堆理由。会计就要想办法去核实这些理由是否真实，不断地查找数据，整理数据，处理数据，分析数据，汇总成报告，最后做判断。可以想象会计是一个注重细节和经验可以积累复用的工作，很适合稳健力强的人。

适合稳健力优势的工作比较多，还有行政管理、预算师、审计师、出纳、编辑、法务专员、数据库管理、运营、质量监督、采购、金融分析师、物流师、地产评估师、专业维修、医生、程序员、统计师、HR 薪酬福利经理、工程经理、合规经理、连锁品牌店长、档案管理、厨师、咖啡师、法庭书记员、警察、侦探、驾驶员、空乘人员、安保人员、生产人员、销售、经纪中介。为什么适合的工作这么多呢？因为人多基数大啊——稳健力天赋主导的人占 25.4%。

接着看 C 脑（情感脑）的两个禀赋优势。外向＋情感的禀赋优势是支持力，注重同理心和人际关系，忠诚而乐于奉献。三个关键词是激励协调、关系导向、善于共情。

让他们自豪的是"有我在，团队会更好"，支持力强的人，比较适合的典型职业是社群运营，让加入线上社群的新伙伴感受到被关注、被重视。其实服务业整个行业也都比较适合支持力强的人，像海底捞这种服务精神做到极致的企业，企业文化里就是带有很强的支持力的文化。

比较适合发挥支持力优势的工作还有人力资源、教师、心理咨询师、培训讲师、康复师、护士。支持力天赋主导的人占 14.8%。

内向＋情感的禀赋优势是真诚力，善于反思，重视自己的需求、感受和价值观。三个关键词是温和善良、内心敏感、自我表达。

在职场中，真诚力主导的人言行一致，重诺言守信用，喜欢工作的自主性。代表人物是赫本、J.K. 罗琳、孟子、卢梭、马斯洛、罗杰斯。

真诚力禀赋主导的人，通常比较自我导向，文字表达能力比较强，所以编辑、文案、公众号内容运营等岗位都比较适合真诚力禀赋的人。

适合真诚力禀赋的职业还包括设计师、艺术家、作家、心理咨询师、生涯咨询师、教育工作者、老师。真诚力天赋主导的人占 13.2%。

最后我们看一下 D 脑（直觉脑）的两个禀赋优势。外向＋直觉的禀赋优势是创造力。善于横向关联，获得看问题的新视角、新观点。三个关键词是即兴联结、变革引领、愿景表达。

创造力强的人认为"只要思路广，没有解决不了的问题""方法总比问题多"。

职场中，创造力强的人很有想法，经常有新点子。把看似不相关的事情用于工作上的创新。比如乔布斯去参观工厂的触控面板，就立即想到在手机上可以应用，这就是创造力功能的体现。

创造力占主导的盲点是什么呢？他们经常挖坑，很少填坑，因为还没来得及填，又有新想法来了。当然也有像乔布斯和马斯克这样创造力和统筹力双强，自己挖的坑都能填得上，那就厉害了。创造力强的人，除了工作中有所体现，生活中也处处体现出创造力，比如电影《美丽人生》中，一对犹太父子被送进了纳粹集中营，父亲利用自己的想象力扯谎说他们正身处一个游戏当中，最后父亲让儿子的童心没有受到伤害。这其实就是创造力禀赋的呈现。

比较适合发挥创造探索优势的工作有设计师、咨询顾问、市场营销、艺术、导演、教师、公关、媒体。支持力天赋主导的人占 11.3%。

内向＋直觉的禀赋优势是洞察力，关联内在直觉，善于发现问题的深层原因，共通模式和普遍规律。三个关键词是深度思考、新知学习、框架重构。洞察力强的人认为，最重要的是"看清问题的本质，找到关键变量"。

职场中，洞察力强的人有自己的主见，往往在沟通或开会的时候不怎么说话，但一说话就说到点子上，让大家很有启发。

洞察力禀赋的人适合的典型职业是咨询顾问。比如麦肯锡的咨询顾问，给企业客户做咨询，虽然对业务肯定没有客户熟悉，但往往能通过极强的洞察力，深挖出问题的本质。

训练洞察力，可以参考丰田生产方式的创始人大野耐一著名的"5个为什么"，他总是爱在车间走来走去，停下来向工人发问。他反复地就一个问题问'为什么'，直到回答令他满意为止——这被称作 5why 法，它可以识别和说明因果关系链，不断提问为什么前一个事件会发生，直到发现深层的模式或根本原因。

洞察力强的人适合的职业还有数据分析师、商业分析师、运营研究分析师、产品/课程研发、企业管理、大学教授、研究员、领域专家。

为什么适合洞察力优势的工作这么少呢？因为人口基数小，洞察力天赋主导的人只占 3.6%，比较有稀缺性。

8 个禀赋优势中，我们通常有 2—3 个优势是有偏好的，也就是更愿意去使用，这就决定了未来的发展潜力。而且满足了这个主导功能的需求，我们会觉得特别爽、特别舒服。

"过程不痛苦，结果还不错，人生有价值，能自我实现"，这就是比较适合 TA 的职业生活了。至于最适合的职业，那就需要孩子自己未来再进行探索和职业的跃迁，不过至少他在职业起点的选择上，已经找到相对适合自己的职业生活了。

了解禀赋的优势目的是为了更好地发挥优势，进化多核天赋，开启无限游戏。那如果 TA 的天赋似乎并不明显，可以先让 TA 回顾一下，TA 喜欢的学科、书籍是哪些，以及 TA 视为榜样的人，平时喜欢做的事。探寻一下为什么喜欢？有没有共性的规律？通常都可以找到一些线索。

第三节　常见典型职业生活案例剖析

本节我们将介绍如何正确规划职业生涯，通过几个常见典型的职业生活案例进行剖析，以小见大地思考未来的职业发展。

一、冷门专业的职业转型案例

我们将常见的典型职业生活案例分成了几个不同的类型，来逐一地进行剖析。第一个案例，是一个跨行业、跨职业的职业转型的案例。我们分享一下从销售转型到行政又转型和晋级为业务部门管理者的职业生活故事。

故事的主人公是王女士，2010 年毕业于一所一本大学，专业是非常冷门的图书馆学。王女士的第一份工作是在天津的一家软件公司做针对企业的软件销售，大家知道销售职位的门槛比较低，不太挑专业和学历，主要看销售业绩，所以比较容易就职。王女士的性格特质，是一个内向、直觉、理性偏好的人，善于针对抽象概念进行分析思考，她如果做针对个人的销售，那种每天打几百个电话的快节奏，可能并不适合。

但是，针对企业的软件销售，属于大金额、长周期的大客户销售，前面讲过，这种销售场景对于直觉型的人其实可以发挥他们的优势，而企业销售每天打电话和维护客户的数量不会太多，这样内向的能量偏好也可以在职业生活中适应。

而王女士理性、善于分析的特质，结合直觉的洞察力，让她可以很好地探寻、分析和把握客户需求，进而从对方的需求角度，结合产品功能，给出有理有据的提案说明。加上王女士工作也很努力，所以她入职半年后，就连续 12 个月获得天津分公司的销售三甲，在全国的业绩排名也获得了前 10 名。

但是王女士并不认为这是自己最终的职业舞台。因为销售毕竟属于人际沟通型职位，我们之前分析过，直觉理性型的人并没有那么享受人际沟通。直觉理性偏好的人所看重的学习成长这个价值，在销售工作中也很难得到充分的满足。所以王女士持续投入这份工作的动机热情和价值观都没有得到很大的满足，虽然能力可以胜任，但她的职业满意度也不是很高。所以，王女士在职业的前三年，一边在本职工作中补了自己人际沟通的短板，获得了客户沟通和需求分析的能力，一边刷新简历，积极为可能的职业转型做准备。

在 2013 年，王女士工作 3 年后，她遇到了一个机会：当时正处于业务快速扩张期的滴滴正在招聘大量岗位，让王女士赢得了一次转型的机会。这里其实有一个关于职业转型的知识点：

就是处于业务稳定状态的公司，特别是大厂，由于人才供给是远远大于需求的，所以人才的筛选标准会非常严格，没有相关的职业经历、985/211 大学的背景，其实机会是非常小的。

而快速扩张时期的公司，HR 为了满足短时期内大量的岗位需求，相对会更看重个人能力的匹配，对学历和经验匹配性的限制会放宽一些，这时候就是职业转型的好机会。

但是一个普通的职场人可能没有精力去关注这些公司动态，那稳妥的方式就是定期在各大招聘网站刷新自己的简历，这样急需招募人才的公司 HR 或公司委托的猎头，可能会通过简历查询主动联系到合适的候选人。

即便如此，王女士毕竟是跨行业和跨职位的转型，所以王女士跳槽到滴滴的岗位起点并不高，只是行政助理，负责所在城市业务拓展人员的 KPI 统计，以及兼职人员的招聘和考勤管理。

如果是从薪酬和职位来看，这不是一次成功的转型。

但是王女士的直觉理性偏好，让她看问题比较长远和客观，她相信自己只要站在一个更好的平台上，凭自己的努力，就可以有向上发展的机会和空间。而且这个行政助理的工作，是通过 KPI、考勤等数据维度来进行管理的，而数据分析又很符合她的理性偏好，她的动机和价值观维度，其实是比之前得到了满足的，所以她在这个行政助理的职业生活中，满意度其实是比之前提高了。

所以，一个职业生活是否适合一个人，真的不能简单地从薪酬、职位等外在指标做判断，而是"如鱼饮水，冷暖自知"，要看这个人自己的真实需求的满足程度，也就是职业生活三要素：动机、能力、价值观三方面的综合评估，是更为适合的。

从事实来看，王女士的职业发展也如她所预期的，确实不错，入职滴滴1年半，就晋升为统管司机外包服务公司和整个城市的司机运营的综合管理岗。这个岗位的管理职能范围更广了，需要在抽象层面思考和解决的重要问题也更多。比如，怎样考察外包公司的司机管理水平？如果设定 KPI 考核，哪几个数据维度是最关键、最有效又有可操作性的？针对数据统计反映出的司机管理的问题，如何制订可行的 SOP 流程计划？如何设计针对性的司机服务培训课程？如何在2个月内招募上千名司机？我们知道共享经济是当时的新兴行业，上面的每一个问题都没有之前的经验案例可以参考，都需要通过直觉，洞察问题的重点和本质，通过系统思考和理性分析，把握问题在系统中的结构，通过动力结构分析找到解决问题的关键抓手，进而制订有效的解决方案。

你看，这个工作，是不是又更充分地发挥了王女士内向直觉的洞察力禀赋、内向理性的架构分析力禀赋？王女士是不是通过发挥自己的优势，为公司创造价值，一个台阶又一个台阶地向更适合自己的职业生活在迈进？

王女士在这个综合司管职位做了3年，她所在的天津市的司机服务数据排名在全国排进了前五名，因此又晋升到了整个天津的城市经理岗位，负责整个城市代驾业务的战略目标制定和达成。她又发挥自己架构力的优势，把问题分解为运力、规模、服务和安全四大模块，再考察这几个模块的相互关系，找到能带动其他几个模块问题解决的杠杆点，进行重点突破。

前面说过架构力的优势是"先定义问题，再解应用题"，你看这就是一个真实的运用案例。

同时她还搭建了这个新事业部的人员架构体系，优化了职位配置不合理的现状，设计了司机队长筛选机制和激励方案，通过一系列机制架构层面的优化设计，把一个问题丛生的系统，改造成了正向循环、从根本上预防问题产生的良性系统。

你看，这也是王女士的直觉洞察和理性架构力的优势在发挥作用。我们可以看到，王女士的职业生活，自始至终，都很稳地聚焦在自己的优势能力圈里，一点一点地为公司做贡献，扩大自己的影响力。

1年后，她因为对组织的突出贡献，调到北京做城市经理，又针对不同的城市特点和问题现状，重新制订了目标和一系列的问题解决方案，获得了全集团的荣誉表彰。

王女士的职业生活案例，也印证了我们之前讲到过的深度工作的高效能习惯的重要性——她的这些工作成就，可以说无一不是通过有效的深度工作得来的，这让她从一开始就摆脱了内卷的生态位，走上了高效能职业生活的道路。

这个案例的最后，大家可以思考一下，王女士的MBTI类型是什么呢？答案是INTJ——内向、直觉、理性和计划达成的偏好。王女士可以说是充分基于自己的性格特质，发挥了自己的禀赋优势，才获得了这样高满意度的职业生活状态。当然，不同类型的性格特质，都能过上自己满意的职业生活。

二、非重点大学毕业生的职业发展案例

那接下来，我们就看一个职业发展路径和性格特质都不太一样的职业生活案例。

这个故事的主人公李女士，是一个外向、感觉、情感和探索偏好的ESFP类型的品牌和市场总监。

上一节说过，感觉情感型的人占总人口比例的1/4左右，所以在职业生活中是很有代表性的人群。李女士就读的大学不是一本，也不是二本，而是非全日制的成人高等教育院校，这个学历的含金量比王女士要低不少。但是，李女士的专业是市场营销，市场营销是个刚需职能，大部分企业都需要，所以需求面很广。而且市场营销这个职能，感觉和直觉偏好都发挥自己的优势，而李女士外向情感型的偏好，特点是更喜欢主动和人打交道，适合进行外联社交，而对接、维护人脉资源的能力，对于市场营销来说又是非常重要的一项能力，特

别是对于公共关系这个职能，可以说是核心能力了。

所以，本着找和自己禀赋优势匹配的职业的原则，李女士在毕业那年耐心地进行了多轮的面试，并且找职业生涯规划师做了咨询，更清晰了自己适合的求职意向是公共关系方向，然后根据这个方向针对性地优化了自己的简历。李女士还通过"在行 APP"等渠道和相关领域的前辈请教，进行职业访谈，对于公共关系这个职位需要的能力、发展通路、工作内容、面试要求等，进行了详细的了解。

由于做足了准备，她在 9 月通过一个前辈给的招聘信息，拿到了上海市拍卖协会的公共关系专员的面试机会，并顺利通过了面试，成功入职。这个正确的选择，可以说为她此后 15 年的职业生涯打造了非常好的开局，从职业生活的起点就匹配了自己的禀赋优势，进而顺利地搭建自己的成长飞轮。

公共关系的常见工作内容，主要是媒体和品牌方向的外联，维护重要的合作伙伴关系，属于人际沟通占比很大的职业生活类型。有人际交往禀赋优势的李女士，在这份工作中如鱼得水，包括和政府的相关对接人员，和行业协会所属的各个拍卖机构的负责人，都建立了有信任度的合作关系，以及个人层面的人际情感关系。所以对于协会的培训、年会、重大的拍卖市场活动、会员认证等工作，都完成得非常漂亮。很快就升到了公共关系主管的职位。

我们说过，步入职业生活的 3—5 年是职场人从执行层晋升到管理层的平均周期，而李女士不到 2 年就完成了第一次升职，而且工作两年半之后，又通过跳槽到一家科技公司，再次升职，成为市场部的公共关系经理，下属有 5 个人，管理着公司新闻公关稿的文案以及创新企业申报人员，然而李女士自己既不懂写文案又不懂创新申报，而且是空降的经理，甚至还没有同行业的经验，那为什么这家公司会用她呢？

因为公关这个职能不是一个和业务强相关的职能，而是和资源强相关的职能。就是说，李女士因为有和政府层面良好的信任关系这个社会资源，所以对于这家需要和政府打交道进行创新项目申报的企业来说，这个社会资源比具体的文案能力和申报知识要更稀缺、更重要。

那对于这样一个稀缺性比较高的人才，企业给到一个经理的虚职和配得上这个职位的薪酬，显然更有利于招揽到这样的人才。

在这家科技公司工作期间，李女士又接触到了不少媒体资源，于是3年后她又通过跳槽完成了一次职位的跃迁，到马术协会做了公共关系总监的职位。这份工作又让她有机会接触到卡地亚、爱马仕等奢侈品牌的赞助商，又掌握了新的社会资源。

于是1年后，李女士又来了一次成功的跳槽，到了上海交响乐团，这次管理幅度从5人扩大到了12人，成为品牌中心的总监。当然，原因你可能已经猜到了，是因为她拥有了奢侈品牌赞助商的社会资源。

再之后，她去了一家以数字营销闻名的广告公司，做了市场部总经理。李女士通过和广告协会建立起良好的合作关系，为企业成功申报了20个数字广告大奖，40个广告案例金银奖，同时也为她们公司服务的190家国内外品牌进行了成功的奖项申报，包括法国戛纳奖等国际知名奖项，以及国内外知名媒体的报道。

就这样，她在广告公司市场部总经理的位置上又获得了成功，甚至获得了新锐广告人大奖。至于她本人不会写广告文案，这看似有些不可思议，但对比一卜她发挥自身的社交优势，为公司创造的社会资源的巨大价值，这也就不是什么硬伤了。

李女士职业生活的成功，还有一个重要的因素，就是良好的权威关系。李女士虽然跳槽了4次，但和前公司的领导都保持着良好的私人关系，她的每一次跳槽，也都得到了高人的指点，所以才如此顺风顺水，远远超越了平均的升职加薪速度。

我们前面说过，感觉情感型的人，竞争比较激烈，所以一个重要的策略是发挥自己的支持力，建立良好的权威关系，而李女士的故事就是一个发挥自己的人际关系优势，获得职业成功的真实案例。

三、结合热情和优势的职业生活案例

现在我们通过两个职业生活的案例，已经分析过了职业转型的问题，职业晋升的两个不同策略——为企业解决有价值的问题，以及为企业获取稀缺性的社会资源。这两个策略，都是基于自己的性格禀赋。接下来，我们再分析一个当下特别常见的基础岗位——运营，如何成长为首席运营官的职业生活案例。这个案例的主人公是个男性——朱先生。

朱先生毕业于上海一所重点大学，专业是工商管理，但是几乎没有公司需要一个刚毕业的大学生来公司做这种比较虚的所谓"管理"。我们再看看朱先生的内在动机，对什么事情有热情。作为家长，你可能不喜欢这个热情——打游戏。

朱先生上学的时候就喜欢打游戏，毕业后到一个游戏公司做了产品运营。他所在的项目组是会员项目，也是公司最主要的收入来源之一。这意味着什么呢？如果他的运营工作做得好，和公司的收入增长是直接挂钩的，因为游戏公司的收入增长，除了产品本身的可玩性之外，最重要的就是产品和玩家的互动体验。也就是说，朱先生所负责的，根据玩家的需求迭代产品功能，这个职能的效果好与坏，其实是和公司收入高度相关的。

朱先生的禀赋优势是什么呢？是外向直觉，也就是创造力才干，他认为好方法来自好多方法，因此在工作中通过快速的迭代，不断尝试搞不一样的活动，验证自己创意脑洞所产生的想法和策略。

通过信用赋能，也就是对有效的策略进行复盘和复用，他逐渐掌握了一些行之有效的运营规律，不到一年的时间，他就把会员的月活跃人数从 4 万人提升到 30 万人，续费率从 20% 提升到 55%，那公司的营业收入可想而知会有大

幅度的增长。

所以他的职位也从产品运营转为了产品策划，从而更充分地利用他经过证实的，好用的策略，系统地对公司的一系列产品进行迭代更新，让他的优势为公司创造的价值得到最大化地利用。

从此，朱先生在这家公司几乎是每年晋升一级，3 年后成为公司产品部的组长，带领 15 人的产品研发团队，完成产品的研发和迭代，前置地设计了很多付费功能，在新产品上线的首月获得了日均 100 万次的 UV 访客人数。

朱先生在这家公司做到职位天花板后，通过跳槽获得了产品总监的职位，当然行业还是他热爱和擅长的游戏行业。在新公司积累了 2 年的管理经验，朱先生利用自己的直觉洞察力，对各部门的职能和管理方式都比较熟悉之后，再次跳槽，成为一家准上市公司的首席运营官，管理幅度达到了 100 人。他也成功带领团队达成了上市的目标。

四、澄清对职业生活的正确观念

那通过这三个比较典型的职业生活案例，我们可以看到，不同的性格特质，不同的学校和专业，不同的行业和职能，都能通过我们之前分享的成长飞轮的方式，选择和自己优势匹配的职业，通过发挥优势，为公司创造价值，提升自身的职业满意度和职业影响力，都可以过上成功和幸福双丰收的职业生活。

当然，并不是说只有不断升职才是唯一正确的职业生活。

像一些专业精进型的职能，比如财务、程序员、设计师、文案策划、产品经理、金融分析师、大学教授，包括简历优化师、课程研发、视频主播等，可能不会有管理职能的进阶。但如果这个人对于工作内容本身是热爱的，从工作中能获得成就感和价值感，甚至不给钱他也愿意干，那么职位也好，收入也好，不过是价值回馈的一个符号，只要收入能保证自己的小康生活，那也不必和别人进行收入的单一层面的比较。还是那句话，职业生活是不是适合自己，是一个"如鱼饮水，冷暖自知"的事。

职业生涯规划的意义，归根结底在于帮助寻找适合自身发展需要的职业，实现个体与职业的匹配，体现个人价值的最大化。

通过这几个案例可以看出在做初次规划时，无论是谁，生涯规划都不是一劳永逸的计划，而是需要根据能力、资源所能触达的影响圈，通过调整和跃迁，达到更适合自己的职业生活状态。

第五章
如何利用测评结果

第一节　测评，工具还是判决

我们了解了如何选择职业生活，接下来我们来看看现代互联网模式下，有哪些可以帮助我们的职业工具。

一、什么是职业测评

随着互联网的发展，测评技术在人力资源工作中得到了广泛的运用，而且，因为人们的好奇心，对自我了解的缺乏，越来越多的人喜欢在网上做测评，不管是职业测评还是性格测评。但相当一部分人，做完测评以后都有一个误区，就是把测评结果当成唯一评判标准，觉得测评是非常正确的，必须按照测评来规划。

那什么是职业测评？科学的职业测评以特定的理论为基础，经过设计问卷、抽样、统计分析、建立常模等程序编制，必须符合三个条件：效度：测验结果的准确性。信度：测验结果的稳定性。常模：每一位被试的心理测验都有一个原始分数，通常情况下这个分数没有实际意义，除非这个分数能与别人比较。科学的职业测评是客观化、标准化的问卷，它的科学性、客观性、可比较的功能是其他自我了解的方法不具有的。

国际上的测量工具通常是由大学、专业的研究机构或心理测验公司开发的，用于评定个人的能力结构、个性特征、动机需求水平和职业偏好等，并提供其潜力及适宜发展方向的指导。

二、职业测评的真实性

我们来看两个小案例：应届本科毕业生小 A 对职业人格测评有些感冒："网申时，我做心理测试很谨慎，尽量呈现出外向、有能力、有上进心的形象，但没想到结果连网申都没有通过。"

小 B 是一名工程学的大四学生，马上就要毕业了。在网上到处找工作的时候，他经常看到测试题，比如"你有长远的目标吗？""你适合做管理吗？"等等。小 B 出于乐趣，也经常到网上去做这些测试题。有一次，他看到一个自称是权威的职业兴趣测评。出于对权威的信任，经历了千辛万苦，花了 2 个多小时，经历了 4 次断线，终于把测评题做完了。测评结果只有短短一句话：你是一个天生的经营者，你适合担任销售和管理工作。小 B 很兴奋，因为他也确实很喜欢这样的工作。他充满热情地开始了他的求职之路。可是两个月过去了，小 B 却一脸惆怅，满脸无奈地找到了正规的职业测评公司。经过测评公司的测评和职业规划师的专业分析，原来小 B 真正适合的是设计工作，经过这一折腾，小 B 调整了方向，终于找到了自己合适的工作。

后来，职业规划师登录小 B 说的网站，发现这个所谓的权威的职业兴趣测评，其实只要你点完了所有的题，都会出来同一个结果，那就是"你是一个天生的经营者"！

在小 A 的案例中，其实，专业的心理学测验量表，有不少题目都是"测谎"题，为的就是检验被试者是否真实将自身的情况反映在答题中，"系统科学的心理测试都经过严谨的设计，绝对可以反映出一个人真实的人格特点。一旦说谎太多，那么这次心理测试的结果就会直接作废，企业就更有理由怀疑求职者的诚信。"

在面对这些工具性的心理测试和问题中，求职者应该以自己最真实和即刻的想法去应对，表达出一个真实的自我。"遮遮掩掩或者逆意而为，有可能侥幸通过，但却很有可能为自己选择了一个不适当的职业，对个人的职业发展极为不利。"

为了选到更合适的员工，最近这些年，心理测试越来越火，不少公司都将心理测试引进了网申甚至面试环节。

最通俗地说，就是让求职者做一些心理测验题，然后由心理学专业人士根据答题结果分析个人的能力和人格特点，以此判定适合从事的职业。但在一些小点的企业，可能就直接由人力资源部门负责解读和判定了。

虽然很多企业招聘越来越喜欢用一些测评来判断候选人是否适合他们的岗位，企业依赖心理测验的程度在不断提升，但是目前这些测评，却远远还未成为决定个人是否能获得某个职位的最大因素，一般的人力资源经理在决定录取一个人的时候，多半会看一看一个人的心理测验的结果，但它只是一个参考标准而已。

有很多人力资源部门负责人表示，在公司的招聘流程中，一些心理测验更多地被他们用来分配职位，进而递交给相关的部门上级主管，作为上司更加了解求职者各方面兴趣、能力、性格的参照标准。

作为招聘企业，更加关心的永远都是求职者的学历和过去的工作经历，绝不仅是心理测验的结果。毕竟，人与人之间的交流，才能换来更多能力上的反映。不可能仅仅用一套心理测试，就直接决定是否录用某个应聘者。心理测验本身是有效度的，但它毕竟是机械的，难保完全不出一点错。

小 B 的案例里，反映的是一个很现实的问题，由于测评的兴起，商业获利的驱使，现在网上很多测评并不是正规的测评系统，如果我们个人去做这些测评的时候，很有可能在 A 网站测出来的结果和在 B 网站测出来的结果是完全相反的。或者你做的这些测评，完全就是假的，只是套用了一些测试题，所出来的结果完全没有科学依据。

所以，如果真的想在面试前自己做一下测评，判断或者帮助自己找到合适的职业，了解和发现自己的潜在性格和能力，我们可以找到正规的渠道，购买正规的测评，并且找专业人士替你解答。

一份好的职业测评结果，应该能达到以下几个方面的目标：

1. 促进自我认知

帮助自己深入了解自身的内在天赋优势，发现自己的优势和自己不足的地方，并会根据自身的实际情况给予相应的建议方法，从而更好地让自己知道如何发挥自身的优势，快乐工作和学习。

2. 促进发展提升

可根据自身的测评状况以及目前的状态需求，给予相应的针对性的管理建议和行动建议，对于个人综合能力的提升有直接的带动作用，对于自己的职业发展具有非常大的帮助。

3. 促进团队合作

可以相互深入了解每个人的性格特点，高效地开展团队合作以及团队搭配，大大提升工作的效率和团队成员的工作积极性，提升团队战斗力。

4. 选择"搭档"

在工作中，可以让自己了解选择哪种类型的人与自己搭配最理想；在生活中，可以让自己了解选择哪种类型的"他"或"她"会更适合自己。

三、职业测评的分类

在我们运用职业测评工具时，应该认识到职业测评与职业生涯规划是相辅相成的。

职业测评都需要经过反复筛选和实践检验，拥有数据作为支撑。如在职业生涯规划中应用比较多的 MBTI 职业性格测试，是根据约 120 万份样本数据分析，样本数据和理论模型拟合良好而来的。职业测评具有效度：测验结果的准确性；信度：测验结果的稳定性。

那职业规划中常用的职业测评有哪些类型呢？各有什么作用呢？

人格测验：用以测量求职个体与他人相区别的独特而稳定的思维方式和行为风格，这些特点可能影响工作绩效和工作方式及习惯。

如比较常见的九型人格测试，九型人格按照人们习惯性的思维模式、情绪反应和行为习惯等性格特质，将人分为九种人格（完美型、助人型、成就型、自我型、理智型、疑惑型、活跃型、领袖型、平和型）。

完美型人格，他们实干、关注细节、有责任感、快乐来自出色地完成工作，认为付出才有收获，管理这类人格要注意下达指令用词准确，避免出现歧义；用事实说服他们；疏导情绪，让他们表达自己的不满。

九型人格的应用范围广泛，有助于个人成长、企业管理及人际沟通和关系处理，特别适用于企事业单位的人员招聘、组织构建、团队沟通。它提供了一幅真实、层次分明的人性地图，帮助我们更准确和有效地去认知和管理自我，了解和管理他人。

职业兴趣测验：不同人的工作生活兴趣可以按照对人、概念、材料这三大基本内容要素分类，而社会上的所有职业、工作也是围绕这三大要素展开的。基于这一理论思想设计的职业兴趣测验可以在个体兴趣与职业之间进行匹配。

如比较常见的霍兰德职业性格测试，我们前面的课程里也讲到过，根据兴趣的不同，人格可分为研究型（I）、艺术型（A）、社会型（S）、企业型（E）、传统型（C）、实际型（R）六个维度，每个人的性格都是这六个维度的不同程度组合。

人们在选择工作的时候会倾向于选择与自己兴趣相关的工作，如常规型的特点是喜欢遵循常规、按计划办事，不喜欢冒险，这类人群适合的职业有办公室文员、会计、出纳等。

霍兰德从兴趣出发为职业发展提供指导方向，帮助个人确立了自己的主观性向，在合适的环境有合适的精力投入，促进人职匹配，最大限度地激发个人的潜能。

职业性格测验：考察个人与职业相关的性格特点，即"你是怎样的一个人"。

如常见的 MBTI 职业性格测试，前面也讲到过，这里算是作为一个复习，MBTI 测试，从动力、信息收集、决策方式、生活方式进行分析判断，把不同个性的人区别开来，分为四个维度：外向（E）和内向（I）；感觉（S）和直觉（N）；理性（T）和情感（F）；判断（J）和感知（P）。

如 ESFP 型即外向、实感、情感、知觉，这类人被总结为表演者。他们乐意与人相处，生活热情，顽皮活泼，擅长交际。适合的职位有团队培训人员、表演人员、社会工作者、牙医、兽医……

职业性格测试解释了为什么不同的人对不同的事物感兴趣、擅长不同的工作，并且有时不能互相理解，同时也帮助确定了什么样的性格适合什么样的工作。

除了以上流传比较广的职业测评类型以及工具外，还有一些同样比较重要的职业测评类型，关于这部分职业测评类型所测评的内容通过理论模型比职业测评会更加完善。

职业价值观及动机测验：了解职业发展中的价值观以及内驱力。动机是指由特定需要引起的，欲满足该种需要的特殊心理状态和意愿。而通过动机测验，可以了解个体的工作生活特点，从而找到激励他们积极性的依据和途径，促进个人更好地向上发展。

著名的马斯洛需求理论模型，将人的需求划分为生理需求、安全需求、社交需求、尊重需求、自我实现需求。处于不同需求的人职业价值观和动机都不一样，有人工作是为了权力，有人工作是为了被需要，价值观是基于人的一定思维感官上做出的认知、理解、判断或抉择。从事符合自己价值观的工作，内驱力最强，最有幸福感，反之会出现职业倦怠等职业问题。

职业能力测验：考察个人的基本或特殊的能力素质。

"冰山模型"将人员个体素质的不同表现形式划分为表面的"冰山以上部分"和深藏的"冰山以下部分"。

知识：偏重于理论、经验。

技能：偏重于应用、实践。

自我概念：自己对自己的认知及评价，可分为生理自我、心理自我和社会自我。

特质：特别的、突出的性格特征，分为主宰特质、主要特质、次要特质。

动机：引发人从事某种行为的力量和念头，如兴趣、内驱力、使命感等。

冰山以上：知识和技能；冰山以下：自我概念、特质、动机。

冰山模型也是能力胜任模型，不同的工作，素质要求不同，冰山模型对于企业在选人、用人方面提供了重要依据。对于个人来说，冰山模型帮助个人认识到发展的不足以及优势，冰山下的培养才能让自己的职业生涯获得良性发展。

职业发展评估测验：主要是评估求职技巧、职业发展阶段等。可根据企业内部职业发展路径以及舒伯生涯发展阶段彩虹图等进行分析评估，如生涯发展彩虹图将人的职业生涯分为成长期、探索期、建立期、维持期、退出期。根据五个时期的特点来确立目前所处的职业发展阶段以及目前阶段所面临的问题，再找到目前所处阶段问题的解决方案。

职业测评针对职业表现做功能性的检测，主要有预测、诊断、区别、比较、探测、评估的作用。帮助自我正确地自我认知，明确优势和不足，对职业做出选择、判断，对自我进行改进，职业测评具有重大意义。

对在校学生来讲，如果能在毕业的时候找到一份适合自己，能够充分发挥自己优势所长的工作，对他们的成长和未来发展能起到巨大的推动作用。但是事实是，很多在校学生都不了解自己想要的是什么，什么工作是适合自己的，自己的优势是什么。职业测评就是来帮助我们准确地对我们自身的兴趣、性格、能力等特征进行分析，发现自身潜在竞争优势和能充分发挥这个优势的职业的一个工具。

我们需要明确，职业测评的根本作用是实现人适其职，职得其人；人尽其才，才尽其用。通过职业测评可以对我们的心理特征进行初步定位，比如确定兴趣倾向性格类型、价值观取向，基于这些信息可以实现对其专业选择的指导、学习方式的明确的职业。

每个人对自己都有一些了解，但是有规范的、有方向的自我了解却往往不充分。比如一个人也清楚自己喜欢什么，但是他经常无法总结出，这些喜欢的项目之间是什么关系，这些倾向反映出他（她）什么样的心理实质。而要从本质层次实现对这个问题的解决，就需要使用职业测评的工具。

通过上述，了解了有关测评的相关内容，职业测评并不是万能的，它不能解决所有人的所有问题。而对于测评结果，更是需要正确地对待。职业测评是一个工具，工具用得好会起到事半功倍的作用。毕竟有些东西是可以随着年龄，经验的累积发生变化的。

第二节　常见职业测评工具解析

在我们大概了解了职业测评工具的分类后，我们将继续深入了解几种常见的职业测评工具。

一、常见职业测评工具

常见的职业测评工具有以下几类：

用于进行人格测验的九型人格测试

用于职业兴趣测验的霍兰德职业性格测试

用于进行职业性格测验的 MBTI 职业性格测试

用于进行职业价值观及动机测验的马斯洛需求理论模型

用于职业能力测验的冰山模型

用于职业发展评估测验的舒伯生涯发展阶段彩虹图

接下来具体看看冰山模型里的几个具体测评工具。为什么要讲冰山模型呢？因为我们发现，在很多国企的面试环节中，一般分为简历分析、心理测验、面试、知识技能考核等，在这些环节里，除了笔试，很多企业会用到公文筐，无领导小组讨论和角色扮演等。这和冰山模型检测的内容更匹配。

二、几种测评工具解析

冰山模型是美国著名心理学家麦克利兰于 1973 年提出的一个著名的模型，所谓"冰山模型"，就是将人员个体素质的不同表现形式划分为表面的"冰山以上部分"和深藏的"冰山以下部分"。

在企业的人力资源管理实战中，可用的测评方法有很多种，常见的包括对

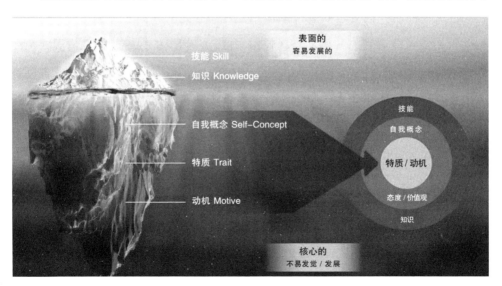

个人简历的评估、心理测评、笔试测评、面试测评、无领导小组讨论测评、公文筐测评、角色扮演/情景模拟等。了解这些测评方法工具前，有一个通用的提示，就是无论面试什么样的企业，我们都应该提前了解该企业的企业文化、公司战略。面试时注意着装、礼节方面。着装要展示积极阳光的一面，礼仪则要注意礼貌用语、坐姿、眼神等。

下面我们就分别来看看这几个测评工具：

面试/面谈，是通过一对一面试、一对多面试或者多对一面试的方式，测评候选人的能力。企业可能会问到关于候选人的问题，基本上涉及基础信息、工作经验、对工作的期待及他可以带给企业什么。面试是企业应用频率最高的人才测评方法，无论去哪个公司应聘，都要经过面试，一轮到三轮不等。面试适用于任何岗位。面试第一轮可能是人力资源部门或者用人部门来进行，通过之后才会由更高领导进行面试。

优点：操作方式比较简单、灵活，操作成本比较低，能够得到大规模应用。

缺点：对面试官的能力有一定要求，若实施面试的面试官经验较少，则会降低面试的信度和效度。

公文筐测试，会要求候选人阅读和处理一些比较真实的文字材料，这些材料包括岗位可能遇到的各类文本、邮件、信息、指令、报告或特殊情况，需要候选人采取回复、计划、决策、沟通、安排等一系列应对措施，从而考查候选人的计划能力、组织能力、判断能力、决策能力、分析能力和对事务优先级的处理能力。公文筐测评的回答方式通常是做出书面回答。这种方法特别适合测评管理岗位人才的管理能力。国外很多公司的评价中心都会采用公文筐测评方法。一般管理类、文秘类岗位会运用这样的测试。

在进行公文筐测试时，我们要依据文件提供的事实进行判断和决策。在这个过程中，自己要有管理意识，对事务的轻重缓急、重要性以及对关系的把握要到位，要全面考虑问题，有条不紊地处理文件信息。

优点：

1. 公文筐测评比传统的笔试测评更加注重解决实际问题的能力，而且更加灵活多变。

2. 因为公文筐测评是以书面形式完成的，所以它比结构化面试和无领导小组讨论更加正式和规范，而且能够同时让更多的候选人接受测评。

缺点：

1. 公文筐测评往往没有标准答案，只有参考答案，在评分过程中，可能存在难以确定评分标准的问题。

2. 公文筐测评的设计需要具备一定的专业度，需要耗费一定的时间和精力。

笔试：是通过笔试问卷的形式测评候选人的知识水平、能力水平和认知水平。笔试测评是企业常用的人才测评方法之一。对专业能力、分析能力、推理能力、管理能力有要求的岗位，一般都会在第一轮就进行笔试，或者像国企招聘时，都会先进行笔试。

在笔试的时候我们需要注意，答题要辩证、全面，要注意把握时间。

优点：操作方式比较简单，成本比较低，便于同一时间大规模实施，测评结果相对而言比较客观，可比性比较强。

缺点：笔试问卷的设计要考虑信度和效度，要具备一定的专业性。

无领导小组，这个是由一组互不相识的候选人组成临时小组，小组内不指定组长，测评人为小组安排某项任务，让小组成员就该任务做自由讨论，最终得出小组的总体意见。在小组的整个讨论过程中，测评人通过观察，评判小组内各成员表现出的沟通能力、表达能力、参与感、说服力、团队意识等特质。无领导小组的人员数量一般为4—10人。超过10人时，比较难观察。一些企业在对管理类岗位招聘时，会用到这种方法。有一些特殊企业也会设置这样的环节，比如应聘讲师。

无领导小组讨论，需要注意的是，在自我介绍环节，简单明了地突出自己的优点，在后面的环节，如果自己是第一个发言，要抛砖引玉，请大家批评指正，如果是在后面发言，首先要感谢前面的发言者，再谈自己的想法。如果作为最后一个发言者，则要表示深受启发，再提出自己的见解。同时在别人发言的时候，要善于观察，避免出现转笔、一些不恰当的手势，等等。

优点：可以观察到候选人在群体中的状态，进而判断候选人未来在群体中的行为表现。

缺点：

1. 任务的设置需具有一定的专业度。

2. 讨论的过程需要投入人力观察，且对测评人有一定的专业性要求。

3. 测评人可能对候选人有一定的主观看法，让测评结果失真。

演讲答辩，一般是在竞岗（聘）者考试成绩合格后，在一定范围内（考评组主体成员，或加上适量有选择的公众）进行演讲，主要是介绍自己的工作经历、德才状况和竞争职位设想（或预案），有时兼有答辩，适用于对沟通能力、管理能力有要求的岗位。

但有的国企招聘时也会增加这样的环节。所以如果想进入国企，在大学时期对这方面就要进行训练。答辩时，要逻辑清晰，语言流畅，结构严谨。

优点：竞聘演讲可以测评一个人的能力水平、理论修养、逻辑思维、文字功底、口头表达和工作能力等综合素质，相比其他形式，竞聘演讲的组织实施相对简单。

缺点：

1. 过程需要投入人力考察，且对测评人有一定的专业性要求。

2. 该测评只适用于沟通能力较高要求的岗位。

3. 非即兴演讲答辩，需花费被测评者较高时间成本。

角色扮演，这种测评方式会设计某种具有一定冲突性的工作场景，要求候选人在场景中扮演某个角色，模拟真实的情况，完成一系列的任务，协调场景中的矛盾，处理情境中的问题，达到预设的目标。企业测评人通过候选人在情境中的表现，判断其未来在实际工作中的能力。像管理类、技术类的岗位，在招聘环节可能会有这样的考核。

优点：测评内容更贴近实际的工作需要、更全面，通过观察，测评人可能发现原本没有预设的测评维度。

缺点：场景设计需要一定的专业支持，测评过程耗时比较长，需要测评人具备一定的观察和判断能力。

背景调查，这个测验是以雇佣关系为前提，通过合法的调查途径及方法，比如给候选人的上一家公司人力部门电话沟通，了解候选人的个人基础信息、过往工作背景、能力及工作表现，形成对被调查人员的综合评价（如寻求第三方专业背景调查公司，则会形成背景调查报告）。一般在企业中高层领导的面试中会用到，基础岗位一般不太会使用，但对候选人的诚信或者其他方面有特殊要求的除外。背景调查的优点有：

1. 帮助企业有效规避用人风险，降低招聘成本。

2. 降低招聘及培训成本，提高企业的聘用成功率，降低员工流失率。

缺点：

企业自主调查手法单一、技术不专业，无法完全保证调查结果的真实性和有效性。如果委托第三方调查公司，进行背景调查则需花费较大的费用，会给企业带来较大的人力成本压力。

管理游戏/沙盘演练，管理人员利用计算机来模拟真实的公司经营，并做出各自的决策来互相竞争的开发方法。在管理竞赛中，将受训者分为5—6个公司，每个公司都要在激烈的模拟市场竞争中，与其他公司进行各种形式的博弈。每个公司设立一个明确的目标，并得知自己可以做出几个决策。每个公司对其他公司的决策情况不能看到，尽管这些决策会对它们的销售状况产生影响。当招聘较高层次的管理者时，会用到这种方式。

优点：

1. 帮助受训者挖掘其解决问题的技能，帮助他们将注意力集中在制定公司规划上，而不是集中在临时事务的应付上。

2. 这种游戏可以用于开发领导能力、培养合作及团队精神。

3. 能够突破实际工作情境时间与空间的限制。具有趣味性，能使参与者马上获得客观的反馈信息。具有认知社会关系的功能，能帮助参与者对错综复杂的组织内部和各单位之间的相互关系有更加深刻的了解。

缺点：

1. 游戏的设计及实施费用可能很昂贵而且花费时间。

2. 游戏往往迫使决策者从一个既定的决策表中进行决策选择，而在实际工作中，往往鼓励管理人员开创富有新意的、具有革新精神的多种替代方案。

3. 操作不便，难以观察。

履历分析，对人才简历的评估本身就是一种人才测评方法。简历记录了一个人的任职背景、工作成绩和成长历程。简历既可以用来做人才的初步审核和筛选，通过简历，测评人可以直接把不适合的人才筛出候选人名单；也可以作为初步筛选之后，做进一步选拔时，判断人才与岗位相关性的参考依据。在实际应用简历评估方法时，测评人可以事先为简历中的各个项目设置权重和分值，通过评估候选人的各个项目与岗位的匹配程度，给简历打分，把得分结果作为人才选拔的参考依据。

简历一般是我们进入企业面试环节的第一关。这就要求我们在制作简历的时候，面对企业不同岗位的招聘，制作的简历要有针对性，让企业不会第一个就把我们的简历刷掉。

优点：能够比较直观、快速地筛选人才，成本较低。

缺点：

1. 简历有造假、过度粉饰的可能性，无法保证简历内容的真实性。

2. 只通过简历判断，在某些情况下比较片面。

多源反馈（360 度），通过不同的测评者（上级主管、下级、同级、供应商等）对被测评者进行多角度、全方位、准确性的考核，进而全方位地评估和反馈被测评者的工作行为与工作表现的过程。任何岗位都适用这种测评方法。

优点：

多角度地反馈信息，综合性较强。该方法收集到的信息质量可靠，通过强调团队和客户，推动了企业的全面质量管理，有助于提高被考核者的自我认知能力。

缺点：

1. 对同一个被考评者进行多角度、全方面地考核，考核成本较高，考核培训难度较大。

2. 员工在考核时的主观性会影响考核结果。

3. 来自不同方面的考评意见可能会发生冲突，在综合统计数据时比较烦琐。

听到这里，想必一定对人才测评工具已经有了更深的了解。

当然，如果您想对人才测评工具有更为清晰的认知，明确识别主流人才测评工具的优势和劣势，了解如何才能正确发挥人才测评工具的应用效果，显著提升自身对人才测评工具的甄选与灵活应用能力，也可以通过我们的课程和我们联系学习相关内容。

三、适合大学生的职业测评工具

下面我们再来讲讲适合大学生的职业测评工具，首先，大学生做职业生涯规划的意义有以下三个方面：

1. 职业生涯规划能够让大学生提前培养关注今后职业发展和人才市场信息的意识，做到了解市场需求；

2. 职业生涯规划还能够让大学生进行自我探索，了解自身的兴趣、优势、特长等，以便毕业后找到更加适合自己发展的职业；

3.职业生涯规划是一个重要的指引，能够指明大学四年的努力方向和目标，从而让大学生合理安排自己的时间和精力，为最终实现职业目标做准备。

适合大学生的职业测评工具：

大学生最主要的职业测评，可以集中在对自我的认知和价值观上。主要包含兴趣测评、人格测评、多元智能测评、职业价值观测评。

1.兴趣测评：自我评估的基础工具。学生通过生涯兴趣测评工具，能够为个人匹配出有兴趣的大学专业与职业发展。

2.人格测评：每个人作为一个独立的个体，都有着自己最与众不同的人格特质。通过人格测评，能够帮助学生发现在不同的时间与不同的情境中保持相对一致的行为方式倾向。

3.多元智能测评：一种通过分析人的大脑整体及各功能区块的潜能大小、结构、活跃程度以及发展趋势的分析测评技术。多元智能测评能够帮助学生高中选科和志愿填报提供科学参考依据，为职业发展规划提供探索手段。

4.职业价值观测评：能够根据施测者提供的测试数据，引导个体做出与自己价值观、内心真我相匹配的职业决策。

在进行职业生涯规划时，需要清楚地了解自己，对自我进行全面的分析，以确定自己都具备哪些能力，什么样的职业比较适合自己，即要清楚我想干什么、我能干什么、我该干什么，面对众多的职业我会选择什么等等。

第三节　浅谈职业测评工具的最佳应用模式

我们了解了几个常用的职业测评工具，知道了它们的运用场景和方法，还有注意事项，以下我们就来看看这些职业测评最佳的应用模式是什么。

我们都知道，测评是心理测量技术在人力资源管理领域的应用，它以心理测量为基础，对人的素质进行多方面系统评价，从而对人力资源管理提供参考依据。

　　每个人都是不一样的，世界上找不到两个完全相同的人，每个人的个性都包含着许多与众不同的心理倾向和特征。但人最难的是认识自己。通过测评工具，我们能让自己与他人的行为进行比较，有了行为标准。

　　现在网络上的测评越来越多，那么多的测评，对于我们来说，哪个是适合我们的，做完之后如何运用这些测试结果，这是我们需要探索的方向。

一、正确运用职业测评结果

　　如何正确运用职业测评结果呢？首先，我们要认识测评的科学性。很多人对测评存在一定的疑虑，会质疑其信度和效度。也有很多人盲目听信测评结果。其实，目前流行的一些职业测评的工具和手段，大都是有一定的心理学理论做支撑的。随着国内职业规划和职业测评的发展，大多数职业测评的工具得到了很好的汉化，不仅是语言的汉化，更重要的是常模的适应性。因为心理测评这个东西是从国外传过来的，心理学也是近些年才在我国得到了很大的发展。所以，目前高校在用的一些职业测评工具，用来对比的标准是比较科学的，他们提供的测评结果和建议，都具有一定的针对性，是值得参考的。但是大家千万不能盲目听信，要有自己的判断，毕竟测评的结果和我们当时的心理、身体状态有很大的关系。

　　其次，最重要的是在测评的过程中，掌握了解自己的方法。比如自我认知的测评，一般会从兴趣、性格、价值观、能力几个方面展开。得出的结果固然直观，而整个测评的过程，其实是一个很好的了解自己的过程，测评的几个方面可以帮助自己确立自我认知的框架。测评的结果是一个阶段性的结果，但是自我认知是一个漫长的过程，随着年龄的增长和经历的增多，很多时候需要不断更新对自我的认知，加强自我认知的程度。对成熟一点的人来说，不经过测评，而是按照一个科学的框架进行内省和自我审视，也会强化对自我的认识和定位，为自己的各项决策提供基础。因此，注重测评过程中的思考，逐步确立自我认知的框架是测评的一个很好的副产品，这个可能比单纯考虑测评报告有更加深远的意义。我们在跟孩子说职业测评时，也应该输入这样的观念。

面对测评结果，接纳更加重要。我们遇到过这样的学生，一看自己性格测评结果是内向的，立刻变得很懊恼，很不安，眉头紧锁，不断地反问自己："我早就觉得自己是内向的，怎么办呢？怎么改正呢？"对个人来说，测评的结果其实没有好坏之分，只有倾向的不同。任何倾向的人都有自己的优势和劣势，都有自己擅长和不擅长的认知方式、决策方式以及行为方式，这些都没有优劣和好坏之分。重要的是认识并接纳自己的不同，认识并接纳别人的不同。认识并确认自己的优势，而不是纠结自己的不足，更不要拿自己的不足去和别人的长处对比，甚至奢望有朝一日把自己不足的一面发展得与别人的优势一样，这不是看待测评结果的科学态度。

又比如在性格测评中，有人可能在思考方式和行为方式上偏保守。认识到自己是偏保守的，当别人提醒你偏保守的时候，不要立马抵制，而是需要反思，这是正确使用测评结果的态度。当别人建议你适当大胆一点时，你的内心可能是抵制的，但是可以回想一下自己的测评建议，并试着去尝试，这是对测评结果的良好使用和发展。比如对于外向的人，可能有些时候会夸夸其谈，当别人善意地提醒你，少说一点时要认识到自己可能已经说得不少了，而不是排斥别人的善意。这样测评的结果才会真正地发挥作用，帮助自我认知，帮助自我发展。

二、职业测评工具的应用

问一个问题，大家认为，心理测评能够帮助我们做什么？总体来说有以下两个大的方面：

1. 帮助个人职业发展：

我适合从事什么样的工作？

为什么我总不能进行准确的职业定位？

我该如何回避自己的弱点，同时充分地发挥自己的优势？

我该如何规划自己的职业生涯？

2. 帮助改善我们的人际关系：

不同性格的人在人际交往中风格怎样？

为了保持与他人的良好关系，我该去如何调整自己？

如何增强和他人的沟通效率？

在第一个方面，帮助个人职业发展中，职业生涯规划又是我们经常提到的一个方向。职业生涯规划是认识自我、认识外部世界，进而进行科学的决策，并切实地行动的过程。在职业生涯规划的理论和实践中，不管依据何种理论都强调对自己的认识，强调对自身的能力、兴趣、价值观以及技能的认识。在职业生涯规划中，对自身的认识是职业生涯规划的开始也是整个职业生涯规划和决策的基础。一个对自身认识不清的人，是不可能对自己有一个好的职业生涯规划的，即使他做出了各种规划，这种规划也不是真正适合他自己的。

在我们的实际咨询和服务过程中，经常会发现大学生在职业生涯规划和实际的就业择业中，经常会遇到许多选择和决策问题，一些学生不知道真正适合自己的工作是什么，还有的学生则会盲目地去追求社会的热点职业。究其原因，这些困惑经常是由于对自我的认识不够清晰造成的，不能够全面而正确地认识自己造成的。这时候我们就需要借助我们的职业测评工具，得到一个相对客观的结果，再结合他的特点去做职业规划。

来看一个案例，小 A 是理工科的大四学生，在四年的学习中，成绩一直很好，逻辑思维很强。但是她是一个比较内向的，不愿意和人打交道的女孩。找工作时，小 A 一直很想找一家外企人力资源的工作，但是，简历投出去后如石沉大海，杳无音信，好不容易有一个面试的机会，也只是面试后就没有下文了。小 A 觉得很不能理解，明明自己学习成绩很好，为什么总是被拒呢？

我们发现，小 A 其实对自己的认识并不清楚，她一直在寻找一份自己想当然觉得合适的工作。小 A 做了职业性格、兴趣以及价值观方面的测验后，同时也利用了自画像这样的非正式评估手段，帮助她深入地认识了自己，最后小 A 看到了自己设立的求职目标，不是依据自己而设立的，她更适合一些像研究开发类的岗位，而不是人力资源、销售这类的工作。在认识自我的过程中，她也强烈地感觉到对自己的就业和择业更有把握了。

从小 A 的事情中我们可以看出认识自己是职业规划的开始。在职业生涯规划中我们对自身的认识可以有多种评估的方式，大致分为正式评估和非正式评估两类。正式评估即我们常说的标准化测验，是一种定量的评估；而非正式评估是指一些定性的、非标准化的评估，比如投射测验等，这些评估工具需要谨慎使用，更多的是引发人的一种思考。在认识自我中正式评估和非正式评估都是非常有用的，在实际咨询中，咨询师们都会灵活运用两种评估手段，来帮助来询者认识自己的各种特征。在我们的实际学习中，我们会时常接触到一些测评工具，在网络上也经常会有一些心理测验。这些心理测验大多数都是非标准化的测验，并不能作为我们决策的依据。

下面是网络上流行的心理小测验之一。网络上的心理小测验准不准？你觉得这个测验能不能准确测出你的性格特征？

题目：明天要早起，担心自己不能按时起床，只好调好闹钟提醒自己。此时，你会把闹钟放在什么地方？

A. 一伸手就可以摸得到的地方

B. 放在耳边，方便闹醒自己

C. 在听力范围内，越远越好

解释：选择 A：你虽然很想拥有独立自主的坚强个性，而且凡事也表现出一副"我自己来"的潇洒模样，但你非常在意他人的看法。

选择 B：你总是那么人见人爱！你具有十分依赖他人的特质，当然也由于此特质，使你拥有平易近人的性格，具有协调能力的你很容易融入团体中。

选择 C：你在任何一个团体中都能够自然发挥你过人的领导能力，但是要绝对小心，别太张扬，这容易让你成为众矢之的。你做事干脆，拥有自己独特的风格。

大家可能会说了：怎么能够仅仅凭这一个动作就能推测人的心理状态呢？其实，这是一个非标准化的测验，这个测验的结果需要我们谨慎分析。而标准化的测验是基于一定的理论和研究基础上的。那标准化的测验能够给我们带来什么样的好处？标准化的测验可以帮助我们更加准确地认识自己，是一个很好的评估工具。

标准化测验标志过程的严谨性和科学性，可以提高我们认识自我的准确性，提供给我们更有意义的结果和结果解释，从而为我们的职业生涯规划和职业决策提供更科学的参考意见。影响测验结果准确性的因素有多种。测验的使用人群以及测验时被试的状态等因素都会影响测验结果的准确性。常常可以看到一些由于测试状态不好而影响测试结果的例子。

小 B 是一名大四的学生，毕业前夕，一直在找工作，但是一直没找到合适的，因而非常郁闷，找到了生涯老师进行咨询。老师首先建议他做职业测评。在第二次咨询时，老师给他看了他的职业测评结果。他的兴趣测试报告中显示他各种兴趣得分都比较低。但小 B 是一个兴趣很广泛的学生，在大学期间参加过各种社团的活动。经过老师的询问才知道，小 B 在做测试时，白天刚刚参加完一轮紧张的面试，但自己感觉并无多大的把握，身体和心理都不在状态。所以这个时候，他做兴趣测试，其结果自然会有所偏差。

因此即使是标准化的测验，测试时不好的状态，也会影响到结果的准确性，因此标准化测验都会详细地给出各种指导语，对测试的环境也会有一定的要求。

而在我们解释我们的测评结果或者将这些结果运用到我们的职业生涯规划和决策中时我们也要考虑到各种影响我们测试结果的因素，从而更真实地认识我们的内心世界，做出符合我们实际情况的职业生涯规划。

在企业里，我们的职业测评一般是人力资源部门在招聘和培训发展时使用得较多。

培训和发展的区别大家会有各自的理解。培训，上完课即结束，发展则是通过教练式的辅导、绩效面谈、个人成长计划制订等手段，在日常工作中去完成自我提升。

就培训来说，涉及的课程主题都包括什么呢？有这样几种，第一是沟通融合，适合放在培训项目的第一节，因为大家都彼此不认识，用这个工具一讲，大家了解了自己的性格、了解了同学的性格，能更好地实现团队的融合，可以看作一种破冰活动。第二就是领导力或某方面能力素质提升，领导力是一个比较丰富、玄妙的概念，但其实领导力提升非常的个性化。对于这种个性化的东西，就得知道你自己是什么样的，尤其有些领导者到了很高的级别之后，不容易听到下边真实的声音，这时候测评就像一面镜子，可以照照自己，让自己悟出现在到底啥样、未来究竟去哪、我可以做些什么。

一般在上完课之后，系统会根据学员的测评报告，生成一个部门能看懂的测评结果，企业相当于通过培训的方式，进行了一次人才盘点，一箭双雕。人力资源部门和用人部门，还可以将这些资料，以发展档案的形式保存下来，便于日后分析使用，掌握部门精英骨干的情况。

第二种就是运用在招聘和选拔上，有两种：一是汰劣，二是择优，用得最多的是淘汰。因为测评工具是种辅助手段，企业会采用综合的角度看待一个人，如果因为一个报告，就决定谁最合适，可能太过武断；但是一般来说，测评结果如果显示谁特别不合适，从规避风险的角度看，会暂且把他归在观察名单里，还是比较高效的。这里也分情况，如果是校园招聘，从大批量学生中筛选，那么就会把测评结果不合适的人员放在待定名单里，因为这样会比较高效；但如果是领导人员的选拔，因为不能太过于武断，会与历史资料和他人评价对比，综合评价后，再做处理。

其实人生在工作生活上，有两个前进方向，第一就是专业的精进，在自己从事的领域不断提升；第二就是心灵的成长。有某些岗位很幸福的一点是，可以同时在这两个方向上获得学习、提升的机会。比如，做人力资源，在做业务的时候，一方面，专业技能在不断增强，另一方面，我们又能学到人员开发和提升的知识，不仅帮助别人，也能让自己受益。

每个人都有各自的天赋，找到这个天赋，在这个天赋上，你会走得比别人更快一点。你要知道自己适合什么，这也是测评的意义。

所以关于测评这个问题，大家可以尝试，今后可以将测评的理念带入自己的生活，跟日常的感官建立一个强联系。最起码能加强自我认知，了解自己哪方面更有优势。每个人对自己的认知也都是一个持续探索的过程。

第六章
如何培养职业能力

第一节　浅谈职业能力

我们了解了如何利用测评结果，知道了不能盲目看待网络上的职业测评。下面来了解如何培养我们的职业能力。

一、职场通用能力

职场人必备的能力分为两种：专业能力和通用能力。专业能力指的是从事职业的专业技能，比如从事互联网软件开发所需要的编程能力，从事软件测试所需要的测试技能等。通用能力指的是一些底层的能力、基础能力，比如学习能力、思维能力、人际沟通能力等。

专业能力是能否胜任某一职位的要求的基础，而通用能力则决定了我们的职位发展速度和高度。进入职场以后，公司一般都没有培训，即使有培训也都是针对专业能力的培训，目的是为了可以胜任基本的工作要求。而通用能力，很多人都没有针对性地学习过，甚至连了解过都没有。

通用能力还是可迁移的能力，无论从事什么职位，在什么公司，想发展得好，都需要这些能力。那么通用能力有哪些呢？下面我们来介绍一下。

1. 学习能力

顾名思义，学习能力就是指我们学习一个新事物的能力以及持续的学习能力。为什么需要具备学习能力呢？因为进入职场以后，你会发现我们会持续地去接触学习一些新事物。而且解决各种难题时，也需要一定的学习能力。

2. 思维能力

思维能力指的是一个人的底层思维能力。但是学校是不教我们思维方面的知识的，职场里也没有人告诉我们这些知识。需要自己去找书籍学习或者领悟。思维能力越早拥有越好，越早提升越好。对我们思考问题，解决问题，沟通表达都会带来质的飞跃。

3. 人际沟通能力

人际沟通能力指的是跟人打交道的能力，如何跟各种各样的人都能沟通清楚。职场里我们无法选择跟什么样的人相处，我们只能学会跟任何类型的人都能相处好。这个相处指的是一起共事，一起完成工作，不是指吃喝闲谈。

4. 执行能力

执行能力指的是人完成一件事的能力。其中包括规划、执行、复盘等能力。如果执行能力不好，一切都是空谈，尤其是对于初入职场的人。比如，有的人在职场的发展比较顺利，很大程度得益于执行力强。

5. 抗压能力

抗压能力之所以也列出来，是因为大多数人的工作压力越来越大，尤其是互联网行业。我们必须要学会在高压下如何工作和生活。拥有积极的心态，才能更好地完成每一天的工作。如果被工作压垮，那一切都没有了。

6. 领导力

领导力的核心是影响力，是每个人都需要具备的，不只是领导者或者管理者才需要具备的。因为职场里，我们想要晋升，就需要提升自己的领导力。

二、能力在职业选择中的重要性

"我的过人之处在哪里？""我在哪些事情上会做得更好些？""我的能力短板在哪儿？""我的能力结构适合从事这个领域吗？"——这些个人发展和职业规划时可能遇到的困惑都指向一个核心问题：能力和人的职业发展到底存在什么样的关系？

日常生活和职业活动的观察和研究证明，能力和人的职业活动和个人发展密不可分。人的职业能力各不相同，有人善于言语交谈，有人善于操作，有人善于理论分析，有人善于事务性工作。每个人都有自己独特的能力结构。

而同时，社会上的职业也是多种多样的，各种职业对从业者的能力要求亦各不同，有的需要言语能力，有的需要计算能力，有的需要动手能力。大多数职业活动都要求特定的能力组合，具备这种能力组合，就能很好地胜任这种职业工作。

因此，个人在选择职业发展，以及与之相关的专业学习方向时，应重点考虑能发挥自己得分最靠前、最擅长的几种能力倾向的领域。

第二节 新木桶理论——补短板，还是让长板更长

一、木桶理论与新木桶理论

想必不少朋友都或多或少地听说过，在经济学理论中，有一个著名的"木桶效应"理论，当前也普遍将其称为"木桶理论"。木桶理论也就是短板理论，一只木桶盛水量的多少，并不取决于桶壁上最长的那块木板，而是取决于桶壁上最短的那块木板，也就是劣势决定优势，劣势决定生死；这是企业界最知名

的管理法则，也是大部分管理者企业经营的金科玉律，得到广泛认同。

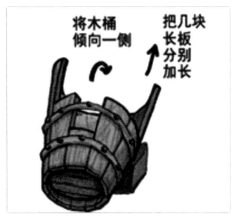

木桶理论核心内容是：一个木桶盛水的多少，并不取决于桶壁上最长的那块木板，而是取决于桶壁上最短的那块木板。如果想用木桶盛满水，必须做到每块木板都一样平齐且没有破损。

作为一个十分形象化的比喻，木桶理论在当今的应用场合也越来越广泛，并早已上升到了理论的高度。

那什么是新木桶理论呢？新木桶理论也就是长板理论，它强调的是，在营销中，我们不能遵守这个"木桶原理"，不应该太关注木桶的短板，而是要集中注意长板，找出最长的长板，甚至把长板加长，把长板的作用发挥到极致。至于短板，可以等我们有了足够的实力以后再慢慢修补。

新木桶理论在市场营销中也叫作"反木桶原理"或者"斜木桶理论"。也就是把木桶放置在一个斜面上的时候，木桶盛水量的多少，就取决于最长的一块板子的长度。当然这要求长与长要正相对，并且长木板的周围要有相应长度的木板作为它的辅助。

也就是说当我们比别人在某一方面短一大截时，不但要选择合适的斜度，更重要的是把其他木板合理排列起来，使它们发挥应有的作用。这样才可以最大限度地利用现有的木板。新木桶理论无疑从新的角度提出了如何看待我们自身的长板短板。

在现实生活中我们很多时候都是用木桶理论来衡量自己能力的优劣。就比如我们工作，我们想要晋升，就要把自己变成公司领导眼中最重要、最能干也是最优秀的员工，但是我们发现这个要求对于一些职场小白来说很难实现，因为他们能力和学历都不具备很强。

就像我身边一个朋友，毕业之后进入了一家公司，因为销售能力不行最后被公司淘汰出销售组，然后他又去参加一个培训班，学习了一个月之后重新应聘销售并终于有机会转正，成为公司里最年轻又是能力最强的人。虽然也被淘汰过一次但是却并没有影响他在公司里发展壮大。

所以这个时候如果我们想要实现自我发展，就需要对我们自己做一个全面客观公正准确的分析，要从我们每一个方面出发。比如我现在是想着怎么提高我自己工作效率以及学习成绩，而不是单纯看自己在哪些方面还有欠缺，这就需要对未来有长远规划并且努力去提升那些可以让自己成长起来的因素。

二、新木桶理论的运用

在我们的日常生活中，最常见的短板效应是"不擅长做某件事"，这种情况下，即使短板在短时间内被补齐也无法对目标产生太大帮助。

而在我们的学习和工作中，也存在着这样一种短板效应，如果在某个方面不能有所突破或取得成就，就会对整体水平产生影响。这种情况下，我们会发现一个很有意思的现象：

对于那些想要取得更大成功的人来说，我们可以通过"长板理论"来进行提升；而对于那些已经取得了成就的人来说，则需要做些弥补短板的事情。

在不擅长做某件事时，"木桶理论"是一种常见的"短板效应"，其核心就是要想办法补齐短板，以便使自己更好地适应整体工作。

这种理论最早是由经济学家约翰·梅纳德·凯恩斯提出的，他在《就业、利息和货币通论》中也提到了这一理论。凯恩斯在书中写道："如果一个人能够从自己的某一个方面来发展并提高自己的技能，那么，他就可以在许多方面得到全面的发展。"

"如果你把一项技能学到最好，那么当别人跟你做同样一件事时，他就能做得比你更好。"虽然我们不能说这是凯恩斯本人说出的话，但足以说明我们可以通过补短板来提高自己的能力和水平。那为什么"短板效应"会在人们日常生活中这么普遍呢？

这主要跟现实情况有关，如果一个人想要获得成功或者想要取得成功都是很难做到的事情。

举个例子，想要在篮球方面有所成就的人，肯定希望自己可以打得更好一些，而对于在写作和画画方面有所成就的人来说，就希望自己可以写得更好一些、画得更好一些；对于有了一定财富积累、但是生活状态不太好的人，则希望自己能过得更有品质一些。

这种情况下，他们所期望得到的反馈往往是：能不能写得更好、能不能赚到钱、能不能过得更充实、生活状态会不会变好……这些反馈就是"短板效应"。在这种情况下，人们只能通过"补短板"来提升自己。

然而这却并不是一个可行的方法，因为它只会使我们更加关注已经存在的问题而忽略其他方面的问题。

所以说，我们应该在提升自己之前先想好一个最重要的问题："我到底擅长什么？"或"我想要什么？"以此来找到解决这个问题的方法。

那我们该如何弥补自己的短板？

在现实生活中，大多数人都是"木桶理论"的拥护者，而对这个概念进行改进则是一件很困难的事情。虽然我们经常会在不同渠道听到"木桶理论"，但其本质就是"短板理论"。通过对这种理论的分析和研究，你就会发现：

原来短板其实不是"短板"，而是一种能力或者说能力结构；

因此，想要改变现有的木桶情况并将其提升到更高层次需要做的事情其实很简单：

那就是把你原本很弱但是不擅长的短板进行改进或提升，让其变强。

而要进行这项改进和提升工作，我们该怎么做呢？

首先，想要做到让短板变得更强我们可以从两个方面入手。

第一个方面是完善自己的知识结构，因为我们很多时候之所以不擅长某项技能的原因就在于知识结构太差；第二个方面是培养学习兴趣，通过兴趣来激发自己的热情。

其次，想要找到最佳的学习路径就必须要有具体而明确的目标。如果你希望提高自己掌握某项技能或实现目标的速度与效率的话，那我们就要制定一个清晰明确、行之有效的目标；否则就可能会走弯路或走冤枉路。

比如我想提高自己的语言表达能力，我就需要大量的阅读来丰富自己的知识储备，而不是单纯看一些小说、娱乐新闻或者是看电视，等等。还有一个例子是，我想提高自己在数学方面的能力，那么就需要多做习题，并且多做一些相关题型，而不是单纯看别人讲题就能学会的。所以这也是我们需要运用到"木桶理论"，从这个角度来考虑我们想要实现自我发展需要做的事情，并且我们能够用这些因素来帮助自己实现目标。

一个人想要实现自我发展不能单纯地只靠自身条件（也即个人兴趣爱好），还要有相应的环境，要在一个适合自己学习、生活、工作的环境里去学习。《刻意练习》一书当中，提到了一种方法可以帮助我们打造一个良好的成长环境。首先，你应该有一个好老师、或者说自己身边都是学习能力很强、又有共同目标与梦想的朋友等这样有利于实现自我发展的因素。

其次，就是要让好环境来助力你，比如通过参加一些专业的培训班或者通过在网上找一些专业的老师对你进行指导。这些都可以帮助你更好地去实现自我发展。

最后，就是我们要找一个正确目标来督促自己不断地努力。其实很多人在努力了很久之后，发现自己并没有什么长进，反而觉得有了一些惰性或者是懈怠了等等，这些都会导致自己学习成绩不高以及对目标实现不坚定。

这个时候我们就要寻找一下"木桶理论"里提到的那个正确理想目标或者最适合你自己、能帮助你成功的发展方向。

我们可以通过新木桶理论来进行什么样的提升呢？那就是提高学习效率，让自己更聪明更擅长干事。

新木桶理论是根据"木桶原理"的不足，提出了解决问题的新思路，可以帮助我们有效地解决问题。

如果把学习比作一个短板和一个长板，那最大的优点就是能够把长板变得更长，弥补短板的重要性就在于如何找到最佳路径。

在这里，需要强调一下我这里所说是补短板理论。新木桶理论强调要想有一个好的水桶，就要让长板变得更长。

如果你在一个领域拥有很强的专业能力和知识储备的话，就可以在此基础上不断完善自己的知识结构，然后去找那些与自己优势相关、能够发挥自己长处或者是已经具备优势的领域去学习。

如果你对某个领域非常有兴趣或者有强烈的学习意愿和渴望进步的话，你可以选择一些难度较低和对新手友好的领域去学，比如编程、写作、摄影等。

如果你想要学习某一项技能的话，那么可以从最简单易懂，并且能够将这一技能很好地运用到工作生活中去的方法入手；在此基础上可以再结合自己的实际情况，运用起来去解决问题。为什么说让长板更长，才能发挥最大效能，实现自己的梦想或成就。这是因为：

首先，我们都知道，"木桶理论"中的木桶一般指的是由一块木板或由多块木板组成的一个封闭系统；而人有了"短板"，就像一个木桶一样，它的容量就会被限制住（比如在篮球比赛中，球员身体素质的强弱会直接影响球队最终成绩）。

要让长板更长、弥补短板并不能带来更多进步。

其次，我们都知道"木桶理论"里强调了各部分之间有很强的互补性；但在现实生活中却并不存在这样的情况：当一个人要取得成功时，往往会同时发挥他最擅长做的事情；而当他想让长板更长、弥补短板时，往往会使原本不擅长或不够精、深的部分得到强化。

因此，当我们面对自己所热爱或擅长之事时，一定要努力将这件事做到极致，以确保自己成为那个领域里最优秀的人；这就是"新木桶理论"。

对于企业而言，面对日益纷繁复杂的市场环境，必须要拥有自身独特的竞争力，或差异化竞争力。木桶上最长的那块板即自身的独特竞争力，只有找到，并发挥好自身的长板，才有可能开创出属于自身的那片蓝海。如果仅仅追求短板的提高，而忽视长板的培养，难免在微薄利润的禁锢下，最终陷入发展困境。

对于个人而言，一旦只关注短板，自身距离专才的实现或将渐行渐远；相比之下，增强长板才是凸显个人独特优势的关键。短板在更大程度上决定的是自身发展基础是否牢固，更多是决定自身竞争力发挥的程度；而长板则更能让自身找准发展方向，发挥独特竞争力。二者不可偏废。

总而言之，找准自身的长板，并尽可能地将其壮大，同时也不要忽视短板的提升，尽量让两者之间的差距不要过大，或许这才是新木桶理论的价值真谛。

理论是需要活学活用的，不同的情况我们可以对照不同的理论：

1）想获得个人的成功，就要把自己的短处补齐；例如你参加高考，如果你数学不行，那其他科目考得再好，总成绩也没办法排名靠前，上好大学就更别提了。

2）在就业和工作中要遵循"新木桶原理"，把你所具备而别人没有的长处发挥到极致，而不是一味地去补"短板"。就是你最大的职业竞争力。

3）工作后在团队协作中，也要依据"新木桶理论"，优化团队组合，把正确的人放在正确的位置，共同协作，使团队效率达到最大化。

第三节　职业技能提升方案

一、有关人岗匹配

先来说一个现状：2023 年高校毕业生规模预计 1158 万人，其中优秀的人才数不胜数。然而，社会能提供的岗位数是远远达不到这个数字的，除去考研人数，岗位数和毕业生的人数也会有缺口，所以，好公司好岗位根本不缺人才应聘，而企业好岗位名额有限。我们要如何才能进入好公司好岗位呢？其实，好公司的招聘逻辑只有一个，那就是人岗匹配。

人岗匹配就是专业、实习经历、能力以及薪资要求等条件，和岗位所需要的能力匹配，还有工作态度、价值观和公司的价值观匹配，越匹配你入职的概率越大。

所以这也告诉我们，在写简历的时候，如果是一份相同的简历海投到所有你喜欢的公司里去，HR 一看简历内容，和自己岗位要求的条件相去甚远，立马就会标记淘汰，根本过不了简历筛查这一关。

很多人可能不是很明白，举个例子：一家互联网公司新媒体运营岗位职责里要求候选人"精通视频剪辑和拍摄，PS、后期制作，平台内容采写、编辑及排版"。如果你的简历写"平时喜欢健身、撸猫、打游戏，会一点 PS 技术"，能引起 HR 兴趣的可能就是那一点 PS 内容。可是，HR 平均 10—15 秒看一份简历，也许还会看漏你这个 PS 技术。

如果该互联网公司的 HR 收到另一位候选人的简历，上面写着"本人擅长新媒体文案，每周会在自己公号上输出一篇 4000 字文章，最高一篇 5000 阅读量；每三天会发布一个小视频，点击率最高 1000，熟练 PS 软件，后期制作，

可以看我附件作品"。

如果你是该 HR，你会选择哪份简历的人来面试？我相信各位都有自己的答案。

在玩角色扮演游戏的时候，选择了不同的职业，就会往不同的方向增加相应的点数，会添加技能点，人物未来的成长路径也会截然不同。

现实生活中，我们每个人拥有的不同能力，掌握的各项技能，决定了不一样的发展潜力。

为什么总是会有那么一些人玩也玩不好，学也学不好，就是因为做事的时候，不注重刻意培养自身的相关能力。在公司里，同样是一起入职，有些人就是能够比别人更快地掌握一些技能，这个重点就在于：要有意识地构建个人的能力体系。

二、如何定向提升职业技能

在大学所学的专业与职业技能是会相互影响的。有调查显示，人岗匹配度、个人能力对专业特长发挥的影响相对显著。在影响自身专业特长发挥的因素中，39.7% 的受访者认为专业特长与岗位的匹配度影响自身专业特长发挥，33.1% 认为个人能力影响专业特长发挥，薪酬水平（27.7%）、工作自主性（26.9%）、进修培训（25.4%）等也是影响特长发挥的重要因素。在竞争较为激烈的制造、建筑、信息传输、计算机软件服务等行业中，专业特长与岗位的匹配度是第一影响因素。

在毕业的时候，专业都是确定的，基本上会根据专业去找就业方向和岗位。当然，有人也可能根据实际需求，攻读更高的学位，改变自己的专业方向，但是，不管专业是什么，我们同时需要提高我们自身与专业能力相匹配的职业技能，那么怎样有效提升自身能力？如何培养职业能力，搭建个人的能力体系？可以从以下几个方面着手：

1. 分析自己的岗位需求、能力需求

需要知道自己现有的能力在哪个阶段，最简单的方法就是，当你选择了一个职位时，去看公司关于这个岗位招聘的详情，把握企业的职位需求。把岗位需求上的一些要求，与自身的情况进行对比，就可以找到自己与这个岗位匹配缺少的能力。这样就可以知道自己以后要提升哪些职业技能，需要学哪些东西了。如果连入门标准都达不到的话，那就需要抓紧时间学习。

我们可以通过公司提供的 JD（岗位说明和要求）的文字描述，来了解这个岗位需要的能力，一般来说，一些入门的技能在职位详情里面都会写得很清楚。但是，仅仅从 JD 无法全面、准确地了解企业的需求，因为很多时候，JD 上并不能完整地写出或者体现岗位要求和能力，所以，我们必须进行必要的职位分析。这包括如下几个方面：

1）职位信息的客观性

我们看网上的职位信息时，要注意他的描述必须客观，符合实际，不能有过高或过低的期望。比如，一个经理的职位却提供了总监级的薪酬，通常情况下是不合实际的。这个时候你就需要引起警惕和判断：是因为这个岗位会要求更高的能力，还是公司仅仅用一个吸引人的工资来招聘？

2）了解职位信息中的具体问题

在这里顺便提一个问题，很多求职者在面试的时候经常不知道问什么，而且在面试之前也不知道如何了解具体的岗位信息，我们可以通过以下这些问题，从各个侧面，更全面了解企业的职位需求。这些问题，可以根据自己的情况，还有企业具体的岗位需求，能力要求来提问，不必完全按照所有问题生搬硬套。

比如，有些岗位招聘上会直接写简称，那你可以问：职位全称是什么？

对于一些不太明确的岗位信息，可以问 HR：这个岗位总共的招聘人数是多少？工作地点在哪里？在哪里办公？候选人的户籍是否有要求？性别是否介意？有什么年龄限制？学历有什么要求？语言（方言、外语）有什么要求？是否需要和国外人士沟通？企业面试有怎样的流程？希望候选人何时上岗？签几年合同？试用期多久？

如果这个岗位可能涉及出差，那么可以问问：是否需要出差？出差频率如何？出差是否提供住宿等补贴？对性格、婚姻状况是否有要求？

担心自己的条件不太符合的时候，可以询问HR：本职位必须符合的条件是什么？比较符合的条件是什么？需要候选人解决的核心问题是什么？

确定岗位的招聘原因是什么？紧急程度如何？希望何时到岗？为什么？前任或现任的风格、大概背景、经历是什么？离职原因是什么？

想确定公司的组织架构的时候可以问：公司的架构是什么样的？候选人在组织架构中的位置是什么？候选人带领的小组织构成怎样？下属共有多少人？直接下属头衔与职能是什么？团队发展规划是什么？平行部门有哪些？

想了解上司的相关信息时，可以问上司的职位、职能是什么？背景、做事风格如何？用人有什么喜好？

关于薪酬福利相关问题，可以问：薪酬结构如何？可提供的区间是什么？最高能给到多少？除薪酬职位的福利有什么？

关于职业发展的问题：该职位有什么上升空间？有什么明确的职业规划？哪些目标公司的人需要再联系？和哪些直接竞争对手有达成协议不互相挖墙脚？工作经验有何要求？是否很严格（如要求5年，只有4年工作经验的人行不行）？负责什么产品？是否需要同行？有哪些目标公司？是否提供培训？

从以上这些问题里，提炼出你所关注的能力匹配问题，找到这些关键点，然后才能更好地开始聚焦自身的欠缺点，做好提升方案。

3）收集和分析信息的途径

·我们可以直接向该公司的HR了解。

·从龙头企业入手，关注其网站、了解其动态、运作模式等。

·从行业协会之类的组织入手，关注其网站及出版物。

·去参加行业展览会。

·关注行业资讯类网站，或网络交易平台，如阿里巴巴、淘宝网这样的B2B网站的行业论坛。

·或者通过网络搜索引擎，如百度、搜狗直接搜索想了解的信息。

·看行业内的专业人士写的资料。或者到书店翻阅该行业相关的专业书籍或行业分析报告。

·向熟悉该行业的人请教，或在职业交流的聊天室或QQ群、微信群、知乎里向人请教。

2. 立足未来，匹配技能，开始做好你的能力培养计划

了解完需要的技能之后，我们需要针对自己某项不足定向提升。这里的能力培养计划，有点像我们玩游戏时加技能点。要根据自己的兴趣点、需求点、职业方向，兼顾未来的发展趋势，做好个人的长远规划，时间可以是半年、1年、3年、5年，甚至10年。立足自我，根据自己的梦想和长远目标，职业生涯做好规划，制订能力培养计划，打造相应的核心能力和通用能力。

比如，从新人员工，到经理，到总监，到创业者，每个阶段需要的能力不同，我们要在日常生活和工作中刻意学习和培养相应的能力。

认清自我，做好长远规划和布局。分析想要实现你的梦想和目标需要什么？你想要的工作和生活是怎么样的？需要掌握哪些技能，培养哪些能力？

在实际工作中，往往不是某一个能力就可以，而是要综合多个能力才能把一个工作做好。所以，根据你的梦想、你的长远目标来拆分需要的能力，搞清自己的职业发展方向，岗位发展需要哪些能力，把这些能力都罗列出来，制订切实可行的能力提升计划，确定目标，什么阶段达到什么程度。只有目标明确，计划可行，有动力，才有可能提升得更快。

3. 坚持做工作日志

可以在日志上面写上三件当天可以做得更好、有提升空间的事情，三件别

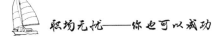

人做得很好，让你佩服的地方，三件你自己作出的正面贡献。时间久了你的能力也会得到提升。

4.全力打造核心能力

能力圈不是无法改变的，你的现有知识决定了你的能力圈范围，有些领域需要更多的专业知识来评估，想要扩大能力圈，就需要不断提高专业知识、专业技能等，就算现在你对某些领域仍然一知半解，但只要多做了解多学习，就能建立起对那些领域有用的知识，进而扩大能力体系。

我们可以找到一项核心能力，把它训练到极致，你会超越90％的人。这项能力是让你差异化，让你脱颖而出的利器。

培养核心能力需要能力拆分，分模块学习和实践。把能力拆分成更小的基础模块，然后进行主题学习，刻意练习，在实践中获得反馈，定期总结改进，打造学习的闭环系统，最后组合多项技能，打造自己的核心竞争力。

拆解能力的时候，一般有两个方向：拆分成更底层的能力，或者按照结构来拆分成更小的技能模块。比如，我们可以将沟通能力进行拆分：

依据底层能力拆分为逻辑思维能力，表达能力，理解能力等一系列基础能力。

依据沟通情境拆分为如何在学校、家庭、公司、聚会以及日常与人打交道的情境等一系列的模块。

能力拆解后，就可以进行多渠道、全方位、针对性、主题学习：针对每一个小模块进行学习，通过各种渠道有意识地训练这些技能。

利用好所有的学习渠道，多渠道、全方位学习。比如，通过读书学习，通过上课学习，通过和牛人交流学习等各种方式。

再通过实践、反馈、调整，将技能应用于实践，获得各种反馈，获得反馈的目的是明白自己做得好还是不好，哪些地方还有不足，以此来改进自己的方向，建立学习的闭环。定期总结，固化经验，而不是无意识地盲目工作，否则即使做上十年，也不会有非常大的成长。利用各种碎片时间，刻意训练自己，通过工作来刻意训练自己的能力。

先进行基础理论的学习，然后通过实践固化经验，接着反思总结，再一次深化对理论的理解，然后再把自己实践所得的经验心得总结抽象成理论的形式，进入下一轮的闭环之中。

最后，通过组合应用，打造核心竞争力：找到自己的优势和劣势，结合专业需要，发挥自身的长处，打造某几项核心能力，在某个领域做到极致，有余力就弥补好短板，通过能力之间的组合运用，发挥优势，打造独特的核心竞争力。

我们提升了专业能力并且运用到了工作中之后，可能会发现就算拥有了专业能力，还是有一些做法老是不对，就算有长处也发挥不了。这就涉及了我们的软能力，比如情商。其实情商这类软能力也是可以通过不断的练习来提升的。所有能力的提升，离不开我们自身有计划地培养，刻意地学习、训练、总结、反馈。

潜力还包括很多要素，诸如组织协调潜力、自控潜力、坚强和韧性的培养等，是与心理素质相结合的，以上这些不能将其全部概括。当然，所有的潜力都应建立在品德端正的基础上，一个有才无德之人是可怕的，也是不能长久的。

个人潜力的提升说起来容易做起来难，大道理谁都懂，有的人立长志，有的人常立志，关键是怎样去做？从此刻做起，从小事做起，自我完善，自我塑造，为我们短暂的生命交上一份满意的答卷，让丰富的人生更加绚烂多姿。

第七章

如何明确职业价值观

第一节　家庭价值观对个人职场价值观的影响

我们了解了如何培养孩子的通用能力，以及如何发挥孩子的能力优势。解决的是孩子"能做什么"的问题。我们进入了职业发展认知的一个新模块：如何明确职业价值观？解决的是孩子"想要什么"的问题。

只有孩子知道自己能做什么和想要什么，才能根据自己的价值观和能力优势进行职业选择，排除不适合自己的职业类别，选择适合自己的职业。

一、初识职业价值观

说到价值观，其实这个环节是我们大多数人很容易忽略的，虽然它在事实上左右着我们的决定并进而决定我们的人生，包括职业。那要了解职业价值观，就得先弄清楚价值观是什么？

价值观是我们判断自己的想法和行为的是非对错的衡量标准，从而为自认为正当的行为提供充足的理由。比如我们认为健康、自律是好的，拖延、懒惰是不好的，这种评判依据就是我们的价值观。如果只是评判是非对错，那价值观就只是起到了"良知"的作用，基本上人类都有共同认可的价值观念，比如履行承诺是好的，失信于人是不好的；力争上游是好的，自我放纵是不好的，等等。

但是，价值观还有一个重要的作用，就是对各种"好"的价值，哪个更重要进行评估和判断。这就有一定的主观性了，受到我们自身的个性特征、家庭教育、社会观念三方面的影响。比如，在2022年，53.3%的毕业生找不到工作，"毕业即失业"。

有的大学生选择考公务员，或应聘央国企。有的大学生选择考研。有的大学生选择降低就业期望，哪怕有一份收入低的工作，也能将就。还有的大学生选择做网络主播、做自媒体，或者挑战收入不确定的销售类工作。

那这些不同的选择背后，其实隐藏着不同的价值观。

比如有人认为收入来源的安全稳定、体面（他人的认可）最重要，这个人就可能去考公、努力进央国企，也可能选择考研。但不太可能接受月薪3000做保安，或者去做保险、销售、地产中介等不稳定的工作。有人认为自主性更重要，他人的认可相对不那么重要，那他就有可能会选择销售方向的岗位去拼一下。

这就是价值观对决策的影响。

上面两种价值观，没有好坏对错之分，只是每个人的价值观不同，但至少这两种选择，背后的价值观都是清晰的。如果我们的价值观是清晰的、明确的、坚定的，那我们为人处事就有自己的原则，行为就更加努力，不纠结、不迷茫、不后悔。

但是，也有很多大学毕业生价值观并不是很清晰，那他的重大决定其实是随波逐流，受到其他人意见或多数人选择的影响的，或者就干脆因为迷茫而延迟做选择。

比如很多人考研，其实自己也知道3年后还是要面对残酷的社会竞争，甚至可能更难，但他们自己对于如何"破局"没有主意，既觉得考公或备考央国企应届招聘太卷，又觉得做保安、店员不能体现自身的价值，大学白读了。还接受不了销售类职位的挑战性。所以最后的选项就剩下考研了，至少这三年不用考虑就业问题了，至于三年以后的事，以后再说吧。那这种人的结局，很有可能只是多读了一个文凭，最后还是要面对现实，和本科毕业生一起竞争月薪7000的工作，或者回到县城竞争月薪5000的工作。到时候，他们的价值观可能也明确了，就是"摆烂""躺平"，这种过于消极的价值观，对于一个人的身心健康和未来发展，其实是有很多负面影响的。也不是家长想要看到的结果。

大学生还处于价值观形成和调整的阶段，家庭价值观对于大学生还是有影响力的。

二、两代人的价值观鸿沟

所谓家庭价值观，就是父母的价值观。现在大学生都是00后了，00后的家长大部分是70后。70后的价值观是有一些共性的，比如认为学习很重要，知识可以改变命运，因为自己是这种观念的受益者，所以从小对孩子的学习普遍都抓得比较多。但价值观也受到时代和社会环境变化的影响，在现在经济降速，疫情3年，遍地都是大学生的现状下，家长的价值观可能也需要根据大环境的变化有一些调整。

那家长的价值观怎么调整，能帮助孩子树立积极的、长期主义的、能够保持高成就动机的职业价值观呢？首先，需要理解孩子，知彼知己，试着从孩子的角度来看问题。

毕竟，00后的孩子经历着时代的巨变，家长的思想和孩子的思想之间，其实有着巨大的隔阂，如果父母和孩子不能彼此相互理解、相互沟通、相互包容、相互支持，结果就是到孩子上了高中、上了大学，彼此之间的不理解和疏离感会更加强烈，彼此内心都感到痛苦，承受着压力，然而又不知所措。等孩子以后有了工作，拥有了自己的人生，结婚有了自己的小家庭，和父母之间的鸿沟也越来越大，彼此之间的距离感越来越强。

如果家长保持了自己固有的价值观，表达自己对孩子的关心，可能反而会被孩子当作唠叨，以不耐烦的语气和心情来回应，甚至在网络上大量地抱怨"原生家庭"，表达对父母的不满。面对这种情况，如果父母不调整自己的价值观，选择用自己的道理来说服孩子，往往孩子并不听我们的道理，而孩子的反驳也似乎不是毫无道理，甚至孩子说的一些概念可能我们家长自己也不是特别了解。

也有一些父母会感到自己打扰了孩子，从而让孩子和父母的关系有了一个微妙的变化：以前是孩子在父母面前小心翼翼，长大了之后更多是父母在孩子面前小心翼翼。

无论哪种选择，其实都不是我们家长想要的结果。因为我们总归是希望能够在和孩子的关系中，得到一些理解和支持，而不是源源不断地伤害。然而很多时候都会适得其反，导致自己对于和孩子的关系，总是没有踏踏实实的扎实感，而是感觉精神期待的落空。毕竟，很少有哪个国家的父母，会像我们中国父母那样，为自己的孩子牺牲那么多。然而，我们在为孩子付出的同时，往往也给孩子提了很多的要求。

那对孩子来说，可能会有一种"控制"感，并没有从中体会到我们想带给孩子的"幸福"。尤其是独生子女家庭，儿女占用了所有资源，所以也承担着所有希望。当资源付出到一定程度，我们家长自然地就会倾向按照自己的价值观给孩子设计更安全、更稳健的人生道路。至于孩子自己的价值观，我们家长可能考虑得会少一些，多少有一些忽略。

所以，我们为孩子苦心写好了成功和幸福的剧本，仔细打磨，多方求证，打理好所有演出成功所需的明暗规则，只等孩子登台表演，然后等待掌声。然而结果却常常事与愿违：孩子带着怨气表演，最后无法掩饰内心的难过，摔面具罢演。

根本原因，就是我们家长用自己的价值观代替了孩子的价值观。然而，我们容易忘记一个事实：鸟总要挣脱出壳，壳是生命之初必不可少的保护，也是成长必然要打破的束缚。孩子不断长大的时候，也是在不断与外界抗争、互动的过程中，形成自己的独立人格和价值观的过程，自己的价值观越清晰、越稳定，就会越来越想逃离父母的控制，最终和父母渐行渐远。

三、家庭价值观的正向影响：双赢模式

那怎样才能实现孩子和父母双方价值观的相互理解、相互包容、相互支持，达成"双赢"的结果呢？关键还是先改变自己想要"控制"孩子未来的人生路径的心态，而要改变这个心态，我们不妨以终为始，看看如果孩子不按照我们设计好的路径发展，结果是不是一定是糟糕的。我们先看一个真实的故事。

有一位妈妈，从小就把孩子的人生目标定在了国外名校。按照她的规划，孩子最好的生活就是出国留学，读到博士，然后找一个妻子，生一个博士的后代。为了这个梦想，妈妈存下每一分钱，宁愿走很远的路也不打车，从来不在路上买水喝。可是，孩子不是一个听话的乖孩子，而是一个挑战者。

他在上大学选专业时按照父母的意志读了建筑工程专业，但只工作了半年，就觉得这个工作方向不适合自己，又没有听从父母的安排出国读书，而是"开小差"进了新东方当一名英语单词讲师，然后又在新东方最好的时候，出来创业并获得了成功。

他没有实现妈妈对他的规划，也没有按照她希望的时间表出国、结婚、生孩子。但是，他现在很幸福，而且，妈妈也开始幸福了，家长和孩子实现了双赢。

那为什么这个孩子会如此抗拒一个看似美好的前程呢？这就要说到性格特征对价值观的影响。他的 MBTI 是 ENFP，属于追寻者原型，我们之前讲过，追寻者的特点是很早就开始思考自己想要什么样的生活，并通过实践探索来逐渐

澄清、明确，通俗理解就是"做自己"，看重每个人的独特性，所以他的价值观是以人的发展为优先关注点，而不是以利益和职业稳定为优先关注点。对追寻者原型主导的人来说，这种对个性化的生活方式的内在追寻，其价值和吸引力远远超过金钱、权力、地位、他人的社会评价和认可的吸引力。

根据智联的报告，现在已经进入职场的90后、95后们，天真追寻者的主导原型明显增多。所以我们家长，首先要理解，孩子的价值观和我们不一样，并不是不爱我们或者要和我们对着干，而是他们获得幸福的方式和标准和我们不一样。

关于家长和孩子的价值观差异，我们还可以看一下著名导演李安的故事。

李安导演，想必大家都不陌生。他横跨中西文化，电影几乎拍一部火一部，叫好又叫座。《卧虎藏龙》《少年派的奇幻漂流》都是享誉全球的影片，拿奖拿到手软。可是，李安导演却是父亲眼中"失败的儿子"。早年间，李安考大学连续两度落榜，直到第三次高考，才勉强考上一所三年制的艺术专科学校。李安学戏剧、学电影，父亲勉强接受，但心中总觉得不甘。即便学戏剧，至少也要做教授才好，这样才不至于辱没门庭。当李安以《喜宴》拿下金熊奖时，父亲仍希望他改行。拍完电影《理智与情感》后，父亲还说："小安，等你拍到50岁，应该可以得奥斯卡，到时候就退休去教书吧！"还好李安没有听从父亲的安排，否则世界上就少了一位享誉全球的著名导演。

这个故事是不是很熟悉？当年让父亲感觉丢脸的李安，如今不只成了家庭的骄傲，甚至成为"华人之光"。

但是，父亲的不认同，对于成名后的李安，依然有着很大的心理压力。李安在一次采访中说："现在，我格局比较大了，但心理障碍依旧存在，我一回台湾就紧张。搞戏剧，我是跑得越远能力越强，人也越开心；一临家门，紧张压力就迎面而来。"但是，"我真的只会当导演，做其他事都不灵光"。

所以，孩子的价值观如果得不到我们的理解，其实孩子自己也是有很大的心理负担的。

我们知道，价值观越清晰，一个人的决策越果断，行动越有力，在逆境更有韧性。如果孩子的价值观和家长不一样，就难免瞻前顾后，考虑我们的感受和意见，可能就放弃了坚持自己的价值观。

当然，孩子毕竟在大学阶段，他的价值观可能确实还不成熟，甚至有不切实际的想法和计划，而且往往会高估自己计划的正确性和家长建议的荒谬性。

这时候，我们家长如果能放下先入为主的评判，安静下来好好听，在过程中提出一些实事求是的问题，给出基于事实的建议，你会发现其实孩子也有自己的判断力，他会意识到自己没有考虑到的风险，高估的成功率，他的计划中也会修正和完善，接受和采纳家长的中肯建议之后，你会发现，他的计划的最终版，可能就是你的计划。

当然，孩子也可能坚持自己的想法，那这时候家长最好的方式是让孩子低成本地尝试和体验一下。比如，去他们自己想要去的单位实习，或者，报一个他认为可以提升自己的线上课程，然后让他们自己的头脑来判断。错就错了，他还能收获很多的经验和下一次再来的勇气。

在按照自己的方式生活之路上，错误是一种最好的也是必需的学习方式。如果孩子希望永远安全地生活，不犯任何错误，这反而是不现实和不可取的。

你看，如果你希望你和孩子的关系进入"双赢"状态，那么开诚布公地和孩子畅谈一次，听听孩子自己的意见和价值主张，同时也拿出自己的理由和客观证据，把自己认为的幸福主张告诉他们。对孩子来说，父母和他自己都对"他"的人生规划有一定的发言权。家长当然有权利发言表达观点，但也要记住，在关于人生的董事会上，孩子永远是最大的股东，家长也有义务认真倾听、考虑，尊重孩子最终的决定。

有的家长可能还会有顾虑，这样做的结果，真的对孩子来说是最好的吗？

我们不妨从职业价值观的角度，把孩子的职业成功分解为几个要素，看一看家长怎样做，对孩子来说是最好的方案。

从职业价值观的角度，孩子的职业成功可以分解为三个影响因素：

1.孩子从自己的职业价值观出发，确定的自认为正确的方向，也就是自己喜欢并且有优势的事情。

2.孩子对自己职业价值观所确定的事情，持续投入的时间和投入程度。当然，持续投入的时间越长，投入程度越深，这件事干成的概率越大，自己的能力增长越快。即便这件事没干成，孩子也从中学到了足够的经验，从而按照自己的职业价值观，制定下一个更合理的目标。

3.孩子践行自己价值观的过程中，所遇到的阻力大小。包括社会信息中其他价值观的干扰力量，以及来自家长对自身价值观的反对力量。

这样看来，就非常清晰了：

如果家长的价值观和孩子的相冲突，其实对孩子来说，家长是造成阻力的因素。

而如果家长和孩子开诚布公地对职业价值观进行彼此尊重的交流，吸取对方的合理因素，最终支持孩子的职业价值观，那就把双方的价值观方向统一，形成合力。孩子带着家长的支持和祝福，更有力量地在职业世界中试错迭代，打怪升级，还有父母这个强大的后方保障。

那么，无论大环境怎样变化，孩子都会在自己选定的职业道路上力争上游，而不是带着"受害者"心态自怨自艾地消极自嘲，或者因为价值观不清晰对未来感到迷茫、焦虑，人生没有方向。

这个道理，其实领导力专家史蒂芬·柯维博士在《高效能人士的七个习惯》中也说过，要以终为始，就需要"以原则为中心"生活，而清晰、坚定的价值观，就是形成自己为人处事的原则的必要过程。树立了自己的原则，并成为自己的思维定式，就有清晰的人生方向、安全感、智慧和行动的力量。

而没有原则的人，则在时代的变动中，患得患失，智慧难以生发，人生没有方向，惴惴不安的焦虑，缺少坚定行动的力量和反脆弱的韧性。

可见，越是变动的时代环境，一个人拥有强有力的清晰价值观和原则就越重要。

第二节　家庭职业的价值观定位方法论

我们了解了家庭价值观对职场价值观的影响。只有孩子知道自己能做什么和想要什么，才能根据自己的价值观和能力优势进行职业选择，排除不适合自己的职业类别，选择适合自己的职业。我们将继续深入了解家庭职业价值观的定位方法，帮助孩子清晰自己的核心价值观。

一、职业价值观类型

作为人力资源从业者，我发现，在寻找新工作或职业时，许多求职者没有考虑他们的职业价值观。比如，你有没有在工作中感到不快乐？对职业道路感到不确定或焦虑？发现自己经常换工作或职业？这可能意味着你的职业价值观没有得到满足或发生冲突，因为它们在你工作或职业中表现和进步方面发挥着重要作用。

职业价值观是指人生目标和人生态度在职业选择方面的具体表现，也就是一个人对职业的认识和态度以及他对职业目标的追求和向往。理想、信念、世界观对于职业的影响，集中体现在职业价值观上。每种职业都有各自的特性，不同的人对职业意义的认识，对职业好坏有不同的评价和取向，这就是职业价值观。

职业价值观决定了我们的职业期望，影响着我们对职业方向和职业目标的选择，决定着我们就业后的工作态度和劳动绩效水平，从而决定了我们的职业发展情况。哪个职业好？哪个岗位适合自己？从事某一项具体工作的目的是什么？这些问题都是职业价值观的具体表现。

职业价值因人而异，但不仅仅是薪水和其他福利。对于某些人来说，能够在工作中表达创造力可能很重要。对于其他人来说，拥有一份利润丰厚或有声望的工作可能是目标。对于另一个人来说，感觉自己是业务不可或缺的一部分是关键。随着你的成熟，你的职业价值观可能会发生变化，这取决于你的个人和职业经历。作为一个刚从大学毕业的 20 多岁的人，一份能让他帮助别人的工作，对他来说可能很重要，但作为一个 40 多岁的父亲，可能更喜欢一份薪水高的工作。

职业专家通过大量的调查，把职业价值观分为八大类，并将个人适合的职业类型与之相对应。

技术 / 职能型（Technical Functional competence）：技术 / 职能型的人，追求在技术 / 职能领域的成长和技能的不断提高，以及应用这种技术 / 职能的机会。他们对自己的认可来自他们的专业水平，他们喜欢面对来自专业领域的挑战。他们一般不喜欢从事一般的管理工作，因为这将意味着他们放弃在技术 / 职能领域的成就。

管理型（General Managerial Competence）：管理型的人追求并致力于工作晋升，倾心于全面管理，独自负责一个部分，可以跨部门整合其他人的努力成果，他们想去承担整个部分的责任，并将公司的成功与否看成自己的工作。具体的技术 / 功能工作仅仅被看作是通向更高、更全面管理层的必经之路。

自主 / 独立型（Autonomy Independence）：自主 / 独立型的人希望随心所欲安排自己的工作方式、工作习惯和生活方式。追求能施展个人能力的工作环境，最大限度地摆脱组织的限制和制约。他们宁愿放弃提升或工作扩展机会，也不愿意放弃自由与独立。

安全 / 稳定型（Security Stability）：安全 / 稳定型的人追求工作中的安全与稳定感。他们可以预测将来的成功从而感到放松。他们关心财务安全，例如：退休金和退休计划。稳定感包括诚信、忠诚以及完成老板交代的工作。尽管有时他们可以达到一个高的职位，但他们并不关心具体的职位和具体的工作内容。

创造型（Entrepreneurial Creativity）：创造型的人希望使用自己的能力去创建属于自己的公司或创建完全属于自己的产品（或服务），而且愿意去冒风险，并克服面临的障碍。他们想向世界证明公司是他们靠自己的努力创建的。他们可能正在别人的公司工作，但同时他们在学习并评估将来的机会。一旦他们感觉时机到了，他们便会自己走出去创建自己的事业。

服务型（Service Dedication to a Cause）：服务型的人指那些一直追求他们认可的核心价值，例如：帮助他人，改善人们的安全，通过新的产品消除疾病。他们一直追寻这种机会，即使这意味着变换公司，他们也不会接受不允许他们实现这种价值的工作变换或工作提升。

挑战型（Pure Challenge）：挑战型的人喜欢解决看上去无法解决的问题，战胜强硬的对手，克服无法克服的困难障碍等。对他们而言，参加工作或职业的原因是工作允许他们去战胜各种不可能。新奇、变化和困难是他们的终极目标。如果事情非常容易，它马上变得非常令人厌烦。

生活型（Lifestyle）：生活型的人喜欢的工作环境要结合并平衡个人的需要、家庭的需要和职业的需要，他们希望将生活的各个方面整合为一个整体。正因为如此，他们需要一个让他们实现这一目标的职业环境，甚至可以为此牺牲他们职业的一些方面，比如职位的晋升。他们将成功定义得比职业成功更广泛，他们认为自己的生活方式、住处选择及在组织中的发展道路是与众不同的。

二、如何找到符合职业价值观的工作

我们先来看看家庭对大学生职业价值观的影响：

1. 家庭氛围影响职业价值判断。家庭氛围是否和睦，影响了他们与家庭的关系。有调查显示，和睦型家庭，大部分大学生认为父母理解自己，对家庭教育比较满意，因此能与父母保持亲密的关系。也因此，在和睦型家庭中长大的孩子，在进行职业选择时往往取决于家长的建议，他们更多对家庭具有依赖性。

2. 家庭收入、家乡地域影响职业导向。家庭收入较低以及农村家庭的孩子更多针对职业中的收入，收入在某种程度上给予他们成功感。但是，刚出校门的高中生、大学生专业技能有限，一毕业就想找份待遇不错的工作是不太现实的。

3. 家庭文化影响职业定位。家庭成员的工作、家庭成员对职业固定的认识，他们会对自己所从事的工作种类有评价，同时对另外领域的工作有猜测，眼界以及经历会影响高中生、大学生对职业的定位。大部分高中生、大学生从家庭的观念中获取国企的优势，少数的则选择有相对自由空间的私企。

现在我们已经了解什么是职业价值观，以及家庭对孩子的职业价值观的影响，现在就可以开始根据职业价值观来做职业规划了。我们可以从以下三步开始：

第一步：列出技能、目标和工作经验。反思曾经或参与过的工作和课外活动。你的职责是什么？你喜欢这些工作或活动的哪些方面？这些工作有没有让你不舒服或不开心的地方？你的短期和长期职业目标是什么？你需要做什么来实现这些目标？

第二步：研究与价值观、技能、目标和工作经验相匹配的职业和工作。下面这些方向可以帮助孩子进行研究：在网站上搜索职位列表并阅读公司评论。向朋友和家人询问他们可能知道的空缺职位。向朋友和家人询问他们工作或曾经工作过的公司。在求职面试中向面试官询问他们的价值观。

第三步：考虑与职业顾问、教练合作，以进一步确定职业价值观，并找到与自身的价值观和目标相符的工作。找到符合价值观的职业，可以提高他的工作满意度和整体幸福感，花时间确定他的职业价值观，可能意味着一个漫长而有意义的职业生涯，与一个充满不令人满意或不快乐的工作之间的区别。

当然，我们的职业价值观也可以用自测量表来进行测试。职业价值观测试量表，大致包括说明部分、答题部分和评分与评价部分。目前网上有许多职业价值观自测量表，通过测试，可以大致了解职业价值观类型、倾向与主要价值取向，从而为树立正确职业价值观提供可靠依据。

三、职业定位原则

职业定位，我们要遵循以下三个原则：

1. 择己所爱。职业定位首先要想到自己喜欢哪种职业，或者对哪种职业比较感兴趣。一般来说，只有从事自己喜爱、感兴趣的工作，工作本身才能给你一种满足感，职业生涯才会变得妙趣横生，因此择己所爱，是做好未来职业定位首要原则。

2. 择己所长。在人才市场就业竞争中，必须善于从与竞争者比较中来认清自己所长与所短，即竞争优势与劣势。然后在此基础上按照"择己所长、扬长避短"原则进行具体职业定位。

3. 择市所需。在进行职业定位时，不仅要了解当前社会职业需求状况，还要善于预测职业随社会需要而变化的未来走向，以便能使自己的职业定位富有远见。

最后给大家分享一个职业定位的模板：

一、自我认知：通过人才测评分析结果以及本人对自己的认识、朋友对我的评价，我认真地认知了自己。

1. 职业兴趣：列出自己的职业兴趣，希望日后能在某个方面工作。

2. 职业能力：哪方面能力相对比较强，比较喜欢对什么样的工作进行思考。

3. 个人特质：喜欢追求各种什么样的目标。

4. 职业价值观：基于家庭条件，首先考虑待遇较高／低的工作，对所选择的职业要有能从中不断学习并获得新知识的机会，当然，如果没有工资收入限制，会先考虑最喜欢的工作，同时考虑这份工作是否能实现自己的目标或者自己的理想；最后，也考虑这份工作是否合适去做，能力是否能胜任等一些相关的问题。

5.胜任能力：

1）能力优势：比如，头脑灵活，有较强的上进心，逻辑推理能力比较强；相信自己行，能全神贯注，能够客观地分析和处理问题，对自己要求严格，经常制定目标。

2）能力劣势：比如，做事是否理性，而有时候应该是按常规出牌的；有严重的个人中心主义，有时听不进别人的劝导。

自我分析小结：自己是否明确职业兴趣及方向，是否有一定的能力优势、能力劣势，所以要发挥自己的优势，培养自己不够的能力。平时要多对自己的不足进行强化训练，譬如，要多练某方面等等。

二、职业认知与决策：

1.家庭环境分析：家庭经济能力，经济收入是否稳定。家庭文化氛围。

2.学校环境分析：我就读于×××大学，生活环境怎么样，教学设施怎么样，教学水平怎么样，所学专业在学校的排名怎么样，就业率，师资，整体教学。

3.社会环境分析：分析目前我国社会环境，我国人才的竞争日趋激烈，大学生就业难、失业率居高不下等，都使我们的就业环境看起来不容乐观，而现在大学毕业生渐渐增多，而且需求量日渐饱和，有些地域还存在性别歧视，女性就业前景不是很好。

4.职业环境分析：在我国，查找这个职业相关的环境资料，列举出来。

5.行业环境分析：将来我希望进××工作。查找这个行业目前的行业环境相关资料。

综合前面的自我认知和职业认知这两部分的内容，得出职业定位的 SWOT 分析如下：

内部因素：优势因素（S）弱势因素（W）。比如：头脑灵活，逻辑推理能力较强，具有个人中心主义，顽固，具有创造力，认真负责，不喜欢模式化工作，偶尔会有厌倦心理，有毅力，观察力强。

外部因素：机会因素（O）威胁因素（T）。比如，新兴专业的工作岗位相对较多，社会环境不断变化，发展前景较大。

结论：

1）职业目标：根据自己的职业兴趣和个人能力，最终成为一名在 ×× 专业的工作者。

2）职业的发展路径：比如：考多种证——公务员——工作者——？

三、计划与途径：

1.大学期间：20×× 年—20×× 年

1）大一、二学好各科专业知识，掌握哪个专业的基本知识。

2）大三前英语 4/6 级争取过 ××× 分，积极考托福，希望能用英语与外国人自由交谈。

3）大三前考取全国计算机二级证书。

4）大三业余是否学习其他语言或知识。

5）假期实习（和本人专业相符合的）积累社会经验。

2.大学毕业后的前五年：20×× 年—20×× 年（随机应变）

1）考研究生，继续勤奋学习。

2）考公务员。

3）进科研院。

4）去国外留学，学习本专业，继续深造。

5）去国外工作。

3.长期计划：

1）在努力工作之余，不断学习各方面的知识，增长各方面见识。

2）坚持锻炼身体。

3）汲取他人各种优点，不断发现自己的不足，并不断地予以改正，不断提高自身的修养。

4）扩大自己的交际圈，享受友谊。

第八章
如何看待薪酬福利

第一节　从"大厂福利"认识薪酬福利体系

一、"大厂福利"

薪酬福利体系是一个大家比较关心的话题。我们先来看看"大厂福利"，对薪酬福利有一个感性的认知。

虽然这三年疫情，让大厂的福利也有缩水，但大厂毕竟是大厂，先来看看互联网大厂们的福利，大厂是如何帮助员工解决衣食住行问题的：

阿里巴巴

杭州蚂蚁 Z 空间 4 号楼负一层 1100 平方米的健身房中，不仅容纳了器械区、操房等区域，还有私教专区。值得一提的是，把健身房直接开进了公司，不但引入了乐刻运动作为健身房的运营方，同时输出乐刻运动的健身管理体系与课程服务内容。阿里员工可以直接刷员工卡进入 Z 空间，使用健身器材，而且完全免费。想要参加更专业的团课与私教，也能直接在乐刻系统上预订。

腾讯

民以食为天，食堂自然也是大厂间争夺人才资源的"主战场"。腾讯设立在深圳滨海大厦高层的食堂，可以俯瞰整个南山区，随手一拍就是米其林餐厅即视感，祖国八大菜系都可以在这里找到，东南亚风味美食也不少，选择之多足以和商场里的餐饮区一较高下。近年来，"鹅厂"的菜式、口味、环境等方面不断优化，为员工们带来了更好的用餐体验。而且价格十分美好，水果免费自取，菜品分 8 元区和 4 元区，分量也非常实在。

网易

不仅腾讯有八大菜系，网易也因伙食太好得名"猪厂"，食堂菜式囊括粤菜、本帮菜、川湘菜、汉堡套餐等，冬天还会有自助火锅提供。早、中、晚三餐，员工吃饭直接刷卡不要钱，还有水果卤味轮番投喂，食堂档口按照满意度来换。每天 11 点左右，员工都会收到一张今日菜单，基本不会重样。每季度网易都会组织食堂满意度调查，根据员工反馈进行菜品迭代，伙食一度好到被其他大厂羡慕。

科大讯飞

在员工关怀方面，走在人工智能最前端的科大讯飞，福利也是十分贴心。公司坐落在安徽合肥的中国声谷，拥有一座超大园区，环境超好。且不提有美食一条街，四通八达触达城市各个方向的班车，最新曝光的"豪装"宿舍楼已让人艳羡不已，网友看后直呼"666"。据悉，该宿舍楼建筑面积约 15000 平方米，同时涵盖餐厅、药房、文印等各项配套服务。并且，所有宿舍均配备二十四小时热水，独立 WiFi，全新的中央空调，超大的液晶电视等。试用期的新员工，值班加班等有工作需求的员工，因工作原因长住公司的外地员工，公司客户都可以使用，而且还由公司承包费用。

除了上面说到的这些，各种各样的服务纪念品、服务感谢金、房补、探亲假、生日生育礼金、节日礼包……你是不是也有点心动？

二、了解薪酬福利体系

了解了大厂福利，我们再来看看完整的薪酬福利体系。

从字面意思来讲，薪酬福利体系，就是薪酬加上福利，这是人力资源里面的一个模块。

薪酬，浅显地来说就是发给大家的钱的部分。

福利，就是指企业为了保留和激励员工，采用的非现金形式的报酬。

薪酬福利体系关系到员工激励和员工的流失，那作为应聘者来说，我们要如何了解一个公司的薪酬福利体系呢？

首先，我们来看薪酬，有的人在应聘的时候，只关注谈到的基本薪酬部分，其实这是错误的。劳动法中的薪酬是指用人单位依据国家有关规定或劳动合同的约定，以货币形式直接支付给本单位劳动者的劳动报酬。

其实，薪酬构成包括基本薪酬、奖金、津贴、补贴四部分。

基本薪酬也可以称为固定工资，此部分工资相对固定，为员工提供基本的生活保障，也体现岗位价值。

浮动薪酬类就包括如绩效奖金、销售提成、年终奖、公司分红以及其他。这部分薪酬一般以员工绩效或者组织绩效结果来结算，体现多劳多得。

当然，基本薪酬是员工收入的主要部分，也是计算其他薪酬性收入的基础。它较全面地实现薪酬的各项职能，对促使员工全面完成工作任务具有非常重要的作用。基本薪酬通常是根据员工所在岗位或职务的劳动质量以及本人的劳动能力与贡献计算的。

奖金是对员工作出优异的劳动贡献而给予的效率薪酬，是为了奖励和刺激员工努力提高劳动效率、增加效益。

津贴是对员工在特殊劳动环境下工作所给予的附加薪酬，是为了补偿在恶劣环境下工作的员工的健康和精神损失，也是为了吸引和稳定这部分员工安心工作。

补贴一般是为了保证员工实际薪酬和生活水平不下降或鼓励员工长期在本单位工作而设置的，如物价补贴、工龄补贴、教龄补贴等。

在不同的企业里，这几部分构成比例会有所不同。基本薪酬、奖金、津贴和补贴不管各占多少比例，都是在基本薪酬占主要比重的前提下，按照每个企业的性质、劳动特点等实际情况由企业自行设置。相对于私企来说，国企一般基本薪酬不会很高，但津贴、补贴等会相对高一些。

那是不是确定了基本薪酬，到手的工资就是这个数呢？这是不对的，在我们每月发放的薪酬里，还要扣除五险一金个人部分、个人所得税，都扣完之后才是我们到手的薪资。这就是我们说的税后工资。

福利，则是指除了工资、奖金以外，根据国家、省、市的有关规定所应享受的待遇以及公司为保障与提高员工生活水平而提供的相关福利措施。福利一般包括国家强制要求的五险一金，以及公司提供的个性化福利，比如包食宿、过节费用、免费班车、员工活动、旅游等，在现金薪酬相差不大的情况下，往往福利越多的企业越容易吸引到优秀的员工。

福利应是人人都能享受的利益，它能给员工以归属感。福利特别强调其长期性、整体性和计划性。福利制度的不完善及缺少整体规划，经常是浪费了资金却没有效果。薪酬体系法定福利：包括保险（社会统筹养老保险、失业保险、医疗保险、工伤保险、商业险……）、住房公积金等，也就是我们所说的五险一金。福利是薪酬的一种补充性质的激励方式，例如午餐补贴、生日补贴，主要通过员工关怀性质进行激励；除了这些薪酬常规的激励方式，薪酬激励还有很多灵活化的方式，如股权激励、延期支付、企业年金等。

越来越多的企业重新认识到福利对于企业吸纳和保留人才的重要性。现代薪酬设计中的福利在很大程度上已经与传统的福利项目不同，带薪休假、健康计划、补充保险、住房补贴等已经成为福利项目中的重要形式，并且根据员工个人偏好而设计的自助福利计划也成为新兴的福利形式，并获得了广泛的认可。

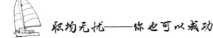

国外企业支付的动态薪酬主要是除法定福利之外的各种商业福利，如养老医疗保险、父母赡养开支、带薪休假、托儿服务、危重家属帮助计划等。这三者之和构成了对员工劳动或服务的全部物质补偿。

福利的主要功能应该是"留人"。如果说基本工资是让员工"吃得饱"，奖金就是要让员工"干得好"，福利是让员工"走不了"！

员工的"收入"除了工资收入之外，还包含培训、晋升机会、发展机会、心理收入、生活质量等非物质回报。通过对这些概念的明确，员工在衡量自己的贡献与回报的时候会有一个科学的认识，从而减少员工的不公平感。

从狭义的角度看，工资、奖金、福利基本上等同于全部薪酬了，即狭义薪酬是指员工因为被雇佣而获得的各种以物质形态存在的经济收入、有形服务和福利等。这些全部与钱有关。但是金钱在我们来说不是万能的。钱可以买到房屋，但买不到一个家；钱可以买到钟表，但买不到时间；钱可以买到一张床，但买不到充足的睡眠；钱可以买到书，但买不到知识；钱可以买到医疗服务，但买不到健康。

工资里所体现的金钱的数量是人才的市场价格，但是支付同样的薪水，一个企业可以吸引人才留下并充分发挥自己的才能，在另外一个企业却想早点离开，即使留下来也难以创造价值。这又说明薪酬不是简单的钱多钱少的问题，另外一部分的重要内容是精神激励。广义上看，薪酬不局限于货币化的薪酬福利，其中加入了赞扬、地位、学习机会、雇佣安全与挑战性工作的机会等内容。

企业通过薪酬激励，将短、中、长期经济利益相结合，促进企业的利益和员工的利益，企业的发展目标与员工的发展目标相一致，从而促进员工与企业结成利益共同体关系，最终达到双赢。

三、企业薪酬福利影响因素

企业薪酬福利体系设计的目标是：以公司发展目标为指导，建立合理的薪酬结构和薪酬制度，帮助企业吸引人才、发展人才、激励人才和保护人才，从而最终实现企业的发展目标。

第一，企业薪酬福利的高低，与企业负担能力、企业经营状况、企业愿景、薪酬政策、企业文化、人才价值观都有着不可分割的关系。员工的薪酬与企业负担能力的大小存在着非常直接的关系，如果企业的负担能力强，则员工的薪酬水平高且稳定；如果薪酬负担超过了企业的承担能力，则企业就会严重亏损、停产甚至破产。

经营得越好的企业，其薪酬水平相对比较稳定且每年都会有较大的增幅。

企业处在生命周期不同的阶段，企业的盈利水平和盈利能力及愿景是不同的，这些差别会导致薪酬水平的不同。

薪酬政策会直接影响着企业利润积累和薪酬分配关系。注重高利润积累的企业与注重二者间平衡的企业在薪酬水平上是不同的。

企业文化是企业分配思想、价值观、目标追求、价值取向和制度的土壤，企业文化不同，必然会导致观念和制度的不同，这些不同决定了企业的薪酬模型、分配机制的不同，这些因素间接影响着企业的薪酬水平。

人才价值观的不同会直接导致薪酬水平的不同，比如对问题"是否只有高薪才能吸引最优秀的人才？"的回答不同，薪酬的水平是完全不一样的。

第二，薪酬福利的高低也与个人因素有关系。同一个企业同一个岗位，不同员工也有可能薪酬不一样。工作表现好的员工，他的薪酬自然会高，因此在同等条件下，高薪也来自个人工作的高绩效。高绩效已成为企业竞争的利器。这类人才也成为企业高薪聘请的对象。不同的岗位及职务，薪酬也会有差异，岗位及职务的差别意味着责任与权力的不同，权力大者责任也相对较重，因此其薪酬水平也就要高。还有资历与工龄，通常资历高与工龄长的员工的薪酬水平要高。在国企里这一点表现得尤其明显。

第三，外部因素，一个企业所在的地区与行业带来的差异，一般经济发达

地区的薪酬水平比经济落后的地区高，处于成长期和成熟期企业的薪酬水平比衰退期的时候高。

企业地区生活指数，企业在确定员工的基本薪酬时会参照当地的生活指数，一般生活指数高的地区，其薪酬水平相对也高。

还有，劳动力市场的供求关系，劳动力价格（也就是工资）受供求关系影响，劳动力的供求关系失衡时，劳动力价格也会偏离其本身的价值，一般供大于求时，劳动力价格会下降，反之亦然。

社会经济环境，社会经济环境直接影响着薪酬水平，在社会经济较好时，通常员工的薪酬水平相对也较高。反之则反，比如这三年，因为疫情影响，社会经济环境不太好，很多企业整体的工资水平就会有所下降。

现行工资率，这是国家对部分企业，尤其是一些国有企业，规定了相应的工资率，这些工资率是决定员工薪酬水平的关键因素。

相关的法律法规，与薪酬相关的法律法规包括有最低工资制度、个人所得税征收制度以及强制性劳动保险种类及交缴费用的水平，通常这些制度及因素都直接影响着员工的薪酬水平。

劳动力价格水平：通常劳动力价格水平越高的地区，薪酬水平也越高，劳动力价格水平低的地区，薪酬水平也较低。

当前，垄断行业、外资企业工资比较高，在民营企业，工资或收益是与个人的贡献及个人冒风险的能力挂钩的。当然不管是什么性质的企业，都把能力考核放在第一位。另外学历不同，起薪点也会相应地有所不同，但这仅仅是刚到公司的时候没有办法区分个人能力时的标准，工作一段时间后，学历对工资的影响将会渐渐减少，主要还是看个人的能力以及对公司的贡献。最终衡量工资的标准还是职务加效益，适当地考虑工龄。

第二节　如何看清薪酬福利背后的隐藏值

我们了解了"大厂福利"，认识一下薪酬福利体系。那薪酬福利背后的隐藏值有哪些？前面提到在选择一家公司的时候，求职者非常关注的一点就是公司的薪酬，这里要敲黑板的一点是，工资不等于薪酬！工资只是薪酬的一小部分，薪酬一般由基本工资＋绩效工资＋各类补贴（交通补贴、餐补、房补、通讯补贴等）＋员工福利（五险一金、过节费、带薪年/病假等）构成。总的来说，基本工资和绩效工资是和你的工作岗位以及工作业绩挂钩，而各类补贴和员工福利则能体现公司的员工关怀与企业文化，往往福利越好的公司，员工幸福满意度越高。所以，评判一个公司的薪资水平，不能单看每个月拿到手的钱，也要综合考虑其他隐性福利。

一、再谈薪酬福利

一方面，薪酬体系还包含公司的岗位职级及其对应的薪资水平，公司的薪酬体系可以看作一个金字塔形状，从下到上逐级递增，级别越高，对应的薪资就越高。

不可否认，公司的薪资水平在求职者做选择时是非常重要的一个因素。但是，考虑到自身长远的发展，我们还需要摸清公司的职级晋升通道，了解未来的发展路径，这样才能做好长久的职业规划。如果在一个公司没有长远的发展，或者在将来跳槽的时候无法往高处走，这都是不合适的。岗位级别也是包含在薪酬体系里面的一项重要内容，一般大公司的薪酬体系都是非常完善的，岗位层级分明，晋升途径较为固定；而小公司的薪酬体系相对简单，但是调薪和升职机会可能更多。

互联网公司的岗位晋升一般是每年一次，晋升方式为工作业绩考核＋答辩面试，晋升一级则薪资也涨一级，但越到高层级的晋升标准越严苛，从技术岗转管理岗更是不易。薪资调整是对自己工作的激励，也是对未来职业发展的鞭策，所以一定要了解公司职级晋升平台是否足够广阔。

来举个例子：某公司的薪酬福利设置如下：

月度薪资：85% 基本工资 +15% 绩效工资 + 餐补 + 话补 + 车补等等，五险一金（按实际薪资为基数）。

年度薪资：12 月基本薪资 +n 月 KPI 奖金 +m 月年终奖金（m 和 n 不一定都有，而且多数企业只讲范围）。

涨薪：一年两次调薪考核，时间是每年的 X 月和 Y 月。需要依据 KPI 完成情况，不保证人人普调。

期权、股票：有详细说明计划。

像这个公司的薪酬福利还算是写得比较清晰的，大家在面试时也可以根据这个格式去询问 HR 相关的信息，这些信息越详细越好。

除了必有的五险一金以外，每个公司的福利都是不一样的。在这些充满诱惑的各种福利面前，入职之前一定要问清楚是否的确有，还是只是一张白纸，入职以后也要学会保护好自己的权益。

二、我们应该看什么

薪酬福利其实不是独立于企业之外的，而是与该企业的战略目标和组织文化紧密联系在一起。在其所处的行业或区域市场中，为了能够吸引、保留和激励人才所提供的一种物质形式。例如，某汽车公司的招聘广告就非常有代表性："想成为汽车界精英？加入我们吧！""我为你而来！"该汽车公司认为，他们的薪酬福利体系是为了吸引、保留和激励优秀人才而建立的，因此他们对所提供的报酬与工作内容等方面非常重视。而且该公司的薪酬福利体系还包括：法定假期、带薪年假、各种法定福利津贴及企业文化建设等项目，这些项目通常在每年 10 月开始生效，一直持续到次年 2 月。

但是有一些组织的薪酬福利体系并不是这样完善。

如：某公司只有基本工资、加班费、住房公积金和补充医疗保险。该公司认为其他福利项目并不重要，因此就没有将这些项目纳入自己的薪酬福利体系中加以考虑。很多小公司对福利待遇也不重视。

其实一个好的公司，往往福利待遇也会好，因为企业与员工是互动的关系，只有相互关心、相互重视，这个企业才可以更好地进步，员工也才愿意进步。

因此我们还需要关注这种非现金形式的报酬，福利。企业福利一般分为三大方面，福利待遇，各种补贴，还有各种培训项目。大学生在就业的时候一定要看清工资，这固然是衡量毕业生工作的一个标准，可企业的福利问题也是非常重要的而且是不能忽略的。

薪酬一般会明码标价，大学生毕业找工作的同时会发现各种企业的招聘条件。这也是大学生会重视的条款，可是对于企业的福利政策很多大学生却视而不见。大学生对于福利政策视而不见的原因一般有三种情况，一是并不懂得福利政策，二是对于福利政策不够重视，三是担心得不到工作机会，所以不敢要求福利。

在福利这块，大学生首先就要注意公司的保险问题，很多大学生在找工作的时候被朋友、家长告知，注意基本的"五险一金"问题，这就是所说的一个关注的重点。所谓的"五险"指五种保险，包括养老保险、医疗保险、失业保险、工伤平保险生育保险；其中的"一金"指住房公积金。企业和个人需要共同承担其中的养老保险、医疗保险和失业保险，而工伤保险和生育保险完全是由企业承担的。这里要注意的"五险"是法定的，而"一金"以前不是法定的，现在也变成法定的了。大学生不能只知道有"五险一金"而对于它的含义却不了解，必须详细弄清楚它的意思。

而且有些企业还会为员工提供商业保险，这是排除在"五险一金"之外的福利待遇。另外，也需要特别询问一下关于车补、饭补的问题，很多初创企业是没有这项福利的，一切在入职以前确定好才有利于比较。

我们还可以简单地把福利分为以下几大类：

健康类福利：带薪病假、医疗保险、意外险、体检、健身房……

职业发展类福利：培训，进修机会，课程费用（如 MBA）报销……

财富类福利：年金、养老金、投资课程……

生活类福利：年假、发个柴米油盐、BAT 的无息贷款买房……

其他：各种补贴。

下面我们一项一项来分析：

健康类福利，其实健康类福利也是值得大家注意的，除去各种个人保险外，有些公司是会设置子女保险以及父母保险的。

另外，你每年的带薪休假天数或者带薪病假天数也是归于健康类福利的，这个非常重要，毕竟谁也不想难受生病的时候，还要扣工资。

体检、健身房等等，这都是一个精致男/女孩必备的福利。所以，好好问问 HR 入职以后，是不是有机会变成一只精致的猪猪。

职业发展类福利，职业发展类福利包括培训、进修机会、课程费用（如MBA）等，刚入职的小白是没有机会读 MBA 的，不过未来是有很大机会的。培训这一项得看公司的情况，外资企业说不定派你去欧美国家培训半年，进修机会也是同样如此。

传说美国甲骨文的某些职位，每年是有一半时间在美国工作，一半时间在国外工作的机会可以选择的，这对于个人来说是非常重要的。

培训机会很重要，大学生刚刚踏入社会，工作起来总会有经验不足的感觉。学校里学习的知识没有更多地运用到工作中，步入社会以后还是需要学习，比如职业技术、人际关系，这些都是需要培养的，企业提供培训的机会是一定要抓住的事情。我们要告诉自己的孩子，不要只看到眼前的利益，而忽视长远的发展。各种企业的培训项目能够帮助我们迅速掌握技巧，培养经验。有些企业更是开出完善的入职培训、基础培训、岗位培训、晋升培训等等，这对于刚出校门的大学生是关键所在。只有迅速适应工作内容，熟练掌握工作技巧，把工作做到极致，这样才有更多的机会晋升。

我们也不能只看眼前的利益，而是要看一个企业长期的发展。培训机会和晋升的空间往往都应该仔细考虑。有些学生可能在学历上不如别人，可是通过企业的培训照样可以在工作当中发挥自己的作用，提升自己的价值。

毕竟工作后想要涨薪的时候，我们不能单靠岗位工资来提高收入，而更应该依靠升职来加薪。如果一味地去找老板要求加薪，老板可能觉得你格局不够大，但如果我们去和老板说自己的能力能够胜任更高一级的职位，说不定老板会被你的上进心打动，从而重用你。

再说财富类福利，关于财富类福利，大家普遍关心的是年终奖的问题。关于年终奖，也是需要你在入职面试时询问清楚的。有些 HR 会模糊掉这个问题，告诉你说："年终奖和业绩挂钩。"别吃这套，你可以换个方式问清楚，比如"像我这样职位表现一般的员工，年终奖是多少？"得到一个具体的数字才是最重要的。

关于生活类福利，生活类福利就比较琐碎了，小到过年过节的各种锅碗瓢盆，大到无息贷款。虽然是小福利，但是对于漂泊在外的我们来说，偶然间的节日礼物也是会让你觉得暖暖的。

另外，特别注意无息贷款，毕竟大部分人都是需要买房的，如果公司有无息贷款的出现，无形之中会为你节约很多开支。

我们很多大学生毕业后独自在大城市打拼，但大城市高涨的房价让很多大学生望而却步。租房成为第一选择，而企业的位置和自己所租住的房屋问题也很伤脑筋，如果企业可以提供宿舍，这无疑给刚进入企业的员工带来了巨大的实惠。还有各种交通补贴，也是深得毕业生欢迎的一项福利。

还有各种补贴，最好是多多益善。一些公司除了午饭补贴之外，还会有交通、通信等方面的补贴。现在社会压力之下，竞争激烈，工作繁忙，企业提供饭补或者提供午餐都是不错的选择。但是规模较小或者不是非常规范的企业，未必能够将所有的福利一视同仁地发给每一位员工，所以有必要在求职过程中就了解清楚并且合理地提出自己的要求，最大限度地保护自己的权益。

在企业的人力资源管理中，薪酬与福利都能起到激励作用，薪酬的激励作用更直接，它是长期以来许多国家调动员工工作积极性的最基本的手段。薪酬是一个员工的工作与责任、地位与荣誉的象征，同时薪酬的高低也视为企业对员工、上级对下级工作和贡献的评价，薪酬的多少又直接影响着员工的消费水平、经济地位和社会地位。我们作为员工也应该从更多的方面看到薪酬福利对于自己的影响，除了消费水平、社会地位，是否还能为我自己带来成就感？我在这个企业能够得到什么样的个人成长？能否为将来的发展奠定基础？为了发展我是否能够放弃一些薪酬福利？如果能够从更深层次去看待薪酬福利，相信我们得到的也会更多。

我们在求职时，千万别只看到字面上体现的薪酬数字，而应该将目光放长远，看到企业薪酬福利背后更多的隐藏价值，你得到的就远远不止数字体现的价值。

第三节　如何看待现实利益和未来收益

了解了如何看清薪酬福利背后的隐藏值，接下来我们来看看现实利益和未来收益的问题。

一、如何看待工作中的现实利益和未来收益

由于价值判断的标准是相对的，因此每个人对于某个事件的价值判断往往

也会有差异。比如有人认为，一个事件发生之后，它将会给社会整体带来巨大的变化，甚至可以说这个事件给社会整体带来"翻天覆地"的变化；而有人认为它不会对人们生活方式产生重大影响，甚至还会阻碍社会发展，这个事件的价值也是相对比较低；还有人认为一个事件可以从一个方面影响着社会整体发展方向，从而对经济生活造成巨大影响，而这个事件不会对经济发展产生重大影响，所以其价值就相对较低。

对于一个普通人来说，对一件事情的判断也会存在一定差异。如果是一项很简单、很普通但又很重要的事情，那么他可以觉得这件事对于他来说还不值得做或者说做了之后有可能损失不大（如某汽车公司裁员）。但是如果是一项对未来生活产生重大甚至严重影响的事情，那么就不能仅仅把它当作普通事件来看待了。

我们该如何正确看待我们工作的现实利益和未来收益呢？

很多人会很看重一份工作带来的报酬，如果你目前非常需要金钱，那没有问题，依据马斯洛的需求理论，我们先要满足了生活的基本需求，才会去追求更高层次的需求。那换到我们的工作中，第一，这份工作能满足你当下最基本的目标，有人说找工作工资越高越好，不一定，只要能满足你当下的基本需求就可以，薪资要求不能太夸张。如果说职业的收益＝钱＋发展空间＋价值感，你会发现在我们年轻刚入职场的时候，收益最低的就是钱和价值感，但是我们的发展空间却是巨大的，因为你可以去尝试任何你感兴趣的职业，这意味着你的职业生涯是有着无限可能性的。这其实是年轻人最宝贵的财富，就是人生的可能性。

20 岁左右正是人生无限可能的时候，这个年纪就要定下一个终生的事业而放弃所有的可能性，这是多么可悲的事情。所以在青春年少的年纪里，我们不是要定下一个终生的路径，而是努力地做更多的尝试，好好享受那些可能性带给你的惊喜吧。慢慢地，随着一个人工作年限的增长，你会发现，我们的职业收益中，钱的收益会增多，工作会轻车熟路，价值感的收益也会增加。但是发展空间的收益却是在减少的。你会发现跳槽的选择面是越来越少的，职场中的天花板效应也会出现。所以在职业收益里千万不要搞错了时间顺序。很多人都是年轻的时候只看钱，哪里钱多就往哪里跑，却忽略了职业的积累和延续性，结果职业生涯的后期是样样能做，但样样不精。

第二，比薪资更重要的是，这家公司的这份工作能够发挥你的优势和长处吗？因为能发挥优势长处你才能得到真正的锻炼。大多数人的职业转换，本质上都是在拿发展空间和情感收益去换钱。道理很简单，中国的企业（以民营企业为主）最看重员工的是什么呢，不是能力有多强，而是员工对企业的忠诚度。但是忠诚度这个东西口说无凭，只有一样能证明，就是时间。你在一家企业服务的时间越久，公司认为你的忠诚度越高。所以跳槽这种事，基本上你去一个新的企业忠诚度就清零了，企业的信任要重新积累。这意味着你在新公司的发展空间其实是远不如跳槽之前的（当然，一些特殊的，完全没有上升空间的岗位除外）。至于跳槽之后的价值感收益也会降低，因为新的环境你要重新适应，新的团队你要重新融合，这些都是要付出很大的情感精力的。所以跳槽之后你工资涨了，其实不一定是你更值钱了，而可能是你把自己职业收益中的发展空间和情感收益都换成了现金，提现而已。

第三，这份工作能够为你带来有价值的经验吗？什么叫有价值的经验？就是你离开这家公司，你过去的工作经历是能给你加分的，你还能找到更多的工作。有些人入职了一家非常不错的公司，但这家公司太过小众，他离开这家公司再找工作就很难。

第四，这份工作能够拓展你的核心能力吗？就是在积累经验的同时，你的能力也得到提升很重要。在入职下一家公司时，不仅有经验，还有能力。如果一份工作能具备以上四点标准，哪怕工资低一点也要干，因为你是每天持续增值的。

最后，还要记住的一点是，找工作的关键不是好公司或高工资，最重要的是能够持续增值，让你在这家公司工作的这段时间越来越值钱。

在我们的生活中，大部分人往往只关注现实利益，而忽视了未来收益；也就是只顾眼前，不能放眼未来。人们对于未来收益的认识存在着很大的差异。由于对于未来收益的预测常常受到经济发展趋势等不确定因素的影响。

所以，对于未来收益其实很难进行准确测量，而且人们在决策时也往往很难确定一项决策是否可行或有无风险。

我们既要看到未来收益的重要性，也要看到它的可实现性。

必须对未来收益有合理的预期，才能使该事件得以有效实施。

二、如何让未来收益更高

怎样才能让我们未来的收益更高呢？

上面说到，当下的利益很重要，但我们必须要看到长期的利益，这是我们做任何事情都要遵循的一个基本原则。所以，我们要怎么才能做到呢？我们可能需要从以下三点来看待自己需要找的工作，做好当下的现实工作，才能让未来增值更快：第一是看行业，第二是看公司，第三是看岗位。

首先，选对了行业，就意味着可能遇到更多的风口和机会，抓住了一个风口，也许人生就发生了大改变。如何判断一个行业是否有前途呢？

1. 看市场容量。

2. 看未来的市场增量。

3. 看能否解决用户的痛点。

比如人工智能，随着大数据时代的来临，人工智能一定是一个大的风口，其市场容量一定是逐年上升的。

比如大健康行业，随着生活水平的提高，大家除了追求生活质量，将会把更多的精力和金钱投入养生和身体健康的养护中。

由于个人的能力和见识有限，可能很难判断哪个行业是有前途的。其实，还有一个办法来判断：那就是看那些国内外巨头们都在干什么。

比如谷歌，脸书，苹果，亚马逊，腾讯，阿里，百度，字节……

看他们都在关注什么，投资了哪些领域。这些大公司，如果都在某个领域做同样一件事，那说明这个领域是很有前景的。因为他们有足够的资金、有足够的人力和物力进行研究和探测，而且也有足够的本钱去试错，他们都会有一批厉害的团队在分析大数据，进行布局。

其次是看公司：

1.看公司的价值观。一个公司的价值观怎样，从老板的言行大概也能够看出来。

老板喜欢什么，老板平时都习惯说什么话，老板都习惯鼓励怎样的行为等等，都是能够看出一个公司的价值观的。老板，往往是一个公司的灵魂，也起带头的作用。很多时候，有怎样的老板，就会有怎样的公司文化。

我们还要看公司的价值观是否符合自己的价值观。如果不符合，其实自己也是做不久的，勉强坚持，也是会变得越来越压抑，最终还是无法忍受选择了离开。

2.选择在自己能力范围内的同一个行业内相对比较优秀的公司。

一个公司优秀不优秀，其实一个行业内也就那么几家，一眼就能够看出来的。能够选择哪一个，主要结合自己的能力范围。

此外，要选择一个优秀的大公司还是优秀的小公司呢？

建议：如果没在大公司待过，还是先选择大公司。

大公司有完善的用人制度，各个制度都是健全的，各个流程都是健全的。

进入大公司，有助于提升自己的格局和眼界。但如果已经进过大公司，如果有机会，最好也去一次小公司。

为什么呢？因为在大公司，比较重视专业性，分工很细，每个人都只是公司运转的一个小螺丝钉，比较难提升整个人的综合能力。

而在小公司，可能什么事情都要做。

在一个小公司里面，你不再是一个专业的螺丝钉，而会成长成三头六臂，这能够很好地提升一个人的综合能力。尤其想未来自己创业的，大公司和小公司都进去过，是非常有益的。

一个创业者，知道大公司的完善制度，又有很强的综合能力，则会少走很多的弯路。

为什么要先进大公司再进小公司呢？因为从大公司出来后，想再进大公司或比较小的公司，相对更容易。而如果一直在小公司做，想进大公司，则会艰难许多。

3. 看岗位是否能够让自己长期坚持。这个岗位，首先应该和自己的兴趣相符合。一个岗位，越是和自己的兴趣相符合，就能够干越久，而且也愿意花精力去深入学习。无论怎样的岗位，都离不开持续地学习，否则是很难混好的。

身边有很多朋友，刚毕业时，就只选工资高的岗位，却忽略了自己的兴趣。工作几年后，感觉无法坚持下去了，可再换新的岗位时，发现什么经验也没有，又从零起步，这会付出难以想象的代价。

而那些刚开始就只选择自己喜欢的工作，不以暂时的工资多少为首要条件的，反而在几年后，越来越如鱼得水。

如果我们能够正确地看待"现实利益"和"未来收益"，那么，我们的现实利益和未来收益，就会随着时间和金钱的积累，而变得越来越大！也就是说，如果你能正确地看待眼前的事物和长远的目标时，那么，你就能在"现实利益"下得到更多的"未来收益"。

道理我们了解了，具体该如何操作呢？

结合作者自身的实践经验，我们可以在制定个人目标的时候关注以下两点：

1. 长期目的性

近期的时间和注意力主要投入的事项与自身长期重要目标的一致性、相关性，如果平均每天有 30% 的时间和精力放在重要但不紧急的事情上，那就很好地平衡了现实利益和未来收益。

2. 投资回报率

以自己投入的时间为成本，以有价值的工作成果、自身核心能力的提升和收入金额这 3 个要素作为回报来进行投资回报率的综合评估。

为了评估自己是否做到了这两点，有必要对每周的行为结果按产出和产能进行回顾和复盘。

产能包括能力、经验、认知、资源的获得和提升。

产出除了收入，还包括针对目标获得的工作成果。但是要注意一点，未达成原定目标的行为不属于有效产出。比如以讲座后现场达成销售为目标进行了 2 场讲座，但未达成任何销售，这就不属于产出，但因此提升了讲课能力，那属于产能提升。

产出对应的就是现实收益，产能则对应了未来收益。

通过这样的复盘方式，就能帮助自己更客观地制定下一步的目标，保持现实收益和未来收益的平衡兼顾。

至于制定目标和复盘的周期则可以因人而异，量力而行，但建议至少每个月进行一次。笔者目前习惯的节奏是两周更新一次目标，每周进行一次回顾复盘。

在"自我价值增长局"微信公众号中，也有更多具体的复盘案例和制定个人发展目标的方法，供大家参考。

第三篇
家庭沟通技巧篇

第一章
倾　听

第一节　实用倾听学

前期我们学习了家庭文化和职业发展的相关内容，在这两个板块里，我们认识到家庭对于家人未来发展的影响不可小觑，从这个板块开始，我们将着眼家庭教育里的沟通技巧，促进大家更好地与家人进行交流。在整个章节中，我们会学习如何倾听，如何沟通，如何和他们分享自己的经验，以最大限度帮助他们成功求职。

我们知道，沟通的前提是听，但如何做到高效倾听，很多人都做不到，特别是在家庭中，父母与孩子的沟通，往往建立在权威的基础上，我们对孩子的要求就是听话，按我说的做。

一、单向沟通

可是，当他们年龄越来越大，父母就开始有这样的疑惑：怎么和他们话题越来越少？聊着聊着就变成尬聊了？好像没有以前听话了，很多事情也不听我的了？也不愿意跟我讲他发生的事情了？

这是因为，父母在家庭中，常常以权威者的身份存在，他们常听到的是：你这样做是错的，你按我说的来，肯定没问题。你看看，又错了，不对！应该这样……

一次考试没考好，就开始责骂："我就知道你天生就是笨脑袋，不是读书的料。你这样的成绩怎么找工作？"

大家有没有觉得这些场景在自己的生活中出现过？

如果有，那么大家就要警惕起来了，这就是为什么不愿意与我们沟通的原因之一，我们一直在做单向沟通。这种沟通中，意见传达者——父母，得不到反馈，无法了解他们是否真正收到信息，而他们也会因为只是接受者，而内心易产生抗拒心理，从而埋怨父母。

这种沟通方式在亲子沟通中是无效的，那么我们来看看，怎么样才能把无效的单向沟通转向高效的双向沟通呢？

二、倾听学的重要性

就让我们带着问题，先来认识一下我们今天的主角：倾听。

什么是倾听？词典里，倾听的解释是，属于有效沟通的必要部分，以求思想达成一致和感情的通畅。要做到有效沟通，我们先要学会倾听。倾听的主体者是听者，而倾诉的主体者是诉说者。两者一唱一和有排解矛盾或者宣泄感情等优点。倾听者作为真挚的朋友或者辅导者，要虚心、耐心、诚心和善意为诉说者排忧解难。

很多父母认识不到倾听孩子诉说的重要性。一旦有问题，我们总爱以成人的思维方式去评判他们所做的一切，把自己的意愿强加给他们，不能耐心听取解释。而因我们不能倾听自己的想法，只好将委屈和不满埋在心里，长此以往，我们就很难知道他们的所思所想，对他们的教育就会无所适从。这就是单向沟通导致的结果。

倾听，首先要听。

咱们现在可以回忆一下，在叙述的过程中我们有没有急于下结论和说教，我们有没有总是站在成熟者和过来人的角度，觉得他的事情没有什么大不了的，所以看见他紧张害怕、心事重重的时候，就拍拍他的肩膀说："放心吧，不会有事的，爸爸／妈妈经历的事儿多了，何必这么在意呢？"接着也没打算再听听他的心结到底是什么，究竟是什么在困扰着他，我们如果是这样轻描淡写的态度，就会让他感觉自己不被重视，失望的他下次就不愿意再告诉我们他们的事情了。事实上，每一个孩子都是愿意与我们沟通的，但是，亲子之间的沟通之门往往被我们在无意中关闭了。

所以，当他诉说的时候，我们要做的不是马上对其观点进行评价，而应该先认真听完他的话。这不仅是平等做人、平等对待别人的教育，也是走进他心灵的有效手段。

另外，称职的我们应学会倾听、乐于倾听，善于倾听他的弦外之音，从倾诉中真切地感受和把握他的喜怒哀乐，真正了解在想些什么，要求什么，希望什么；去领会意图，分享快乐，真诚地为其进步而高兴，为其成功而喝彩。这样才能有效地用我们的体贴去化解他的烦恼，营造出充满爱意的温馨家庭环境。

三、如何做到高效倾听

苏联教育学家苏霍姆林斯基说过："教育是人与人心灵的最微妙的相互接触。"教育的前提是了解孩子，了解的前提是倾听孩子，倾听的前提是多听少说。但倾听不等同于听，用耳朵就可以听，但是倾听不仅要用耳朵，更要用心，还有眼神、表情、手势甚至站姿、坐姿等都能表达我们是否在倾听中，这是孩子可以看出来、感觉到的倾听标志。

"倾听"是一种非常好的教育方式，因为倾听对孩子来说是在表示尊敬，表达关心，这也促进孩子去认识自己的能力。那么，我们应该怎样来倾听孩子的心声呢？

倾听第一步：专注

当你的孩子跟你讨论一件对于他来说很重要的事情的时候，比如说他不喜欢宿舍里的某位同学，比如说他觉得上学没意思，想休学找工作。你首先要做的就是把注意力放到孩子的身上，保持一种开放的身体姿势，与孩子的眼神有交流，你要看着孩子而不是一边看手机，一边去听，要让孩子知道，你是很认真地在面对他所说的问题。没有专注，就谈不上倾听。

倾听第二步：接纳和了解他的感受

当孩子心情沮丧跟你诉说时，他非常渴望有人能理解，特别是父母的理解，因为他和成人一样需要别人的接纳。我们的接纳并不意味着，我们要认同孩子的意见、情绪及行为，而是了解。

接着上面的问题，有一天，读大学的孩子气冲冲地回来，对着你说："烦死了，上学真无聊！我要休学找工作，不要念书了。"我们面对孩子这样的言行要怎么办呢？我们当然不希望孩子休学，然而孩子却偏偏不愿上学，面对这种沮丧中的孩子，如果我们采取晓以大义的说教方式，如告诉孩子完成学业的重要性和日后的种种好处，孩子会觉得我们很唠叨，而且不了解他。这样我们就可能会错过教育孩子的机会。

那么，如何才能让孩子知道我们了解他的感受呢？认真听完孩子的诉说后，我们可以对孩子说："听起来似乎你今天在学校很不愉快，我想今天你在学校一定发生了什么事，让你很难过？"如果我们体会到孩子的感受，给予接纳，并理解孩子的感觉，让他有表达和说出内心话的机会，孩子一定会将我们视为知己，而愿意与我们分享自己的一切，慢慢地，他的情绪会稳定下来，然后自己再去思索一些解决问题的方法。

事实上，当我们能了解到孩子的情绪感受时，对我们与孩子而言，彼此间已经建立了良好的解决问题的基础。虽然我们可能对孩子的问题的解决已有很好的建议，但往往因为急于或太早提出来，反而使孩子误解我们不了解他的感受，而遭到孩子的拒绝。情绪沮丧的孩子也许并不急于解决问题，而只是想独处一会儿，或希望有个人听听他的痛苦和了解他的感受。

倾听第三步：沟通时认真观察孩子的行为

通常情绪感受是看不见、摸不着的东西，我们要怎样做才能贴切地了解孩子的感受，并且适当地反映出来呢？这就有赖于我们的积极倾听了，要成为一个有效的积极倾听者，我们需要具备"全神贯注"的功夫，包括眼神的接触及注视、耳朵的接收，以及传递"我正在听"的反应信息，适时给予孩子一些反应。

事实上，沟通并不仅是语言的交谈，有时候非语言的行为，脸部表情、眼神、手势、坐姿与音调等，也传递着沟通的信息，有些人认为这些非语言的行为所传递的信息可能比语言沟通更重要，更具真实性、可靠性和代表性。如果我们想要了解孩子的内心感受，光凭语言交谈的沟通并不容易达到目的，我们必须增强对非语言行为的观察。

通常孩子会借着下列的行为表现传递不同的感受：

（一）脸部表情和身体动作

孩子的脸部表情和身体动作会随着情绪和感受的不同而有所变化，常见的有：

1.哭泣：可能表示孩子心理或身体受到伤害、害羞、失望、不高兴、挫折、生气等情绪。

2.微笑：可能意味着高兴、愉快、掩饰紧张焦虑的情绪或蔑视他人。

3.摔东西：一种发泄生气、失望、不满、受挫情绪的表现。

4.僵直不动：可能表示恐惧、害怕、怀疑或吓呆了。

5.摇头：可能表示否认、不同意。

6.点头：可能表示同意、承认、认同。

7.打哈欠：意味着无聊、没兴趣、想睡觉或精神不好。

8. 眼神集中：可能表示专注、有兴趣。

9. 眼神闪避：可能表示焦虑不安、缺乏兴趣、害羞。

（二）音调与语速

孩子说话的音调和语速同样也能反映孩子的情绪。常见的有：

1. 说话结巴：可能是紧张、害怕、悲哀情绪的表现。

2. 不说话：可能意味着正在思考、悲伤、沮丧、郁闷或不高兴。

3. 说话速度很快：可能意味着得意、高兴或紧张的情绪。

4. 重声强调某些字：可能是对谈话重点内容的强调。

孩子非语言行为的表现方式有很多种，相同的感觉可以借着不同的非语言行为予以表达。当然一种行为也可能代表各种不同的感受，具有不同的意义。我们要了解孩子的感觉与情绪，就要学习注意观察与了解孩子非语言行为。

倾听第四步：理解性的应答与反馈

专注地听，了解和接纳感受，认真观察，最后我们来说一下反馈。这里说一种方法叫反应倾听，比较适合和大孩子沟通互动，是一种开放式的沟通反应，它是我们对孩子感受表达的回馈，让孩子有"我被了解"的感觉。但是我们也许并不能完全明白孩子表达的意思，因此可以借着反应孩子内在感受的方式，达到完全了解孩子意思的目的。

我们可以借着孩子的肢体语言、说话音调以及交谈所用的措辞来学习有效反应。当孩子流露出情绪反应信息时，我们要先给自己一些时间，大约十秒钟，试着问自己两个问题：孩子流露的情绪反应是什么？造成孩子这样情绪反应的原因是什么呢？

当我们认为自己知道孩子的情绪和了解它形成的原因时，要怎么说出来呢？反应式措辞有很多种，但最重要的原则是一致的，就是使用假设性的措辞来反应，而不是表现出一副"我都知道"的肯定措辞。事实上，我们不可能完全了解孩子内心的一切，所以我们要避免使用肯定措辞来告诉孩子自己的感觉如何，我们应小心选择措辞、音调和肢体语言来表示对孩子的了解和猜测。唯有如此，孩子才能在自由的气氛下，无拘束地告诉我们对他们的了解和猜测是否正确。

通常我们最常见且简单的反应措辞方式是"孩子，你觉得……因为……"当然措辞上可以有很多不同的用语，"你觉得"一词也许可以变成"听起来你""你似乎"，而"因为"一词也许可以被"由于""大概是"所取代。所以我们可以使用"似乎""我想""你是不是觉得""也许是""可能""如果我感觉不正确请告诉我"等措辞开始练习对孩子的情绪进行反应和倾听。

同时建议我们在反应时，要避免使用诸如"我认为""我觉得"，这样的措辞对孩子而言并不是反应，而是一种意见。

为了让大家更好地了解反应倾听，下面列出两段亲子对话的例子，提供给大家做参考：

1. 儿子：我实在不知道为什么我的朋友都可以单独去旅游，而偏偏我就不行呢？

我们：你似乎觉得我们对你很不公平，因为你的朋友都可以单独出去旅游，是不是？

2. 女儿：每次我上专业课时都想睡觉，我觉得老师上课很无聊、很呆板。

我们：听起来你很厌烦上专业课，因为它让你感觉很无趣。

有时候，我们会发现孩子所说的话包含两种不同的情绪信息，在这种情况下，我们要同时反应两种不同的感觉，就可以说"你似乎（听起来似乎）觉得……与……因为……"我们再来看两段对话：

孩子：我不知道应该怎么办。如果我答应小康一起去参加晚会，那么我们就可以拥有一个很愉快的夜晚，但是小康的朋友，小飞和小朱一定会在那里，我实在受不了他们两个人。可是如果我拒绝小康，也许会伤害小康，而小康是我的好朋友，真是不知道如何是好。

父母：你似乎觉得很烦恼？因为你很想答应小康一起参加晚会，却又不愿意遇见你讨厌的小飞和小朱。

孩子：在学校我交不到任何朋友，他们总是有他们的小团体，所以大部分的人都不愿意和我聊天。

父母：你似乎觉得自己很孤独且被人排斥，因为你在学校中很难结交朋友。

我们学习了如何倾听，如果孩子心目中的困扰能向爱自己的人说出来，通常问题就解决了一半。对孩子来说，随时有人倾听自己、关注自己，这是一种最大的心理上的支持，把自己心中的烦恼表达出来并且确知不会得到嘲笑，这更是对问题的一种澄清和净化。为了孩子更好的明天，希望我们都能够从现在开始做一个会倾听的观众！

第二节　家庭沟通追问方法论

上节学习了如何倾听，本节将在倾听的基础上，和大家聊聊如何进行沟通追问。

我们在追问的时候要考虑时间、机会、时效三者结合，投石问路，不是简单的"为什么？"不是"还有吗？"而是，我们在跟孩子沟通时，根据孩子的回答有针对性地"二度提问"。一次成功的追问，能引导孩子进行反思，让我们看到孩子真实的思维过程，有利于培养孩子的批判性思维和问题意识，也便于我们达到解决问题的目的。

一、如何选择好时机

追问，其实很考验我们家长的反应能力和辨识能力，因为我们的追问是紧接前一次提问实施的，是随机的、临时的，问题要指向孩子思维的过程，要求孩子知其然，又能知其所以然。

那我们应该在什么时候进行追问呢？

1. 在孩子缺乏思考处追问

在生活中，因为生活经验的欠缺，孩子在思考问题时存在着无从下手、盲目被动等现象。有效追问可以引导孩子说出，或在借鉴的基础上说出属于自己的东西，帮助他们找到突破的点，并且体会到思考带来的愉悦。

2. 在欠缺深度处追问

读大学的孩子，往往在某些问题上，不能进一步地进行深层次的思考，回答显得粗浅，缺乏深度。这时，我们就要及时地提供科学的思维方法，搭设思维跳板，帮助孩子拓展思路，突破难点，活跃思维，并在更高层次上继续思考，进一步激起孩子创新的火花。

3. 在产生歧义处追问

我们在沟通中，往往会和孩子产生歧义，那么我们要鼓励孩子，多角度思考、鼓励孩子发表自己独特的思考与理解，甚至鼓励"异想天开"，发展孩子的创造性思维，使他们有创造的动机和热情，能独立钻研，富有批判精神，勇于提出创新性见解。这样在以后的工作中，当孩子与他人意见不一致时，能够多角度思考问题，而不至于钻牛角尖。

4. 在紧要处追问

孩子回答我们的问题时，会暴露他们的认知缺陷，或显示他们在无意情况下闪耀的灵光，我们要善于捕捉这些信息，果断追问，使之成为解决问题的突破口。

二、追问的方法

对于父母来说，关心的是要让孩子成长。但他们如何成长？最重要的一条是，他们需要在问题中成长。

但下一个问题是，他们如何在问题中成长？

作为父母，我们应该培养孩子的两项能力：

第一，能学会与问题共处，不要幻想一下子解决所有问题。事实上，人的一辈子都会面临不同的问题，这些问题会接二连三地来，我们永远不会有所有问题都彻底消失的那一天。成熟的人必须要学会在问题中享受生活。

第二，对面临的问题进行排序，按照二八原则选择当下应该解决的问题，然后在不断追寻这些问题的答案中提升自己的思考能力。

1. 巧妙的逆向追问

第一个方法：逆向追问。我们按照追问的方向分类，可以分为顺向追问和逆向追问。

顺向追问是顺着孩子思路的追问，听了孩子的回答后，再次发问，促使并引导孩子就原来的问题进行深入而周密的思考，直到理解变得准确、全面、细致、深刻为止。这种追问，后一问题是对前一问题的补充和深化，让孩子有一种剥笋的感觉，一步一步探到问题的实质。

我们主要讲一下反问，也就是我们的逆向追问，即反过来问，使答者变成问者。增加沟通话题，但要避免讽刺型反问，常用话术有：你认为呢？你的看法呢？你对这件事怎么看？你对这个人怎么看？你希望怎么做呢？或者那你觉得有些什么办法？

这样的追问能使我们的沟通更有深度，能引导孩子通过逆向的思维，将原有的零碎、散乱、无序的知识系统化。而且，我们通过孩子的回答，还可以了解到孩子的内心想法和特性。

比如，我们可以假设一个这样的场景，我们在和孩子聊到网络上的热搜事件时，简单地说完我们自己的观点后，可以问一下孩子，你认为呢？你对这个事情怎么看？

我们可以同时运用顺向追问和反向追问，比如，你可以跟你的孩子说："最近想养个小动物呢！你有没有什么想养的宠物？"

孩子:"如果可以的话,我想养猫。"

父母:"养猫啊,你为什么喜欢养猫呢?"

孩子:"嗯……我比较喜欢猫的自由自在与随性!"

那么,关于猫的特征,就暴露了孩子的"理想人格"。

换句话说,孩子希望在别人看来,自己是一个自由和随性的人。所以我们在日后的沟通过程中,如果对他说:"我知道你其实是一个很随性的人。"他就会有一种"你很懂我"的感觉。

对于宠物,人的第一次选择,一般会贴合"我希望这样被认同"的愿望;而第二次选择,往往会贴合"我喜欢什么样的人"。

例如刚才的问题往后再接着问:

父母:"你刚才说自己喜欢猫,那除了猫,你还喜欢什么?"

孩子:"嗯……大蜥蜴,或者爬虫类吧!"

父母:"为什么呢?"

孩子:"有危险的感觉才棒呢!"

所以,如果你想跟你的孩子深聊,就在把他当成一个"自由随性之人"对待的同时,做个酷酷的,带点"危险"的气质的父母吧!而且,我们可以把这种方法教给孩子,在与别人相处时,从宠物话题开始。

2. 请教式追问

第二种是请教式追问,人人都有被尊重的心理需求,我们的孩子也是这样,特别是到了大学的孩子,他们会觉得自己在专业上更精进了一些,懂得了更先进的方式方法,我们的家长在沟通时,涉及专业方面的问题,不如多用请教式追问的沟通方式。孩子肯定会非常乐意与你沟通。

比如,您的孩子学的是互联网相关专业,当碰到互联网的问题,孩子帮你解决后,你可以说:你可真厉害!顺便问问他,"你觉得未来互联网行业的发展如何?"相信你的孩子一定会跟你侃侃而谈。而且这样的问题,在我们将来去企业面试的时候也有可能碰到，如果平时能够多跟孩子互动，孩子在将来遇到这样的问题时，就不会犯怵。

请教式的沟通的优点就在于，需要你完全打破说教式的沟通方式，给对方带来全新的沟通感觉。没有了说教的压迫感，对方就会在舒适宽松的氛围中敞开心扉和你进行对话。对方的思路也将随之打开，这时你扮演的就是一个导演的角色，可以引导对方去扮演你想要的角色，给出你想要的答案。我们在表明自己的观点或提出自己的方案时也可以使用请教式语言，这样既可以征询对方的意见和建议，又能让对方获得被重视的感觉。请教式沟通自然会让他人觉得自己被重视，从而更加心平气和地和我们展开讨论。

在孩子们将来的工作中，也应该多以请教式方式和他们的领导、同事进行沟通，我们可以教给他们，常用话术有："我想请教一下……"——这个是最正式的提问，适用于领导、客户、长辈等。

"听说你最近做了 A 项目，大家都说很厉害啊。你能给我们介绍介绍吗？"——这个用于与你关系更平等一些的同事等。

"你去过尼泊尔？很有意思啊！能给我分享分享吗？"——这个更加轻松随意一些，可用于朋友之间、与团队交流等情形。

3. 引导式追问

下面我们再来看一种追问方法：引导式追问，这种方法是指如何引导回答者反思，让他按预设方向思考。引导式提问的好处在于，让孩子学会观察、判断、独立思考。

引导性问题有两种形式：

第一种是在问题中，明显透露出自己的期待。比如，HR 问应聘者"你的沟通水平怎么样？"那么作为应聘者第一反应就是"他在意我的沟通能力，所以我一定要说'好'才行"。

第二种是在问题中，明显说出自己的感觉或评价的，当然，有的时候会故意以相反的形式出现。虽然这种问题常常以"你会不会觉得很×××？"（×××是一个形容词，比如"大""小""舒服"等词）的形式出现，但因为人的敏感性，听话人一般都能听得出来，我们有时候问出此类问题，其实要的并不是答案，真正期待的是一种认同，我们想要的回答要么是"是的"，要么是以相反的内容出现。

面试的时候，我们可能会碰到 HR 问一些引导式的问题，例如，"我们这儿工作环境很辛苦，你没问题吧？""你这个工作是要常年在外出差的，这个有没有什么问题？"等等。那么，为了孩子能够适应这样的问题，我们在家和孩子沟通时，不妨多用引导式追问问一些问题，例如：当孩子和你聊到某位老师时，你可以问，听说很多同学很喜欢他啊……那你觉得这个老师怎么样？（听到这个问题时，孩子会不自觉地回想一下这位老师做过的很多有意思的事情，会想同学为什么喜欢他。）

如果我们想引导孩子考虑国企的工作，那你可以问他，你觉得国企的工作怎么样？孩子的回答可能是好或者不好，那我们就可以接着询问他，为什么觉得好或者不好，他会觉得进入国企工作有哪些困难。这样我们就能更有针对性地帮助孩子解决他们的困惑了。

所以，引导式追问，常用话术基本是：你觉得……怎么样？有没有什么问题？

在用引导式追问的时候，有几个需要注意的地方：

第一，不要预设答案。如果对孩子应该如何回答这些问题预设了答案，就无法真正走进孩子的内心世界，无法真正引导孩子思考，了解孩子的真实想法。

第二，如果你和孩子中有任何一人情绪不佳，那么，不要提问。等平静下来再说，先处理情绪，再解决问题。

第三，启发式提问要发自内心。让智慧指导我们该如何走进孩子的内心世界，并且要表达共情和接纳。

4.用中立性问题追问

在进行追问时，有时候可以提出一些中立性的问题，比如："发生什么事情了？"这个问题看起来不起眼，但是非常重要。

虽然严格来说，这并不是一个中立性的问题，但当父母明显看到孩子出了问题，这样问还是比较中立的，因为当我们看到孩子出现问题时，会习惯性地很快作出判断："一定是孩子做错事，事情才会这样"，然后就立即批评，一般会这样责问"你是怎么搞的？"

这句话听起来明显是一种批评，本来孩子是想进行解释的，但因为一受批评，反而都不说话了。

在和孩子谈话时，是需要抱着中立的立场的，不可以偏向谈话中的任何人。比如，孩子看到你就开始流泪，然后说他面试失败了，即使我们内心很同情，也不可能这样问"你哪个环节失败了？"因为一说"失败"，就意味着站在孩子一边，就偏离了中立的立场，也不可能保持中立、客观的角度来看待这个问题。

第二句："你的感觉如何？"

当我们问对方感觉的时候，通常我们常常会根据自己的感觉来问对方。比如，你现在去了一个地方，你觉得这个地方很脏，有没有可能你会问对方"你会不会觉得这个地方很脏？"

这个问题本身也没有太大的问题，我想说的是，类似的问题有很强的诱导作用。如果你想对方完全不受你的影响，你可以这样问，"你的感觉如何？"

如果你这样一问，对方脑中跳过的是"感觉"这个词，他可能用"美""大""难看""难闻"这些所有涉及感觉的词，但当你问"是不是很脏？"这个问题时，他的反应第一时间就被限制住了，他的第一反应是判断你的感觉是否正确。

问这个问题还有一个好处，就是可以了解孩子的观察能力及感觉水平。比如给孩子一个新手机时，问问这个问题，就可以了解孩子的感受。

其实，从角色上来说，父母应该是孩子的顾问、咨询师。

在看到孩子出现问题时，父母可以问他这个问题："你希望怎么做呢？"或者"你觉得有什么办法？"然后用温暖的眼神进行鼓励。

这个问题的好处是，第一显示了自己的尊重，第二不是自己提出办法来，让他们自己动脑，寻找属于自己的答案。然后我们需要做的是和他们一起分析，在可以尝试的情况下，鼓励他们去尝试。这个阶段，不妨跟孩子一起做头脑风暴，想各种点子，合理的、不合理的、荒唐的、可笑的、恶心的、幼稚的……这时候不论听到什么，都暂时不要做批评或判断。

但保持中立实在不容易。因为保持中立就意味着不要说出自己的想法及感受，而只是客观地问、客观地把结果呈现出来。保持中立是需要不断训练的，没有受过培训的父母，通常是在孩子出现问题时，就立即教训他，然后要求孩子按照他说的去做，这样孩子既没有感受到尊重，也变得没有创意。

三、追问的原则

1. 设置悬念，追问要有趣

利用悬念，刺激孩子的兴奋神经，引发孩子主动去思考，激发孩子积极参与的意识，让孩子品尝自己探究成功的乐趣。追问要有趣。孔子说："知之者不如好之者，好之者不如乐之者。"兴趣是最好的老师，它是鼓舞孩子获得知识技能的力量，也是调动孩子学习积极性的心理动因，激发兴趣，是追问的第一要素。

2. 紧扣目标，追问要准确

紧扣目标，每次追问不能随心所欲，信口开河，离题万里。问题要有明确的出发点和针对性，要切合孩子实际，紧扣目标，问适当的问题。

追问要准确，有效地追问，要服从既定的目标，从目标出发，明确准确的问题，这样一定会收到事半功倍的效果。

3. 抓住重点，追问要精练

"碎"是追问的通病，设计的追问，太多太杂，不仅会使孩子感到凌乱，而且容易使孩子产生厌烦情绪。

"精"是指追问要精，要恰当，就是要围绕我们的重点和难点，设计和提炼一些有启发性，变通性、富有价值的问题。

4. 由浅入深，追问要有序

要有梯度，先易后难，由浅入深，符合孩子的认知规律，如登山一般循序渐进，层层深入，逐步引导孩子向思维的纵深发展。

要有序，难问题，可以分解成易理解的更有趣的小问题，让孩子有思考的机会，有答问的条件，每个答问都能显示其思维的深度和广度。

5. 变直为曲，追问要灵活

变直为曲。追问，如果只是一味地直来直去，就会缺乏启发性，孩子就会觉得索然无味，精神涣散，假如把问题换成"活问""曲问"的方式提出，就能迫使孩子开动脑筋，积极思维。

追问要灵活，所谓的活问就是改变追问的角度，让思路拐一个弯，从问题的侧翼或者反面，寻找思维的切入口去追问。我们要灵活地提出问题，使问题新颖独特，这才能调动孩子的积极性。

总之，追问好比是一条引渡的小船，不在于多少，而在于这些问题是否有效地把孩子引向"跳一跳摘到桃子"的最近发展区。倘若"问得其所"，追问就能追出一片精彩。

第三节　寻找有效沟通话题十法

在前面的小节中，我们学习了如何倾听和追问，有的家长就会说，哎呀，孩子大了，好像跟他们没有话题可聊，我可以倾听和在他愿意聊的基础上进行追问，那我们自己怎么和孩子开始一个话题呢？或者有的家长会说，我不太擅长聊天，通过什么话题能跟孩子进行有效沟通呢？本节，我们就来学习一下，寻找有效沟通话题的几个方法。

一、情境：在恰当的时间和地点，说恰当的话

恰当二字说来轻巧，但是实际应用过程中却极其难以把握。这个恰当同时也是观察周围气氛的能力的体现。

大多数成功的开场白都是从细节出发，从关注对方开始的。因此，想要打破僵局建立沟通，我们的开场白最好是以对方开始。

从另一个角度解释，建立沟通的前提是我们必须让孩子感兴趣，捕捉到孩子身上的某些特质，以引起孩子谈话兴趣的话题开始。

通过观察周围的环境、氛围，这样找到的聊天话题会更有渲染力。换句话说，只要你是个善于观察、学会分析、会处理矛盾的人，只要话题找对了，就不愁没有话题来聊。

与孩子沟通需要有恰当的机会。高中生、大学生不喜欢预约的谈话。你想谈的时候，他们可能没有兴趣；只有他们想谈的时候，沟通才有可能顺利进行。有些父母可能喜欢在晚饭桌上或睡前时间与孩子谈话，有些父母则常常利用一起散步或郊游的时间与孩子交流。不管选择什么时间，我们都要知道，最佳的沟通常常是在共同的活动中进行的。切记不要总是试图在临时想起的、不固定的时间与孩子进行沟通，那样做的结果只能是失败。

二、寻找有效沟通话题

哪些话题是孩子感兴趣的呢？下面我们介绍几种方法：

第一，赋能式沟通话题。这个方法主要是从未来职业入手，问问孩子事业方面的一些规划会是一个不错的聊天话题，而且大多数人都不会避讳这个话题，

特别是男生，他们更是在这方面很有话题聊，你们一定会聊得特别开心。

大学生在进入大学后最直接的目标就是毕业以后能找到一份好的工作，所以就业也是大学生最关心的问题之一。大学生对于自己的就业提早准备，从大一开始就提前关注相关的就业信息，并做出相应的准备，以便在毕业季时成功地找到一份好工作。

对于高中的孩子，我们更多的是引导他们去了解各种职业，找到自己感兴趣的职业方向。在将来对报考大学树立目标。

可以和孩子谈未来的职业规划，要心平气和，以理解为前提，多点耐心和恒心，不着急下结论，多认可多鼓励，一方面了解孩子的职业想法，另一方面也可以根据孩子的想法给出一些建议，避免走偏。

第二，选择兴趣爱好来聊。谁都有兴趣爱好，而且这也不是什么隐私，谁都会很愿意去分享的，聊这方面还会愁没有话题吗？比如说你可以先说一下，你最近有没有对什么东西比较感兴趣？然后接下来再问他平时不忙的时候喜欢做什么，兴趣、爱好是什么，你问他问题他就可以回答你的问题。在回答的过程中，你就对他的大学生活有了了解，以后再跟他聊天的时候多聊一些他比较感兴趣的话题。

对孩子最喜欢的事物表现出兴趣，并加入他们的爱好。在去学校的路上和他们一起在车里听他们最喜欢的乐队，让他们教你如何玩他们最喜欢的电子游戏，一起制作有趣的视频，和他们一起运动。出现在他们的生活中以表明你对他们目前正在享受的事物感兴趣，这对你的孩子来说意味着新世界。

在将来的面试中，面试官也会通过应聘者的兴趣爱好来判断其价值观是否与企业文化契合。所以，在面试之前要通过各种渠道去了解企业文化，并详细解读应聘职位的各项要求，在面试中讲一些符合企业文化的内容。如果想让孩子找某个企业的相关职位，你也可以引导孩子在这方面的兴趣爱好。要注意的是，在沟通这个话题的过程中，保持谦虚平和的心态很重要，万千不可表现出不耐烦或者轻蔑的态度。

第三，激发式沟通。我们可以和孩子一起探讨未来的家庭规划。比如由家庭问题入手，寻求孩子的建议，让孩子参与到家庭规划中，这样既能增加沟通话题，又可以让孩子对自己未来的家庭规划有一个大概的想法。

在家庭规划中，有一个重要的方向，就是我们的理财规划。孩子成为大学生后，虽然变得比以前独立了，但是在大学期间的各种开销，基本还都是由父母来提供。

大多数父母会定期给孩子汇生活费，但是现实生活中的情况是"钱到月底不够花"，在大学里需要花钱的地方比较多，比如换季时需要买衣服买鞋，还有平时吃喝开销。要是谈恋爱花费就更多一些，一旦钱不够花时，自然会向父母求助。

虽然父母是爱孩子的，但是没到月底孩子的生活费就花没了，家长自然是不愿意给的，而且更重要的是不想让孩子养成浪费金钱的坏习惯。

虽然大学里花销比较大，但是金钱毕竟来之不易，一定要培养孩子学会理财，不浪费金钱，理解父母的不容易，学会理财也会为自己以后工作赚钱，独立生活做准备。

在这个沟通过程中，我们要注意切不能以训话的方式进行，否则就聊不下去了。

第四，视角转化式沟通。这个方面，我们和孩子可以聊最近流行的电影、社会事件等。从流行电影和社会事件入手，不仅聊生活的事，也要聊大事，比如人生观、时事、文学作品、电影等，与孩子交流看法，了解孩子的想法，并把一些大人的观点传递给孩子。找到孩子的关注点，培养孩子的批判性思维，但这个要求家长做到关注最新娱乐和社会信息，让孩子觉得家长是能跟上时代步伐的。

在用这个沟通话题时，最常见的就是孩子的想法和我们的想法会不一致，当在沟通当中遇到想法不一致的时候，停下来，不要显摆自己的经验。站在孩子的视角去看事物，认可孩子的观察、感受和想法。

以孩子的视角继续提问，问孩子你打算怎么办，引导孩子对事件进行评估和应对，这种应对方式的好处和代价是什么，邀请孩子做出决定。可以给孩子提建议，但不将自己的经验强加给孩子，保持平等的立场。给孩子更多的选择，让他们自己判断，他们会拓展已有的假设，吸收不同的经验，他们会用真实的世界来检验对错，而不是只靠父母的语言。

第五，共情式沟通话题。因为我们的孩子都已经是高中生、大学生了，我们作为父母可以适当示弱，向孩子寻求帮助，先诉说自己最近的困惑和烦恼，让孩子给一些建议，也许孩子们的建议确实能让我们豁然开朗。这种方式也能让孩子感到父母对自己的信任。这样也能培养孩子的共情能力，让孩子设身处地地为父母着想。

共情能力是大学生在人际关系处理中的一个关键因素。有研究表明，我国大学生的共情能力现状堪忧。当代大学生的沟通能力中有三座大山：沟通能力不畅、人际交往技巧匮乏、沟通方式被动。而这些能力偏偏是进入工作领域后，特别是国企，最重要的一项能力。我们家长不妨抓住孩子高中、大学这两个阶段，从家庭沟通开始，培养孩子的沟通能力。

当然，当孩子提出他的问题或者困惑时，父母也要体现出共情能力，以自己的行动来教育孩子。共情是成人最有力的沟通工具，却也是最难做到的。我们理解与接纳别人的前提是，对自己足够理解和接纳。父母与孩子的关系不只是亲子关系，更是互帮互助，互相成长。理解了这一点，我们就会少一些焦虑，多一份感恩。

第六，回顾式沟通话题。高中生基本上每天都会回家，大学生可能每年回家的时候是寒暑假。我们可以在孩子回到家中后，和他一起回顾和总结一天的生活、学习，让大家一起反省当天有什么事情是可以做得更好的，父母要先做榜样，孩子才能参与进来。

下班回来问问孩子"今天心情怎么样？今天发生了什么有趣的事？可以说给我听听吗？"和孩子聊天过程中，配合一些肢体语言、肢体接触。能拉近心理距离，家长能了解到孩子的困扰并共同探讨解决的方法，他就不用频繁地外出找别人倾诉了。

我们还可以选择童年的话题来聊。每个人的童年都是与众不同的，把自己童年的故事说给孩子听，会引起对方很大的兴趣，童年的那份天真，会让彼此变得更温柔，对于增进你们的感情也是会非常有利的。

第七，父母要学会闲聊，聊聊娱乐八卦、感情生活、奇葩朋友。这个话题看似更偏女性，但我们没有任何针对或偏见，心理学家贺岭峰在某次访谈中就说："因为家长和孩子聊废话的时候，孩子内心是放松的，他们能把自己内心的感受都说出来。这样家长就会知道孩子目前在群体当中的困扰是什么，然后家长通过聊天，间接影响到他。"

那些看似微不足道的闲言碎语里，蕴藏着不动声色的力量。

其实和孩子"聊废话"，并没有这么难。

只需要父母和孩子交流的时候，做出一点点改变：不要带有目的去聊天。很多家长和孩子聊天的时候，开始一两句可能只是在问孩子在学校的事情。

"你今天在学校学了什么？"

"你今天在学校过得怎么样啊？"

然后不管孩子回答什么，家长都会把话题引到学习上。

这样一来，不仅把天给聊死了，也不能起到教育孩子的作用，还会让孩子产生抵触的心理。

如果家长真的想了解孩子，引导孩子，首先就要学会不带目的去聊天。

简单来说，就是顺着孩子的话说，而不是顺着自己的意愿去问。

而孩子愿意说的前提，是父母要具备倾听孩子说"废话"的能力。

当父母习惯性打断孩子的话，孩子就会觉得自己的话不被重视，亲子间的交流就会出现障碍。

当孩子知道他的声音是会被听到的，他表达的内容是被重视的时候，他才会想和你聊天。

第八，肯定式沟通话题。通过表扬、感谢的方式，比如，孩子，谢谢你帮我解决了这个问题。你太厉害了！你是怎么做到的？

我们可以表扬孩子的努力学习，感谢孩子给予的某些建议和帮助，等等。多使用肯定语气，更利于请求或要求的传达。

高中生、大学生，已经在开始寻求自我价值的体现，所以我们平时沟通的时候，多从肯定他、认可他的角度入手，相信孩子们是特别愿意与你畅谈的。与其经常否定孩子，不如说一些肯定的话。孩子也是有自己的骄傲和自尊的。父母还是尽量避免当着孩子的面将其和其他熟人的孩子进行刻意的对比。比如，你看谁谁谁家孩子，又找到了哪儿的实习工作……

多多肯定孩子，告诉他们，你为他而感到骄傲，那他们就会想要主动表现更好，得到更多的赞美，自然表现就越来越出色了。

第九，开放式沟通，提一些开放式的问题和孩子开始聊天。开放式问题可以让孩子自由发表自己的想法，常常运用包括"什么""怎么样""如何""为什么""谈一谈"等词在内的语句发问。开放式沟通是大孩子愿意接受的沟通方式，让孩子对有关的问题、事件给予较为详细的反应，而不是仅仅以"是"或"不是"等几个简单的词来回答。

采用开放式的提问开始沟通，这背后隐藏的是尊重，是"我愿意听你说话"的欣赏性感觉。开放式提问，给了孩子足够的发挥空间与自由，让他有自己的思考与选择的权利，所以就会让他觉得舒服。我们一定要把孩子当大人来看待，给他足够的尊重，这样才便于建立话题，拉近距离，增强信任；引导孩子说话，获取更多信息等。

多采用开放式沟通的方式，能赢得孩子的共鸣，孩子才愿意和你长久地保持着良好的沟通。

第十，约定式沟通，和孩子互相谈点小秘密。我们可以和孩子聊聊对异性的看法，以后找男女朋友的想法……这个话题能让孩子感受到父母的关心，能让父母了解孩子的择偶观，在沟通的时候我们可以和孩子约定一些双方都认同的对于异性的观点。

我们可以问问孩子目前为止有没有感情经历啊，现在有没有喜欢的人啊。熟悉你的朋友应该都有问过你吧，毕竟现在大家都上了大学了。大学生都已成年，在感情方面有了更加成熟的判断能力和理解能力，所以在大学谈恋爱也是非常正常的一个现象，大学的恋爱能够让大学生更加了解两性之间的关系，在恋爱中了解自己，同时也学会爱他人。能够在大学收获一份纯洁的爱情也是一件令人幸福的事，两个人携手共进，彼此成就。

我们甚至可以和孩子聊一聊自己在大学时候的感情经历。

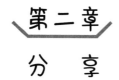

第二章

分　享

第一节　来路不易——如何讲好家长的成长故事

　　前面学习了如何寻找沟通话题，父母们都是不希望孩子走弯路的，都希望自己的经验能给孩子带来一些捷径，有所收获，但父母们会有很大的困惑，就是孩子大了，并不喜欢听我们唠叨自己的成功经验，而且孩子们觉得父母的经验都是过去式，并不适用。怎么解决这个问题，让孩子们愿意听我们的成长经历？本节内容，就来说说父母如何讲好自己的成长故事。

一、营造沟通氛围

　　我们先通过一个问题来开启今天的话题：在日常生活当中，你和别人聊天是一种什么样的感觉呢？每个性格不同的人，都会有不同的感觉。只要细心观察就可以发现，跟有些人聊天的时候会觉得非常难受，和他沟通的过程如坐针毡。相反，另外一些人，你跟他们聊天时会发现，聊天居然可以这么畅快，就

好像遇到知己一样。自己明明并没有聊天的欲望，而且心里还有一点紧张感和不习惯，可是跟他们聊着聊着，你就突然打开了话匣子，非常乐意继续跟他们天南地北地聊下去。

这种人，为什么会有这样的魔力呢？

原因就在于，他们懂得营造一个良好的聊天氛围，让你觉得聊天不会有任何难受的感觉。在聊天的过程中，如何创建一种良好的氛围？什么样的沟通氛围算得上是良好的聊天氛围呢？

良好的沟通氛围有以下四个特征：

第一，态度轻松自然，让人没有压力，不对对方的话做评论。

第二，谈话有趣好玩，多从事情的消极方面看到积极的一面。

第三，在沟通的过程中掌握好分寸，不失言。

第四，当沟通中遇到尴尬的时候，能够巧妙处理尴尬。

当你看到上面这四个特征的时候，请对照一下自己，你能够做到这几点吗？跟孩子讲述你的故事时，能不能做到轻松自在、不去评论他讲的话，让他放松地表达呢？

营造良好的聊天氛围，从内到外散发出轻松自然的姿态，这是肯定的。不能跟孩子聊天的时候，觉得要讲自己的成长故事了，就必须严肃，表情凝重。

在这里给大家普及一点美国人本主义心理学家罗杰斯的"来询者中心"疗法的心理治疗技巧，在他的治疗中，最特殊的一点就是：

人都有发现自己的缺陷和不足，并加以改进的能力。人与人沟通的目的，不在于去明确地告诉对方该如何做，这样的感觉有点像是在操控对方，而在于协助对方自省自悟，充分发挥其潜能，最终达到自我的实现。

请记住这一点，我们的情绪是很容易被感染的。

当你跟孩子聊天的时候，你没有办法做到放松，做到自然，反而是带着一种紧张、一种手足无措的情绪跟孩子相处，满嘴的消极、教育的词汇，那么对方也会很容易受到你情绪的感染，也一起紧张、尴尬起来了，这对于营造良好的聊天氛围，并不是一件好的事情。所以想要营造一个良好的聊天氛围，你首先要让自己放松下来，表现出轻松自然的感觉。

当我们犯错的时候，敢于道歉承担责任就好了。如果我们一直要求自己用一个完美的形象示人，担心自己表现得不好，引起孩子的嘲笑，那你肯定就会表现得战战兢兢，什么都不敢尝试，对什么都放不开。所以，调整自己的思想，让自己放松下来，允许自己犯错。

只要你的行为没有对孩子造成伤害，或者伤害到孩子的自尊心，那适当地开开玩笑，主动跟孩子交流，不要过分在乎孩子的评价，那么你就可以很放松很自然地做自己了。

在这种前提之下，你才有条件营造出良好的聊天氛围。

营造良好的聊天氛围，不一定是说一些让孩子笑的话语，而是你的言谈举止，不死板，不严肃，很放松的感觉，可以随便开玩笑，吐槽自己的小缺点。

良好的沟通氛围，能让你的沟通事半功倍。

二、明确的目标

故事不能白讲，我们每段成长故事的背后，都有我们成功的经验，我们是为了让孩子学习成功的经验，少走弯路。在开始和孩子讲我们的成长故事之前，我们就要确定我要让孩子明白哪些道理，要让他学到什么。

由于大学生的自我意识不断发展，逐渐形成了自己的价值规范和判断标准，他们不再像孩童时期那样"听话"，凡事都爱问个"为什么"，对于父母及长辈的教育，也将经过自己的价值判断之后再行决断是否接受。

这就要求父母不能单纯地依靠"权威"，把我们的成长故事讲好，要做到真正的以理服人，以人格服人。以身作则，摆脱空洞的说教，真正将"言传"与"身教"结合起来。比单纯地跟他讲你要怎么做更好。

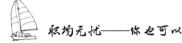
　　家长培养孩子的目标不要集中在对孩子的学历教育上，现在的社会，高学历教育随时都可以获得，而未来真正具有竞争力的是孩子自己的人格，在于"人品制胜"，在于孩子是否懂得关心别人、关注别人。重视自己给别人的感觉，首先自己的心里要有别人。好多孩子得到过多的物质享受，往往对别人没有感觉，变得麻木而自我，在成年以后便不可能塑造良好的人格，实际上已经自小就淘汰了自己。

　　我们需要与孩子紧密相连，需要传承我们的精神，需要给孩子积极的影响。以世界观、人生观、价值观等为主要内容，从而促进大学生成长成才。我们讲述的成长故事，应当以专业发展、职业准备、心理承受能力等方面为目的，希望孩子能够成长为专业基础扎实、综合素质高的人才。

　　让孩子了解你的经历，体会你的成败得失。让孩子看到你尽力克服缺陷的样子及承认错误的态度，告诉孩子你有时候也需要帮助和支持。不仅包括三观教育，还包括人际相处、职业选择、人生规划、爱情婚恋、心理适应等内容。

　　我们提供以下几个讲自身成长故事的方向供大家参考：

　　爸爸/妈妈的故事（家庭关系）：我成长过程中的家庭晚餐……

　　爸爸/妈妈的故事（自尊）：我最满意/不满意自己的是……

　　爸爸/妈妈的故事（友谊）：我年轻的时候，我的朋友……

　　爸爸/妈妈的故事（学校）：我属于这样一类学生……

　　爸爸/妈妈的故事（遇到麻烦）：我因为……而陷入麻烦，我当时特别迷茫……

　　爸爸/妈妈的故事（竞争）：我胜利时的兴奋/失败时的痛苦

　　爸爸/妈妈的故事（外形/青春期）：当我照镜子的时候……

　　爸爸/妈妈的故事（吸引/约会）：我第一次恋上……

　　爸爸/妈妈的故事（工作）：我做过的最好/最坏的工作是……

　　爸爸/妈妈的故事（精神力量）：我相信……

大家可以围绕这些主题方向，结合自身的具体情况，每次给孩子讲上一两个，传达家族精神，给孩子积极的影响。也可以在孩子遇到某方面的问题，向你求教时，用自身的故事来告诉他如何为人处世。

三、用大孩子听得懂的话

樊登老师（樊登读书会创始人）讲过一个故事：一次，他在餐厅吃饭，旁边桌上，是一个高中男孩和他的母亲。男孩的母亲一边给儿子夹菜，一边喋喋不休。儿子看似顺从地吃完了母亲夹给自己的所有菜，却从头至尾板着脸，戴着耳机沉浸在自己的世界，没跟母亲说过一句话。

从这个小场景可以推断，两人的日常对话大体如此。强势的妈妈总是唠叨个不停，相对弱小的孩子最初可能正面反抗过，当发现反抗无用后，便用沉默来对付父母的强势。

长期采用压制性态度与孩子沟通，终将获得一个不与你交流的孩子。

如何避免这种情况发生？答案是，父母采取正确的方式与孩子交流，说孩子听得懂的话，尤其是想让孩子参与合作或停止做某项错事时。

什么是大孩子听得懂的话？针对我们大孩子，有以下几个方面。

1. 简洁

简洁的话就是尽可能地用最清晰、最简明的语言表达信息。不论何种语言，言简意赅会使你的信息通俗易懂，更显生动风趣，而过分的修饰或陈词滥调，反而使沟通困难，难以获得预期的幽默效果。

给大家讲一个故事：皮特是一个邮递员，三十多年来他每天走街串巷给镇上的人们收发信物，不辞劳苦。这样的人是受人爱戴的，所以皮特去世后，葬礼办得很气派，整个镇上的人们都来参加了。葬礼结束时，镇长觉得应该再讲点什么，以此向皮特表示由衷的感谢，于是他站在墓旁虔诚地作了一首诗："春天，当道路泥泞、沼泽为患时，他来了；夏天，当尘土飞扬、太阳灼热时，他来了；秋天，当秋雨绵绵、寒气袭人时，他来了；冬天，当大雪纷飞、寒风刺骨时，他来了。"葬礼结束了，两个年轻人走在回家的路上，一个人说："镇长今天的诗很不错。""是的，很不错。"另一个年轻人点着脑袋应和道："但，你知道吗？其实没必要那么长，他只需要说'在各种鬼天气里，他都来了'就够了。"

镇长以铺排的语言表达了对老友皮特的悼念，而后面的年轻人则以调侃的语调表达了自己的看法。虽然年轻人的口吻不太符合当时的语境，但这种表达却有一种引人发笑的能力，而且令人印象深刻。以繁简不同的语言来表达同一件事，却产生了完全不同的效果，这就是幽默的智慧。幽默不在于话多，生活中我们不乏这样的体验，有的人幽默起来滔滔不绝，一句接着一句，一段接着一段，尽其所能，连气都不喘。这样的谈话固然能抓住听众的注意力，但幽默效果却往往一般，也没几个人能耐心地听下去。俗语"豆腐多了都是水""观点多了不幽默"，说的就是这个道理。

简洁明晰不是将语言简单化，更不是信口开河，它恰恰是一种深思熟虑的结果，因为要用最简洁的文字表现最丰富的内容，甚至仅仅是浓缩成一句话。

在给我们孩子讲述自己的故事时，不用长篇大论地说当时怎么怎么样，有时候只用一句话就能让孩子懂得道理。比如，他选择我当他的朋友，因为我的诚实可靠……讲话简短，对大孩子来说，他们接收起来更快更准。

2.具体

很多人讲话缺乏吸引力，是因为他们没有了解一个重要的讲话原则：在口语表达方面语言具体化比逻辑和修辞更重要。

亚里士多德说，笼统是模糊思想的避难所，是没有智慧的表现，尽量避免。

我们先看这句话："老胡这个人很有力气，特别特别有力气。"别人的心里就会有具体的期待：老胡到底有多大力气呢？而你却没有提，要是这么说，老胡这个人很有力气，农村用的抽水泵，他一个人就能搬起来。特别有力气只是一个概括说明，如果没有后边的描述你怎么知道老胡究竟有多大力气呢？

有一篇报道这样介绍一位医生的事迹："紧急的抢救结束，王医生累得连拧开矿泉水瓶盖的力气都没有了。"拧不开矿泉水瓶盖这个事实，也是对劳累程度最好的描述。

具体不是说得多就算。真正的具体是重点突出，细节丰富。打个比方，一个"大胖子"是一篇文章的话，不算是"具体"，虽然"肚子"很大，算得上是具体了，但是他"头大""脚粗"，就凸显不出"肚子"的丰厚，整个人是一个"球"，算不上有美感了。真正的具体，应该两头适可而止，中间部分厚实、丰富、凝练，能给人启发。

比如，上面说到自己的诚实可靠，那是在什么事情上体现了诚实可靠呢？可以举例给孩子具体说一说。把细节说具体，比如，如何排除万难，把他托付的事情办得很完美。

3. 鼓励

人人都需要被鼓励。从我们的故事中也可以传达鼓励给孩子。鼓励孩子时，也需要具体，并且鼓励努力、有毅力、坚持等后天可以培养的品质。比如，我们会跟孩子讲，以前，我是个懒惰的孩子，做事总是半途而废，很难善始善终。一些事情对于我仿佛是一座座大山，阻拦着我步入成功的殿堂。可自从那天，我终于明白了，坚持就是成功。那什么是坚持？讲述我们的故事的时候，可以时不时地给孩子一些鼓励，如你也一样可以做到的。

网上有位学生说，她在寒暑假都会回老家，奶奶经常告诉她，学习就像种田，种多少得多少，一分耕耘一分收获。以前她常常粗心，爸爸则对她说过类似的道理：考试就像收割，一路上掉下的稻子，就是因为粗心丢的分。但是，她的爸爸经常鼓励她，给她讲爸爸小时候的故事，如何学习，如何做到对家庭负责。这样的孩子是优秀的，她的爸爸虽然没有达到所谓的世俗意义上的成功，但至少是对家庭负责，认真努力地工作的人，已经在无形之中对下一代产生积极影响了。

4.让"身体"说话

说孩子听得懂的话，除了用嘴巴说之外，还要用身体说、用行为说。

父母要做到言行一致，比如在成长故事中说到自己做什么事情都很有毅力，能坚持。但是在日常生活表现当中碰到问题，却很轻易就放弃，那么就算语言再简洁、再具体、再鼓励，孩子也无法心甘情愿地配合。

孩子对身体语言特别敏感，当父母嘴里说着一件事，而身体语言却表达着另一个意思时，孩子会敏锐地意识到一定有什么地方不对劲。虽然有的孩子不能马上指出症结所在，但他会不知所措。当然，在这里说这些，并不要求每个人在任何时候，都向自己的孩子敞开心扉。但是，即使你想隐藏你的一些感受，比如你觉得某件事情对别人有害，你也要老老实实地说出你的想法："我觉得这个事情我做得很糟糕。"这个不好说，但是比撒谎说"没事"真诚多了。

第二节　失败比成功更真实

前面我们介绍了如何讲好我们的成长经历，接下来我们来了解一下，如何告诉孩子失败其实比成功常见，正确看待失败和成功，如何从失败中吸取经验，迈向成功。

其实，每一个人都会遇到失败，这些失败，包含了学业上可能遇到的失败；人际交往中可能遇到的失败；感情中可能遇到的失败；大学生如果创业，创业期间可能会遇到的失败；就业面试时碰到的失败等等，这些失败，我们的孩子在大学阶段必定会遭遇到其中的几个，当然也有可能全部遭遇。

一、失败与成功的定义

问个看上去有点幼稚可笑的问题：你有梦想吗？

或者换种说法，有没有一个想去的地方、想做的事情或者想见的人。

什么是成功？什么是失败？大家都可以想一想，在自己内心对成功和失败的定义。

简单来讲，成功是指达到预期的目标；失败是指没有达到预期的目标。这里面有三因素：达到、预期、目标。

达到目标的意思显而易见，需要强调的是"预期"这个因素。比如一位有志于艺术的人，由于某种原因，他不得不继承父业经营商业，结果获得成功，成为富翁。一般人会以为他成功了。其实他没有达到自己所期望的目标，这叫隐蔽性失败。

成功与失败不能只看事情的结果，要同期望值联系起来看，同时还要与所采取的策略联系起来看。大家都知道，古代有一个故事：田忌与齐王赛马。其中先输掉的一局就是出于策略。在许多球赛和棋赛中为了取得总分的胜利而不惜在某个球和某步棋上输掉，这都是出于策略的考虑。这种暂时的或局部的失败实际上不是失败而是成功的必要步骤和计划。

由此可见，没有达到没有预期的目标，这不是失败。比如有些人专心致志做学问，期望在自己所研究的课题上有所成就，而不期盼自己登高位、发大财。那么这种事业心很强的学者与某些高官、富翁相比并不是失败者，因为高官与富翁并不是他们所期望的目标。人各有志，各有活法，脱离了各自的选择与期望去相互攀比这是毫无道理而且是有害的。

由此也许有人会想，既然没有达到没有预期的目标并非失败，那我索性什么都不期望，这不就永远不会失败了吗？这在逻辑上是可以成立的。无所谓期望与追求，当然也就无所谓成功与失败，但做人处世失去了目标和意义，却是人生最大的失败。为人而没有目标，不求成功，那就如同养花而不开花，栽树而不成材，打井而不见水，开矿而不见矿物，剪裁而不成衣……对自己来说是无所求、不负责任的"自我抛弃"，对社会来说是在埋没珍宝，"暴殄天物"，这是最大的浪费和悲剧。

二、树立正确的成败观

在生活中，失败是常常会发生的，网上有个段子，说的是：为什么成功是失败之母？那是因为母亲只有一个，而儿子会有很多。虽然是个段子，但是这也正说明了，失败是比成功多的，比成功更真实地存在我们身边的。

人们一生中会经过很多考试、比赛等各种大大小小的考验。而正如"人的一生中并不总是一帆风顺的"，在这些考验中，我们有时会成功，有时会失败，正可谓"胜败乃兵家之常事"。

面对成功与失败，每一个人都要用一个正确的思想观念和良好的心态去面对，说白了，就是不仅要"赢得起"，还要"输得起"，这也是我们要传达给我们的孩子们的。

当成功的时候，不能骄傲自满、得意忘形；当失败的时候，不能因此而过于沮丧、一蹶不振，而是要从中找到、学到一些对自己有利的经验教训，这样也能让自己在以后的生活中以更好的姿态、更好的水平面对观众和评委，正可谓"失败乃成功之母"。

然而，有时候"失败"或者"没得奖"并不永远是"能力不行"的代名词。

三、在面对孩子成功与失败的问题时，作为父母的我们怎么做

当孩子遭遇失败时，我们应该这样做：

1.教孩子树立正确的失败观

（1）认识到失败存在的普遍性与必然性。（万事万物曲折中前进，螺旋式上升；任何人一生中都会遇到这样或那样的不同程度的失败）

（2）认识到失败意义的两重性。（失败既有消极的一面，也有积极的一面，

应该使失败向积极方面转化。"知耻而后勇""危机背后是转机")

（3）认识到失败的可克服性。（正确的失败观，还在于当失败发生时，勇敢地、坚强地面对它，不消沉、不软弱，冷静地、理智地想办法解决它，坚信失败是一定可以战胜的。成功的过程就是一次又一次地战胜一次次失败的过程；成就事业的过程就是不断战胜失败的过程）

我们要树立正确的成败观念，处理好成败得失之间的关系，接受失去和失败，才能让自己更强大，内心更坚韧。唯有坚持与执着，久久为功，才能获得更多美好，才能夺取更大的成功。

2. 合理宣泄不良情绪

（1）大学生受挫后，心理上处于焦虑、愤怒、冲动的消极情绪状态；如果不及时合理地宣泄这些消极情绪，淤积在心中就会对身心造成极大的伤害。因此，及时合理地将消极情绪宣泄释放出来，是一种自我心理保健的有效措施。

合理宣泄是指采用不危害他人和社会的方式将内心消极的情绪发泄出来，以缓解、消除不良情绪，使心理恢复正常、维护心理平衡的一种方法。

（2）有哪些合理宣泄的方式？

倾诉。这是最常用的宣泄方式。（找朋友倾诉或者写日记向自己倾诉，也可以找到自己的心理老师进行倾诉）千万不要把痛苦闷在心里，一份痛苦说出来分担，就变成半份痛苦；一份幸福说出来分享，就觉得双倍的幸福；牵挂别人是一份幸福，被别人牵挂是双倍的幸福。

自我宣泄。大哭、大叫，进入"心理宣泄室"发泄。（现在大学里一般都会有大学生心理健康教育中心）

运动调节。通过参加一些比较激烈的、带有对抗性的运动（例如篮球、足球等）以达到释放消极情绪的目的。这样可以使失败感转移方向，使内心产生一种向上的激情，摆脱消沉的情绪。

3.积极总结经验教训

任何经历过的事情，只有通过总结才有收获，有收获也就有提高，不总结就没收获、没提高，就等于白白地浪费时间。总结是找到并记住成功的经验和失败的教训，特别是记住失败的、做得不好的，是非常重要的。因为我们不应该犯相同的错误，不应该在同一个地方摔倒两次。

"胜负乃兵家常事"告诉我们，工作生活中遇到失败是正常的，要对成败得失保持一颗平常心。"失败是成功之母"告诉我们，想要取得最后的成功，失败是必经之路，唯有在失败中积累经验，不断纠正方向，才能取得成功。

4.正视失败，不懈追求

只有正视失败，认真吸取失败教训的人，才能将"失败"变为"成功之母"，才不会因暂时的失败而气馁。只要我们不被失败的情绪所压倒，在总结经验与教训的基础上不懈地追求，一定能取得成功。我们要有"永不言弃""胜不骄，败不馁""不达目的不罢休"的精神。

大发明家爱迪生为一项发明做了将近8000次实验，都失败了，但他没沮丧。正是这种精神，使他做出了一项又一项令人瞩目的成果。

别被一时的失败束缚了手脚。祸兮福所倚，要告诉孩子们，经历了失败、经历了灾祸，终会重见光明，否极泰来。我们不能总是害怕失败，不能因为一时的失败就久久不能自拔，久久不能调节好心态，我们需要投入新的战斗，要树立不怕失败、不畏失败的意识，学会在失败中吸取经验教训，学会利用失败，把失败作为通往成功的基石，充分掌握失败的原因，充分了解失败的原因，知己知彼，方能百战不殆，才能不被失败束缚了手脚。

5.坚持和拼搏

每个人都渴望成功，从想法到行动会过滤一部分人，从行动到坚持又会过滤一部分人，从坚持到始终坚持直至成功，大浪淘沙之后剩下的，便是寥寥。

因为路途遥远，因为前面充满了未知的风险，这种与我们儿时接受的非负即正的教育理念互相冲突的情况，让我们望而生畏以至于踌躇不前。我们永远不知道灾难与明天哪个先来，我们不可能等到万全时再行动，因为根本没有那一天。很多时候只有在失败中摸索，才能最终走向成功。

太多太多人因为准备不充分而失败，然后就放弃了，再也没有捡起来。明知自己没有充分准备却依旧勇敢向前，看似是风险最大的，实际上当行动的那一刻，风险就已经在行动所积累的实践经验中慢慢消化了。

而其间最最关键的一点便是坚持。因为一时的失败而放弃的太多太多了，如果明知没有准备充分却依然行动，即便失败了自己也应当接受，重要的是失败之后怎么做。

成功与失败，二者的辩证关系说来复杂，而再复杂的事也是由一个个简单的元素积累而成的。

如果我们能够思考事物的底层逻辑，不再惧怕失败，不再害怕行动，不再害怕风险，只要做的是正事，我们未尝不能拼尽全力去博一把。

所谓拼搏，拼该是拼命，搏该是"赌博"，当然不是字面意思的赌博。

拼搏，是我们直面风险勇敢亮剑的精神表达。拼尽全力去坚持做一件事的时候，那么成功的概率就是大的。

人的一生，应当多做那些成功概率大的事，量变终会形成质变。当偶然积累得多了，也就成了必然。

如果从个人成长角度出发，所有事情都是没有成功或失败，人生就是一个过程，一路向前走。

当孩子取得成功时，我们应当表示祝贺，同时也应该告诉孩子，"胜不骄、败不馁"，成功的时候不要扬扬自得，忘乎所以，失败的时候也不应气馁妥协、一蹶不振，反而应在成功的基础上谦虚谨慎，再接再厉，在失败的基础上重振精神，东山再起。要树立正确的得失观念，处理好成败得失之间的关系。

人生如博弈，输才是常态。人生最大的遗憾从来都不是失败，而是一次又一次的放弃。

只有孩子学会正视失败，从失败中吸取教训和经验，不忘初心，越挫越勇，未来才能有逆风翻盘的机会。

愿每个孩子都可以无惧失败，在成长的路上努力超越自我，成为更强大的自己。

最后留一句话共勉：苦心人，天不负，卧薪尝胆，三千越甲可吞吴。有志者，事竟成，破釜沉舟，百二秦关终属楚。

第三节　共识，从分享开始

在上节内容中，我们了解了如何讲好我们的成长故事，成功与失败，这些其实都属于在分享我们的经验和成功，我们希望从分享中，他们能得到一些成功的启示，让他们的道路走得更顺畅一些。那接下来如何从分享中让孩子和我们达成共识，我们一起来看一看。

一、家庭分享的错误方式

错误一，和青少年在早上讲话，尤其是当他还在想今天其他的活动或还没睡醒。

建议：孩子的生物钟比成年人延后，他们在晚上较爱说话。选择此时跟孩子沟通会比较好。

错误二，直视他的眼睛。

建议：因为孩子在你不盯着他们时，才能打开心房，所以最好并肩坐着谈话。

错误三，等他们不分心时才和他们约时间谈重要的事情。

建议：家长应在孩子活动的间隙和他们谈谈，因为孩子喜欢在打球、吃东西时，有人和他们分享感受。

错误四，禁止孩子咆哮、摔门、哭泣，或说"等你平静下来，我们再继续谈"。

建议：父母应该让孩子发泄，耐心听孩子说"我很烦""我很困扰"。

错误五，问一般的问题，如"你今天学校怎么样"。

建议：不要泛泛问问题，而要用正面的态度问特定问题，如"你的老师怎么说你这次的成绩"。

错误六，当你认为孩子已经讲完了，就开始讲你的想法。

建议：孩子需要时间发泄情绪、整理思绪，通常不会一次表达完，所以尽量在其他时间再说自己的想法。

错误七，话题集中在琐事上。

建议：跟孩子谈大范围的话题，如电视节目、运动、音乐、美食甚至政治，这更有助于彼此了解。

错误八，给他们不需要的建议。

建议：赞美之词比啰啰唆唆的建议更有用，如"好主意""哇，你今天做了好多事"。

错误九，不要以为你知道现在孩子的想法。

建议：用开放式的语句鼓励孩子谈他们的世界，如"你的同学怎么说"。

错误十，拿困扰孩子的事开玩笑。

建议：孩子内心很敏感，容易受伤，你拿困扰他们的事开玩笑，会让孩子感到父母不重视他们的事。

二、家庭中的分享方式

我们接着来看几个孩子的困惑。

小董是某师范大学的大三学生，已经连续三个假期没有回家了，"我不想见我的父母。每次站在回家的站台上都很痛苦。他们根本不了解我，我也没脸见他们。我想在过去的三年里我一事无成。我也想学习，但我没有动力。有时候我真的不知道该怎么办。我能做的就是和我女朋友谈谈。我想只有她才能了解自己，真正与自己沟通。"

和小董一样，不少大学生表示"很难与父母沟通"。上海市心理咨询中心曾经在本市各大高校大学生中进行了一项调查。调查结果显示，约69%的大学生感到无法与父母沟通，其中27%的人表示从未与父母沟通。

巧合的是，在上海市第二届示范中学学生会主席论坛上，也有报道称"当代青少年与父母之间存在明显的沟通障碍"。63%的高中生认为自己只能和同学说话，只有21.9%的高中生认为自己只能和父母说话。看来，大学生很难与父母沟通，因为他们在高中"打下了基础"。

有人认为，处于叛逆期的高中生，面对高考的压力和父母对学业成绩的严格要求，容易产生沟通障碍，而大学生的生理和心理已经接近或达到成熟，与父母的沟通要比高中生顺畅。但情况显然不是这样。不少大学生对父母仍有抵触或敬畏之情。他们大多反对父母的教育方式，不能忍受"父母的不理解"。

随着工作节奏的加快和竞争压力的增大，许多父母不得不投入更多的时间和精力在工作上。家住长春的李女士，由于工作繁忙，她在孩子很小的时候就请了保姆。一直以来，她觉得自己给孩子的东西比同龄孩子多得多，但她发现，孩子和孩子之间的差距正在慢慢扩大。她觉得自己不明白，想改变，但做不到。

"在15岁到22岁的青春期，他们与父母有距离，对父母表现出冷漠，这是青少年成长的正常表现。处于青春期的大学生也需要一段时间独立思考、发现和发现自己。"吉林大学高等教育学院的杨树沁老师认为，对于大学生来说，培养良好的个性和建立良好的家庭关系，还应该主动找时间与父母聊天，父母也应创造条件与孩子多沟通，体验交流的快乐。

除了日常的一些沟通、分享，我们可以利用节假日，创造一些进行分享的机会，比如：

1. 寒暑假回家后，父母双方一起邀请孩子进行一次真诚的谈话

父母需要了解孩子这个学期在校的各项表现以及取得的成果展示，包括专业领域、社团活动、各项竞赛比赛、社会实践、个人情感、兴趣爱好、实习经历等；孩子同时也需要了解父母的身体状况、家庭事件、父母职业情况以及个人社会经历等。这不仅是一次谈话，也是一次分享的过程，在这个过程中，父母与孩子可以相互了解，增进感情。

过程中需要父母和孩子通过回顾这个学期彼此的经历，让对方对自己有一个宏观和微观上的了解，既丰富了彼此的见识，也增加了彼此对应模块的经验和理解，同时最重要的是家庭成员之间这种总结性的、带讨论性质的聊天，会让家庭的整体认知水平逐级向上，而不是停留在平均水平。

由于年龄的分层，各自的圈层不同，密集交流的群体社会背景、日常关注点都不同，同时孩子的专业也未必和父母的专业同属一个领域，隔行如隔山，而对于孩子来说，也能在给父母详述半年来的经历中，对自己进行一次正式的总结，最重要的是对于自我认知的再次思考。这样的交流对于个体的成长来说是非常有价值的。

孩子们在父母面前不会那么的正式，也不用过于装，这种天生信任关系下的畅聊，会是让家庭关系更加紧密的催化剂，对于孩子们来说看到父母如此正式用心也会非常乐于分享的。

同时也能提高孩子关注长辈、吸取人生经验的意识，而这种向外的主动关注和向内的有意汲取，对于孩子进入社会后的成长非常具有参考价值，这种向上的有意识关注的能力，并不是所有孩子都能与生俱有的。所以，每次假期如果父母都能够同孩子进行这场对于每个家庭成员来说都非常有质感的长谈，慢慢地你会发现意义深远。

2. 为孩子创设主动接触社会的机会，对于不善言辞的孩子，父母需要做示范引导和鼓励

春节是国人最注重，且仪式感非常强的节日，在过节期间会组织很多亲朋好友的聚会，在这些大大小小的场合中，也要让孩子有意识地去主动接触不同的人，了解不同的工作。

通过与社会不同圈层的群体或个体接触，来丰富孩子对于整个社会的认知，通过聊天的内容获得丰富的生活经验和人生经历，把每次的主动接触，都当作一次正式的调查来做，接触的对象当然不仅限于成人，更要包括不同年龄段的孩子，也不要分性别。因为每一个个体背后，都代表着一代人或一群人，他们关注的点不同，思维方式也不同，对于事物的认知水平更是差异巨大，最重要的还能获得相关行业的信息，对于孩子的职业选择也是具有参考价值的。

对于不善主动沟通的孩子来说，可能刚开始非常困难，此时就需要父母在后面推一把或者帮做引荐，每次社交活动结束回到家，父母也不要忘记要和孩子进行针对性的沟通和看法的深入探讨，并且帮孩子做好谈话与礼仪的复盘。相信每个假期孩子的收获与成长都是巨大的，这点不仅针对专业是人文社科类的大学生，同时也包括自然科学专业的学生们，其实后者更需要。

以上两个方法可能对于有些家庭来说比较难，特别是之前从来没有这方面意识的家庭来说，但谁又能说在当今这个时代，要想成长得更好，不需要深入的思考、长远的筹谋和不折不扣的执行呢！同时父母也永远不要放弃积极向上的精气神，因为家里只要有孩子，父母的精神境界和人生态度永远是孩子人生路上的榜样示范，而要做未来世界领导者的父母，可能要求会更高！所以，家有大学生的父母们，趁着假期，迅速行动起来吧，他们未来的成就需要父母的支持，更需要自己的努力，而此刻的努力未必立竿见影，但长远的意义早已奠定，成功的教育也离不开父母的自我成长。

三、从分享到共识

我们和孩子分享，和孩子讨论，最后我们要达成共识，达成共识有以下几个基本方法：

1. 列举核心词

家庭成员在一起头脑风暴，各抒己见，每个人都说出或写出代表自己核心观点的核心词，越多越好，越真实越好。如想给孩子分享价值观，可以一起讨论一下"想成为一个什么人"，要达成这方面的共识时，每个人可以写出十个词语。

2. 筛选核心词

头脑风暴结束后，把大家写出来的词语汇总在一起。重复的，每出现一次就写上一次，然后大家投票去掉五个，投票多的先去掉。

例如，大家总共列举了三十个词，直到剩下五个核心词为止。这个过程很复杂，也很艰难，但非常有必要，这就是思辨和选择中凝聚共识的过程。

3. 论证核心词

对确定的核心词进行界定、诠释，为实施提供方向和界限。并对实施的路径进行列举。假如，确定了五个词其中一个是"孝顺"，我们就要解释什么是孝顺？现阶段应该培养什么行为，如了解父母、理解父母、尊重父母、感谢父母、帮助父母等进行界定。论证得越充分，方向会越清晰，执行起来就会越有效。

4. 调整核心词

确定的核心词不是永远不变的，随着认识的拓展和加深，孩子的不断长大，社会及环境的不断变化是可以对它进行调整的，重要的是要达成家庭共识，但也不能调整得太频繁，要保持一定的稳定性。

每个人教育孩子的观念是不同的，不同教育观念的碰撞就会产生矛盾。当家庭成员之间教育理念不一致时，我们应该怎么做呢？

（1）"求大同"

在教育观点上，父母要经常沟通，比如，将来找工作的问题？出现问题应该把握怎样的原则？这些问题可以借鉴一些专业书籍、职业专家的指导。夫妻双方也应该达成共识，坚持出现问题不相互指责的原则，特别是当着孩子的面。

（2）"存小异"

不要把分歧暴露在孩子面前，在孩子面前吵架、冲突，千万不要觉得孩子大了，这些都无所谓，其实大孩子同样敏感，而且也会对孩子以后的恋爱、婚姻生活产生影响。另外，要学会巧妙化解一些冲突。有时候孩子犯了错，父母一方面要罚孩子，另一方面要学会巧妙化解，告诉孩子，你看你这样做多不好。这样既保护了孩子、教育了孩子，也给孩子一个台阶下，千万不能火上浇油。

在达成共识上，要遵循一些原则：

1.适应性原则：主要体现在两个方面：一是对孩子的适应；二是对社会的适应。

（1）对孩子的适应性主要是指在沟通时，父母应该要充分了解自己的孩子，注意自己孩子的性格特征等，沟通的方式要适合自己的孩子。

（2）对社会的适应性主要是指在沟通时，与他们沟通的观念和方式要与时俱进。

2.开放性原则：开放性＝扩大共识＋消除盲区

在家庭中，与孩子由于年代差异，在世界观、人生观、价值观等方面存在较大不同。在沟通中，如果与孩子在某方面问题的盲区较多，那就难以在某个问题上达成共识，并很有可能激化矛盾，引发争吵。那些我们知道而孩子不知道的信息，容易让我们变得傲慢；那些孩子经历过而我们不曾涉足的领域，容易让我们的孩子产生抵触情绪。所以，通过开放性的坦诚沟通，不断地交流信息，努力消除我们与孩子间的盲区，让我们的共识区变大，才能实现良好的亲子关系。

3.构建学习型家庭，减少沟通障碍

不同年龄和性别的人之间存在着巨大的沟通障碍，没有沟通就不可能达成共识。学习型家庭是指一种家庭生活方式，它不是一种固定的模式或完美的标准。在这样的家庭里，父母和孩子都有一颗积极学习的心。通过整个家庭的团队合作，他们可以为个人和家庭的变化增加和创造能量，丰富个人生活的要求，为疏远的亲子关系、夫妻关系甚至为祖孙关系注入新的活力。从根本上讲，学习型家庭是一种氛围、一种领域和一种习惯。它一方面需要良好的家庭关系，同时也需要家庭成员的相互支持。在不断消除沟通障碍的过程中，我们也在认知维度上不断趋同。有时，虽然我们有相同的决定，但我们对事物有不同的认知维度。同级的理解会让家人感受到共鸣和共鸣的愉悦。

其实，最最重要的一点，和爱人、孩子之间分享的重要的方式，就是我们要带着对孩子的爱，彼此陪伴，一起度过生活中美好的时刻。家庭成员彼此陪伴，有利于培养孩子的健全品格，点燃孩子的梦想！孩子在与父母分享的过程当中，会感觉到自己在家庭的重要性，会感觉到父母对自己的支持和信任，同时，在交流的过程当中也会增加对父母的了解。分享的过程会让孩子有一种家庭的归属感，和对自己人生的认同感，甚至会培养孩子的责任感。每个家庭都有自己独特的分享方式，为了孩子更好地成长，让我们一起努力吧！

第三章

态　度

第一节　平等 VS 不平等

前面我们了解了如何倾听和分享。在生活中，很多父母会觉得我是爸爸 / 妈妈，我的身份比孩子高，其实这种心态，在我们和孩子沟通的时候，会不知不觉地传导给孩子，就会造成孩子的心理压力，从而导致沟通不畅。今天我们就来了解一下，如何用平等的心态和孩子做沟通。

一、什么是位差效应

我们先来学习一个词，叫位差效应。所谓位差效应，指的就是沟通双方往往存在着身份地位上的不平等，而导致沟通不畅。

这种现象在我们身边最典型的例子就是：父母与孩子，老板和员工之间的沟通。人们看问题的角度不同，沟通出现了误差，就不能很好地理解彼此，更谈不上什么有效沟通了。平等的沟通是对位，不同等的沟通是错位。不平等的沟通，使信息的传递效果大打折扣。

很多高高在上的人，言语中容易透露出强势和优越感，说什么都像是在命令和批评，令人反感；而身份地位低的人，他的语言也因为卑微而容易被当作"耳旁风"。

有研究显示，上级发出的信息能被下级接收并理解的通常不超过 25%，而下级向上级成功反馈的信息则更少，不足 10%，但是平级人员之间的沟通效率却可以达到 90% 以上。可见，只有平等沟通才能达到沟通目的。

这里所说的平等沟通，并不是平等地位上的沟通，而是我们心理上的平等。我们需要和内心达成共识，就沟通本身而言，我们双方都是沟通的主体，我们同等重要，是平等的。

只有意识到这一点，在沟通中才能坦诚相见，才不会因为敬仰、畏惧、轻视、怀疑而扭曲表达，错误理解。

二、不平等和平等

我们来看一个小案例，这个案例可能也是在大家身边，甚至自己身上会发生的：

刚上高一年级的小李同学最近沉迷于一款游戏，这可让小李爸爸妈妈着急坏了。因为打游戏，作业做得马马虎虎，成绩也是直线下滑。李爸爸和李妈妈也懂得，这个事情，要和孩子进行一次必要的沟通，于是专门找了一个时间，一家三口坐下来，聊聊小李打游戏的事情。

李爸爸尽量让自己平静下来说："儿子啊，你这样再玩下去可不行啊，学习都跟不上了！"

李妈妈："是啊，儿子，你以前学习多好啊！都怪这个什么破游戏，可不能让它害了你啊！"

李爸爸："游戏有什么好玩的，都是在浪费生命，浪费时间！别再玩那些没用的了。"

小李："你们又没玩过，怎么知道不好？学习根本就没有游戏好玩！"

李爸很是生气，大骂小李："你这个兔崽子，不好好学习，只知道玩游戏！看看你的成绩都差成什么样了？你要是再敢玩，看老子不打死你！"

小李确实被李爸爸的怒火给吓住了，但是好了两天，还是忍不住玩了起来，把李爸爸的话抛到了九霄云外。然后就是李爸爸再次发火，小李老实了两天，如此反复，根本就没有解决问题。

　　显然，这是一场失败的沟通，除了破坏了父母和儿子之间的感情，实际的问题一点都没有解决。李爸爸李妈妈之所以没能和儿子沟通好，最根本的原因之一就是没有放下自己当父母的架子，而是仗着自己的权威，妄图让儿子屈服。

　　人们都有这样的一个本能，喜欢获得正面的，能使自己愉快的信息和感受，逃避那些令自己感到悲伤的信息。李爸爸和李妈妈这种居高临下的指责，显然没办法满足儿子的需要，所以沟通失败是必然的了。

　　有些家长在与十几岁，已经上高中、大学的孩子沟通时，仍然把他们当成小孩子或者宝宝来看待。对于他们提出的观点和想法不屑一顾，这种情况就是一种不平等的沟通。孩子就会认为父母不尊重他的想法，慢慢地就会对交流有所抵触，对于亲子关系来说也是非常不利的。

　　家长们可以回想一下，关于某事在与孩子交流的时候，有没有对他们的观点说出"小孩子懂什么？"或者"幼稚"这类话语。而说出这种话后，家长通常能得到孩子们的一个白眼。

　　可能对于大人来说，孩子的某些看法的确不成熟，但是家长应该站在孩子的角度来看问题，那样就可以理解他们的看法。并且，孩子在表达自己的想法时，应该给予肯定，因为这说明他们也是在认真地思考。

　　而在与孩子沟通时，不是像那句话说的"在父母面前，孩子永远是孩子"。这句话对于亲子沟通来说，绝对不是的。如果一直把他们当成是小朋友来对待，家长们就不能了解到孩子内心的看法和成长了。这种情况下，家长们应该学会与孩子们处在同一个角度来看问题，学会尊重孩子，给予他们平等地位的沟通。这样才能了解到孩子的心中所想。

　　有效沟通最重要的一点就是平等，地位和姿态不平等沟通，这个叫作传达命令或者汇报工作，完全达不到自己想要的效果。因为只有双方都在同一个平面上，才能打开对方的心结，消除既定的模式，营造出轻松愉快的环境。

如果李爸爸和李妈妈也去玩一玩游戏，看看到底这个游戏有什么魔力，吸引住了儿子，然后以一个朋友或者队友的身份和儿子聊聊，想必能取到意想不到的效果。

那么，总结一下，在日常的沟通中，有哪些方法可以帮助我们消除"位差效应"，实现和孩子之间平等沟通？

1. 不要自视清高，常以谦和的态度对待孩子

在外你可能是高管，但无论你在外身份地位如何，回到家，和孩子谈话时，请务必降下身段，尽量保持谦和的态度，真诚聆听，孩子才能诚实表达。毕竟我们的孩子已经是高中生、大学生了，他们不太喜欢自己的父母还是一副高高在上的感觉，他们更多的希望父母能和自己成为伙伴。

2. 选择令人愉快的表达方式

俗话说，"酒逢知己千杯少，话不投机半句多"，用孩子容易接受的方式去说，他才会愿意听。比如批评、建议，用类似"如果……就更好了"等委婉的表达。

3. 保持同理心，站在孩子的角度想问题

换位思考，多站在孩子的角度，而不是一味地把自己的想法强加给他们，只有这样，你的话才能说到孩子心里去。

4. 宽容大度，给予充分的尊重

做一个宽容大度的人，不要总盯着孩子的弱点，多包容他的不同，并且能接受他的批评建议。沟通过程中，彼此尊重，才能平等对话。

"位差效应"往往阻碍了有效沟通，因此，我们要努力让孩子感觉心理上的平等，然后再沟通。

而职场中最常见的就是领导和下属的沟通，很多管理者都忽视了沟通的重

要性，而是一味地强调工作效率。如果领导始终拥有一种高高在上的姿态，那么下属只会服从，但是在行动的过程中可能会大打折扣。因为他们对一项工作的认识达不成一致，就做不出领导想要的效果。花一些时间进行面对面沟通，看似浪费了时间，但是却大大地提高了工作效率。

老板李某制定了一套新的管理机制，希望自己的下属能够真心地去推行，并且能把自己管理的店当成自己的事业一样，去用心地经营。

李老板说："小杨，从你的表现，就能看得出来你是一个非常有责任心的人。说句发自内心的话，你能做店长，真的让我省了很多心，也觉得非常的踏实。能有你这样的店长，我真的感觉自己很幸运啊！真得感谢你啊！"

"实际上啊，刚开始我也是给别人打工的，所以我一直都在想，如果能够给你提供一种新的机制，它既能让你挣到钱，还能快速提升各种能力。更加重要的是，能培养出解决各种问题的老板思维模式。到时候，你不是能挣钱那么简单了，而是变得非常的值钱啊！"

"到那个时候，你就可以自己去创业，自己当老板，做出一份属于自己的事业了！当然了，如果不愿意出去创业的话，也有机会获得咱们门店的分红权或者股份。而且，你这么有上进心，也是不愿意原地踏步，一辈子给别人打工的吧？你觉得呢，小杨？"

杨某说："那真的是太好了，我一定会认真负责的，您就放心吧！老板，您告诉我需要做什么吧！"

显然，这次沟通是非常有效的，达到了老板李某的目的——让杨某尽心尽力去推行新的机制。老板李某先是肯定了杨某取得的成就，然后放低自己的身段，说自己以前也是打工的，拉近了和杨某的距离。接着老板李某就从杨某的角度出发，解释这种机制对他如何如何有好处，完全是在为杨某打算。老板李某的话，把杨某的积极性完全调动起来了。

这段话会让杨某产生这样的感觉：一个这么为自己考虑的老板，当然要认真执行了，不能辜负老板的期望啊！

这样的沟通会不成功吗？一个人会做出与其身份相符的行为。成功的领导人、导演、服务行业的从业人员全部都是沟通的高手。其实在我们和孩子沟通的时候，也能放低身段，谁不是从孩子成长起来的呢？也许是因为我们的父母跟我们沟通的时候是一种高高在上的态度，所以导致我们跟孩子沟通的时候，也难免带入这样的状态，没有关系，从今天开始，我们做一个心态上的调整就好了。

三、平等的沟通和关系

沟通是一门艺术，失败的沟通不仅无法解决你的难题，还可能会破坏两人的关系；成功的沟通不仅能够解决问题，还能够增进彼此之间的感情。那什么样的沟通才能称得上是平等有效的沟通呢？

其实，平等有效的沟通就是要把自己的姿态放在和对方一样的水平线上。两个人的姿态对等，层次对等，才能获得更加有效的沟通。

心理学家武志红提出这样一个观点，一个人的外部关系，往往是内在关系投射的结果。沟通特别要讲求"平等"，不能摆领导架子，多用引导式的启发方式，而不是硬性规定逼其就范。也不能以低下的态度去乞求，而是要站在平等的位置去交流，不高高在上，也不卑躬屈膝。

作为父母，无论你多忙，都应留意一下孩子在干什么，并尽量抽时间与之讨论，交谈时多听听孩子的意见，采取一种平等的谈话方式，可以避开所谓的"冲突"。当你觉得不便说就写下来，父母写下那些孩子不愿听或拒绝听的，当你把事情、道理写下来，当孩子安静下来，一遍遍地阅读时，可能对他有所启发，对解决一些事情可能会更加有效。

营造平等平和的双向沟通气氛，别给孩子一种步步追问，坦白从宽，干涉有理的感觉。家长也要谈谈自己今天有什么新鲜事，有什么感受，介绍一些新闻或者趣闻给孩子，然后再顺理成章问他有关学校的事情。这样有来有往，你问我答，你答我和，谈话就比较丰富。同时得理解孩子有的想法留给自己，特别是对中学以上的孩子，有时候不是他们不愿意说，是想自己独立思考解决问题，我们应该对他们有信心，给他们留有空间。

父母与孩子分享的时候，一定要注意分享的方式，父母要以平等的姿态与孩子分享，不要有任何家长式的作风。因为此时此刻坐在一起交谈的是两个平等的分享秘密的朋友，他们可以一起高兴，一起忧伤，彼此是平等的，父母不能有丝毫的居高临下的姿态，父母还要把握更进一步的方式，因为孩子分享的过程当中，父母还要有进一步任务在里头，也就是说，不仅在分享的过程当中，让孩子了解家庭的状况，让孩子有一种认同感，父母还要进一步地分享，这个过程当中有引导，这样才能让孩子找到自身的不足，因而真正地成长起来。

我们不能光按照自己的理解去做，还要站在孩子的角度去考虑，我说的意思他都明白吗？不清楚的可以再重新讲述一下。

沟通就像是我们人体里的血液。沟通不顺畅的话，就像血管堵塞了一样，整个身体运行不畅。而平等的姿态，是有效沟通的最佳途径。讲清意图和要求，虽然是最基本的沟通，也是效率最高的沟通。无缝沟通的意义也是这样的。

平等的关系是怎样的？若无其他特殊情况，一般是指：

1. 从态度上，不卑不亢，不会太贬低自己，同时也不会太抬高对方；对常人来说，被人过度抬高和被人贬低，都会感到不自在。在心理上把自己和孩子放在平行的位置，承认"双方都是平等的人"，在人格层面，谁也不比谁高（物质层面的差距，如财富另说）。

2. 在关系中，"看"到自己和孩子，"听"到孩子表达的和自己表达的，给予回应；这意味着，在关系中不只需要留意到自己的需求和自己"想要表达的"，还需要留意对方的需求和"想要表达的"，在关系中留意到对方，同时也关照到自己。

这句话也是"听上去简单，实际上不少人还真做不到"。自带"内在平等关系"的人，这一条可以略过；但，如果自己的内在关系模式其实并非平等，可能出现这两种情况，要么是在一段关系中过度在乎别人，贬低了自己；要么是在一段关系中只顾自己，心心念念只看到了自己，看不到别人；这两种情况都让人不自在。

因此才会特别提到这条"看到自己，同时也留意他人"，每个人在一段关系中都有自己的情感需求、诉求和"想表达的"，这些需求和诉求被看见，被回复（不是回应，不合理的需求应驳回），双方有了沟通和互动，关系才有发展。

3. 尊重客观事实和逻辑，驳回谬误；可以共情，同时驳回垃圾情绪。

在人和人的沟通中，人们会相互传递两个层面的信息：事实和情绪。

在一段关系中，任何人互动都包含沟通，沟通的前提是共识和规则，通常来说更容易成为双方共识的是"尊重事实"和"讲逻辑"（注意不是讲道理，因为道理来自价值观，价值观不同，如何讲同一个道理？）。

除了在沟通中尊重客观事实信息，还要分辨出对方表达的主观情绪信息，对主观情绪的共情，表达的是对人的重视和关心，同时可以降低疏离感；但，在人传递的情绪信息中，也可能有垃圾情绪，驳回或者化解，即可。

第二节　教你学会态，找到度

前面了解了要用平等的姿态和孩子进行沟通，接下来我们来看看什么是态度。孩子进入青春期，总会碰到各种各样的问题，比如迷上打游戏、不想练钢琴、只顾谈恋爱等等，父母就会抱怨与孩子无法沟通。

一、沟通中常见的三种心态

人与人之间的沟通，可以分为三种不同的心态，即父母心态、成人心态和孩童心态。

有这样一个例子：三个人合伙做生意，最后赔了，甲说："都怨你们，没有真本事，和你们合伙真是倒霉！"乙说："我觉得这次赔本有几个原因，一是我们三人想法不一，劲没往一处使。二是工作上也存在一些客观阻力。"丙说："都是我不好，我没干好工作，请你们原谅，我一定会改正，大家还是接着干吧。"

这段对话中，甲用长辈的口吻指责两位同事，显然是一种父母心态；乙非常冷静，像一个稳重、明理的成年人，属于成人心态；丙却像个孩子，像做了错事一般，一个劲地求大家原谅，正处于孩童心态。

几乎每个人在与人交往过程中，都有过这三种心态，只是比重不一而已。

在生活中，我们经常会遇到一些固定角色者。

长期处于父母心态的人很喜欢批评别人，或提出建议强迫你接受，要不就是喜欢干涉别人的生活，把你当作孩子一样照顾。

终身孩童是那些长期处于孩童心理的人，就算活到五六十岁，他们的言谈举止和思想行为等各方面都俨然一个孩子。他们一般没什么主见，依赖别人的时候多，常常还不肯承担责任，做事流于冲动，生活上需要别人照顾和呵护。在与人交往时，他们喜欢引人注意，赢得赞许。

而长期处于成人心态的人喜欢纯逻辑思维，他们做事非常理智，很少讲感情，常被人称冷血，他们在生活中极少幽默，时间被安排得满满当当，与他们相处是件非常乏味的事。

说到这儿，大家可以回忆一下自己和孩子沟通时是父母心态还是成年人心态？是不是能找到一点点为什么无法和孩子沟通的原因？

二、把握"度"的功夫

沟通态度是指我们在沟通的过程中是否耐心，是否细致，是否注意了语气、语速，是否有好的表情，是否照顾了对方的感受，是否抱着达成目的的心态等。

为什么沟通态度会影响我们的幸福感呢？

因为有句话叫"你希望别人怎么对你，你就怎么对别人"。

如果我们在沟通中，不注意语气语速、不照顾对方的感受、不耐心细致，而是把对方当成情绪发泄的对象、指责对方、抱怨生气，甚至忽略了沟通的目的，最后大家不欢而散，久而久之我们周围愿意跟我们交往、跟我们沟通的人就会越来越少，愿意照顾我们情绪的人也会越来越少，那我们的幸福感从何而来？

在沟通的过程当中态度不良，比如我们焦虑、不耐烦，或者说我们对待沟通是敷衍的，那么我们的生活也会充满了纠结、充满了郁闷、充满了无法达到目的的遗憾。这不仅影响我们跟他人的关系，更影响工作，甚至影响我们自己的健康。

改变沟通的态度，人生就充满了生机和幸福。

在《态度》这本书中，作者针对上中学的女儿打游戏，她写了这样一封信：《如何拥有抵制诱惑的定力？》

信中，作者并没有像大多数父母那样，单纯就孩子打游戏的问题责骂孩子。而是在尊重女儿的前提下，进行平等沟通。

首先，告诉女儿为什么游戏容易上瘾？因为游戏带来的快乐特别快，而且很强烈，很容易上瘾。而单纯的运动，可能需要很长时间，人体才会产生一点让人快乐的多巴胺。

其次，告诉女儿沉迷游戏的危害。大数据统计，很长时间沉迷于游戏的人，大多数比同龄人的幸福指数低，且容易丧失生活的热情以及与人相处的能力。

最终，只能依靠父母，做"啃老"族。

最后，告诉女儿摆脱诱惑的具体方法。——给自己订一个长远的目标。比如：大女儿梦华在中学时也曾打过游戏。但自从她把考上麻省理工学院作为自己的人生目标后，就彻底不打游戏了。——做有成就感、有回报的事情。比如花些时间，精心照顾家里的花草。当花盛开的时候，内心会感到收获的喜悦。或者帮助爸爸擦车赚取小费等等。当然，在信的末尾，作者也告诉我们，女儿梦馨看到书信后，就很少再玩游戏了，学习成绩也有了很大的提高。

那么你会问沟通不是语言表达吗？还可以用书信吗？其实沟通方式不仅仅指语言沟通表达。打个比方，中医给病人看病，不是"看"了，相个面，然后就开处方，解决问题。而是要做到"望、闻、问、切"。沟通不只是说说而已，先要做好倾听，感同身受，用真诚的态度，有效地传达给接受者，并让接受者可以接受，达到你表达后的最终目的。所以，不管方式是什么样的，达到我们最终的目的才是我们需要做的。

前面也讲到过，不管什么样的状况，真诚地去倾听，才能让孩子有所感受，放下戒备与你沟通，当你站在孩子角度去想，先安慰孩子，共情，认真地观察才能对情况分析得到位，同时你也会得到孩子的信任。当进行了有效的沟通，事情会很顺利地解决，并且增加双方的信任度，增进情感。

不管我们使用什么样的沟通方法，什么样的沟通技巧，唯有真诚是对方切身可以感受到的，所以，沟通的技巧就是真诚的态度。

每一次沟通都耐心细致、清晰自己的沟通目的。

我们首先确定的是沟通的目标：

不管是在进行书面还是口语的沟通，试图说服、告知、娱乐、解释信服、教育对方或达到其他的目的，背后总是有四个主要目标：

1.被接收（被听到或被读到）。

2. 被理解。

3. 被接受。

4. 使对方采取行动（改变行为或态度）。

只要没达到其中任何一个目标，沟通就失败了。沟通失败带来的挫折与不满，经常表现在"我说的话，你听不懂吗？"而孩子也会因为这句话对你恼羞成怒，你想想有没有遇到过类似的事情。

每一次沟通都注意态度、语气语速，不语言暴力。

在工作和日常生活中一定要注意什么场合使用什么语气。例如，辛苦工作了一天后，回家看见孩子在做手工，而没有在学习，于是不问三七二十一就用自己表面看到的现象去武断地判定这件事，冲着孩子大声嚷嚷："就知道玩，不知道学习，我什么时候看你，你都在玩。"等等，沟通前我们先要准确地确认信息，而不是以自己的角度去看问题，直接发表意见，不管对方是成人还是儿童都希望自己是被尊重的，然后用一种双方都可以接受的语气去沟通，在沟通中，要学会有效地倾听，有效地提问和回答，并且拥有对方愿意继续听你讲下去的理由，这样，才能顺畅沟通。

但这不是说我们就应该只听不说，如同一位作家所说的：

因为无话可说而倾听的人，无法鼓舞人心。唯一有用的倾听，是时而吸收说者的想法，时而表达自己的想法的倾听。

比如，孩子考试没有考好，你得知情况后，上来就是一句"让你好好复习、好好看书，你就是不听，你真是让我太失望了！你以后还能有什么出息？！"

孩子考差了，心情肯定也不好，这样的成绩肯定也不是他想看到的。

如果我们这样说"没考好，你心情也不好吧？一会儿吃完饭，我们一起来分析一下试卷，看主要丢分是哪个知识点，再总结一下没有考好的原因，到底是复习不到位，还是知识点不清晰"。这样的沟通，不仅教会了孩子分析总结的

能力，还很好地维系了亲子关系。

每一次沟通都注重自己的形象、自己的表情和措辞。

比如，这个季度业绩很差，季度总结会，我们这样发言"这个季度的业绩大家也看到了啊，这么差，都去喝西北风吧！真不知道你们是怎么做业绩的，能做就做，不能做就给我滚蛋！"试想一下，总结会用这样的开场白，会议的气氛会怎么样？我们又怎么能够清楚业绩差的真正原因是什么？

如果我们换个方式说"这个季度的业绩，大家都知道了，我知道大家都不开心，我也高兴不起来。当然我这个管理者要负很大的责任，我们大家也要仔细总结一下什么原因，是产品质量，还是我们的技巧或是我们的拜访量等，究竟是哪一个环节出了问题"，这样的总结会，才能达到一定的目的。

所以，沟通的态度决定了我们的幸福感。

有了沟通态度，但在原则问题上，家长要有权威性，坚持该坚持的原则，从小建立孩子的对错观，懂得遵守一定的规矩。在非原则问题上家长要尊重孩子的想法，给出一定的自由空间让孩子自主选择。这样才能让亲子关系愈加和谐，而且减少孩子的叛逆。我们可以从以下几个方面把握度：

1. 情绪要有度

其实孩子就如同一面镜子，爸爸妈妈在孩子面前展现的是什么样的自我，这面镜子里出现的就是什么样的形象。所以说看到一个人的性格、气质和行为方式，多少可以推断他或许成长在一个什么样的家庭里边，咱们说孩子的青春期特别重要，这个阶段父母自己的心情管理也同等重要。

2. 纵容要有度

有的父母觉得应该给孩子自主的时机，凡事都要尊重孩子的主意。在遇到问题的时候不能责怪孩子，应该要用爱容纳孩子。出发点没错，可是过度纵容孩子的情绪会导致孩子缺少对错观，没有准则性。在对待孩子的问题上，要是孩子犯错没有据守准则教育孩子，而是一次次打破该据守的准则，就会被孩子一次次挑战，到了最后孩子会成为一个没有对错观，没有良好的行为习惯的人。作为一个优秀的父母应该要能掌握好两者之间的度，对待孩子要根据实际情况来决定自己是该放松还是警惕。只有拿捏好这个度才能让孩子在成长过程中得到更好的指导，长成父母期望看到的样子。

3. 相处方式要有度

如同朋友之间的交流，把青春期的孩子当成是自己的朋友。尽早敞开朋友模式，把青春期孩子放在自己朋友的位置，进行畅所欲言的聊天，那么孩子会将心里的主意如实道来，亲子关系会愈加和谐。

4. 夸奖有度

在孩子成长的过程中，需要赞美和表扬，这样也有助于增强孩子的自信心。但夸奖也要有一个度，在保证孩子增强自信心的时候，不让孩子过于骄傲。一个孩子若总是在夸奖中长大，她可能就会变得无比自满和骄傲，可能变得目中无人，更有可能经受不起挫折，从小没有经历过失败，那一次小小的失败都有可能将其击垮，这不利于提高孩子的抗挫折能力。适度的夸奖，有助于孩子提升和进步，使孩子下一次的努力更有动力。

5. 批评有度

人非圣贤孰能无过，孩子在成长的过程中也会犯错误，作为父母，我们的目的不仅仅是指出孩子的错误，而是让孩子犯了一次错以后，下次避免在同一个地方出现问题。适当的批评，让孩子能够重新振作起来，找到正确的努力方向。我们要做的是一定要帮助孩子分析问题。千万不能一味地批评。

6. 管教有度

对孩子的管教要有度，不要事事都管，适当的时候要学会放手，孩子长大了，他总要知道自己应该担负什么样的责任。我们很多家长，孩子都已经上高中、大学了，还管着孩子的吃穿，连衣服都还帮着洗，还把自己的孩子当小朋友对待，这是不太建议的。

7. 把握分享的态度

分享就是分享的双方拉近距离的过程，是两颗心拉近距离的过程。因此一定要态度诚恳，父母不能因为分享的对象是孩子，然后就失去了真诚地剖析自己。要知道正因为对象是天真的孩子，父母才更要实事求是地认真地剖析自己，因为孩子天真的眼睛是容不得一点沙子的，如果在分享的过程当中，有一些错误的信息传递给孩子，就会对孩子的未来产生影响，会不利于孩子的成长，这是作为父母一定要注意的。

我们应该消除"青春叛逆"的思维模式，以平等的心态尊重孩子的人格和自由。父母眼里的所谓的"叛逆"，只是建立在"以父母和老师为中心"的理念上建立起来的一种"一厢情愿"的判断。一旦建立了这样的意识观念，父母就自然会以为"自己是正确的"，进而觉得"既然我是正确的，那么孩子就应该听话"，然后就给孩子的行为规范和未来目标做好了一系列的规划，只要求孩子照做就行了。所谓的"叛逆"，有时是孩子为了寻求更多的关注抑或是为了表达自己的思想以证实自己的存在。

父母是孩子人生中第一位启蒙老师。世界观、人生观和价值观的养成首先是从认识和模仿父母开始的，父母的人格、态度、情绪、动机、言谈举止、行为习惯、生活方式、道德修养、文化素质等都对孩子的成长与人格的塑造有很大的影响。

第三节　实用情绪控制术

前面我们了解用良好的态度，和孩子进行平等沟通，那么和孩子在沟通的时候还有一个关键因素，就是我们的情绪控制，接着我们就来学习一下有关情绪控制的方法。

首先，我们来回忆一下，一天中什么时机是不适合谈话的呢？生理规律告诉我们，下午5—7点是生理活动最低点，迫切需要补充营养，恢复体力。所以，孩子放学回家刚放下书包时是不宜谈严肃的话题的，因为一天下来的疲劳使人难以集中注意力，也不好控制自己的情绪。父母也是一样的，当我们感觉到疲劳的时候，不应该进行谈话。

一、情绪在沟通中的重要性

在日常沟通中，说话者情绪直接影响到了沟通的效果。

有研究表明：沟通中视觉占55%，声音占38%，语言仅占7%。情绪的表现，往往是通过视觉和声音感受到的。要想达到好的沟通效果，一个正向的情绪是重中之重。如果是一个愤怒的情绪，那么在听者角度，沟通的内容已经不重要，他们是一个防御的姿态，防止这个愤怒的情绪伤害到他。

我们在和孩子沟通的时候，如果很难控制住自己的情绪，或者是在沟通中不知不觉地把自己的坏情绪传染给了孩子。那么在和孩子沟通时，就产生了不该产生的坏情绪影响。所以，为什么有些父母说跟孩子说啥他也不听。这事不妨想一想，你在与孩子沟通的时候情绪对吗？其实，人都有自己的各种情绪，父母也不例外。上有老下有小，中间还有要养家糊口的工作，父母不可避免地有各种的压力。但由此而引起的不良情绪，父母要特别注意。因为孩子对父母是仰视的视角，他们每天都在观察我们的行为，感受我们的情绪，同时也在学习我们处理情绪的方法，作为父母，我们要通过学习各种方式来有效消化我们的情绪。

二、情绪控制方法

先来看一下情绪产生的原因有哪些？声音、概念、触觉、视觉、听觉、嗅觉、体感，都会影响到我们情绪的产生。我们所处的环境是客观的，不会产生任何情绪。因此良好地面对环境的心态会促进良好情绪的产生。我们来说说面对产生情绪的因素，我们如何处理。

1. 说话的声音、节奏、语气语调

很多时候，孩子并不是不喜欢我们说的内容，而且因为我们说话的腔调，他一听到就开启了自动屏蔽功能。孩子一屏蔽，他就听不到我们说的话，他听不到我们说的话，我们的脾气就上来了。

那么解决这个问题有什么好的方法呢？那就是录音。你可以让爱人在你与孩子争吵，或者发脾气的时候，帮你录下来，然后在某个大家心情都好的时候再播放。这样，争吵的两人就能感受到当时说话的语气语调是什么样的，从而在以后沟通中避免这样的语气。

管理情绪或叫合理地化解情绪的招数，第一步就是改变我们的语气、语调。在快要发脾气的时候，我们吸气，脚趾抓地，我们的语气语调就会彻底发生改变。所以深吸气，停住，那还吐不吐呢？如果你能够憋到一直不吐气，那你已经是神仙了。所以能憋多久就憋多久。我们发脾气的时候，是不是已经憋得慌，有些人气得不得了，憋得慌，发出来，你就可以感觉到憋气是一种状态，憋气可以让大脑死机。还有一个办法，尽量用鼻子吸气，吸到肚子里最好，然后可能的话头朝天，效果更好，大脑缺血，对不对？所以，情绪突然来了咋办？深吸一口气，转个头或者深吸一口气，捡个东西都是可以的。

2. 概念 / 词

这个指的是某些特定的字词或者称呼。比如有的人听到他的父母说：你怎么这么笨！立马就爆发了，那么他就是对笨这个词特别敏感。父母就应当在沟通的时候尽量避免使用这样的词语。

3. 身体的感觉

身体体觉改变。就是你去到一个环境里，身体的感觉就要改变。如果我们的情绪不好，胸口堵的话，会怎么样？捶胸顿足。改变体觉，我们第一招，吸气，停住，抬头朝天，也改变体觉。同时鼻子也没办法吸气了，也是有用的。

或者，在身体行为上，暂时离开孩子一分钟，离开当时的环境。父母在面对孩子所造成的一片混乱时，怒火往往一下子被引燃，从而立即产生打骂等不适当的教育方法。这时，暂时离开是缓解情绪的有效方法。孩子产生不良行为的情境也是引发父母情绪产生的来源之一，而离开这种刺激情绪的情境，会降低父母的愤怒，并可以脱离情绪，去思考更多方面的问题。因此，父母在愤怒时，应暂时离开孩子一分钟，去冷静一下，放松自己的情绪，想一想解决问题的有效办法。这样，当父母再回到孩子身边时，会采用更为理智的方法解决问题。

再有一个方式，我们可以掐着食指的根部，这里有一个控制情绪的穴位，另外我们的手臂内侧，四横指的地方也有一个穴位，也可以压迫一下。它们都可以化解情绪。

改变体觉，再一种就是弯腰用手去摸大腿的外侧缘，从上往下摸下去。经常这样做能让自己的情绪缓和。

情绪已经很激动了，反反复复地出现负面的情绪，我们还可以用的方式就是跳。因为我们在跳的时候，身体是一个放松的状态。平常如果我们没法跳，那就可以脚底发力抖。抖，你的身体就舒服，身体都有一个最大的好处，就像你拿一个背包，背包那个绳子是缠着的，一抖一抖，那个绳子就松掉了。我们紧张、情绪激动的时候，相当于我们背包里的那两个背带扭在一起，像我们买的麻花一样。你拧着上面，让自己身体抖，使劲儿抖一抖，慢慢松开，包带就松开了。

这些方法都是在改变我们的体觉，效果特别好。但是这些方法都需要经常练习。

4.嗅觉/味觉

如果是嗅觉和味觉产生的，那怎么办呢？大家肯定都有吃芥末的感受，如果没有吃过的可以尝试一下，芥末吃下去以后就会很难受，有些时候冲鼻子，眼泪哗就出来了，特别难受，怎么样立刻停止这种感觉？其实拿一个白酒一闻就好了。大家发现没有？嗅觉用嗅觉去覆盖。所以某一个嗅觉让你产生情绪，那你就用另外一个嗅觉去覆盖。比如，孩子的臭袜子堆成山了，太臭了，妈妈要发脾气了。那我们可不可以赶紧给妈妈喷个香水闻一下。闻到香味，情绪就会缓和很多。情绪来了，喷一下。也许以后会有人发明一个化解情绪的香水。对方有情绪了，我们拿个香水喷一下对方，情绪就好了。

那么味道方面怎么改变呢？喝一个自己很想喝的东西。让自己情绪舒缓和心情愉悦的一种方式，就是泡一壶茶，坐在那里喝口茶。想看书就随便翻一下，不想看书，就做个样子摆本书，就觉得很有情调，就舒服了。

还有的人喜欢嗑瓜子，或者吃干果，就发现这越吃越胖、越吃越肥。为什么吃东西可以缓解情绪？喜欢吃香的东西，就是在味觉上改变。还有，这其中有一个处理情绪非常厉害的事情。嗑瓜子有一个最大的特点，如果你把它放在手上剥，剥完以后，你吃那个瓜子仁，没什么意思，一点都没有感觉了，瓜子一定是要放在牙齿上咔嚓一下，就这个声音，听到就会很舒服。

所以，有情绪的人，很容易情绪化的人，不妨兜里装一些干果或者瓜子，尝一个可以缓解情绪。这是我们的第四招，处理嗅觉和味觉。

5. 视觉

视觉怎么改变？

其实非常简单，你换个画面就可以了。我们在处理视觉的时候，经常是你看到的这张图，你不能说这张图的东西，你看到的那个画面，你不能说那个画面的东西。比如，你看到一个商场，你不能说商场，你说什么呢？你说一个跟这个一点不搭调的东西。你说书，你说音乐，你看，你把一个你有的概念彻底地颠覆掉、换掉。你看到商场，你说书，是不是会感觉有点莫名其妙？对，就是要莫名其妙，视觉才改变。再比如，地震的时候，为什么有很多的人没有去过地震灾区，但他的心里却非常难受？这就是因为，天天在电视里看受灾的画面和产生的灾民，看到的太多了，视觉受到了冲击，就产生了心理感受。

假设我们站在房间里，和孩子谈话时，产生情绪了，那请你不要看孩子，你立马换一个画面，看另外一个画面，你可能马上没有情绪了，这叫画面覆盖法。所以当你产生画面情绪时，比如，你看不惯那个人，看不惯那个人做的事，看不惯那个现象，赶紧去看另外一个人。大家想一想，为什么大家都喜欢看帅哥、靓女？为什么大家都喜欢看风景美丽的地方呢？为什么大家都喜欢看旷野和大海。改变视觉，改变视觉同时能够有心胸展开的感觉是最好的。

6. 触觉

这个方法，是你自己一个人，疗愈自己的时候用的方式。有些人喜欢玩佛珠，有些人喜欢玩核桃，有些人喜欢摸毛茸茸的东西，其实都是改变触觉，感受就不一样。这些方法，能让自己平常的情绪稳定，心情非常舒适，这个就叫作平常的一种美好的心境状态。

我们还有一招就是听音乐，气势磅礴的音乐。这个说的是，我们一听这首歌，这个音乐，心胸有一种展开的感觉，比如《我爱你中国》。当听到这首歌的时候，你会有这样的感觉，心胸打开了，听完之后就会觉得心里很舒服。

听这种音乐，就像站成一个高山上，往下望。只要听这样的音乐，你就可以获得，刚才所说的所有的体验和感觉。所以音乐是非常厉害的，但我们要很小心听的音乐。因为我们眼睛不想看，可以闭着，但是耳朵是关不了的。听积极的、正向的、大格局的音乐，是处理和调整情绪非常好的方法。

到这里，总结一下，当你察觉到情绪快要抑制不住时，马上去卫生间，洗洗手，照照镜子，水流的声音有助于人的冷静，镜子里的自己，也能让你知道控制不住情绪的样子有多难看。冲着镜子做出几个鼓励性的动作，它也会传递进你的内心，让你重新鼓足勇气，恢复理性。在家里设立一个冷静角，可以放娃娃、笔、本，去冷静角待会儿。管理情绪，合理地运用情绪，可以通过吸气缓解情绪，改变说话的语调和腔调，有助于促进与孩子正向交流。还可以从嗅觉、味觉、体觉、视觉、触觉各方面寻找缓解自己情绪的方法。听一些积极的音乐，闻一闻花香，吃一点美味的东西，去一个舒适的场地，采取一些运动，改变接触的视觉画面和触觉……

了解和控制自己的情绪、了解他人情绪的能力，被脑科学家称为社会情绪能力。社会情绪能力比智力还重要，父母也要允许孩子表达情绪，不要过度压抑，尤其男孩的父母，不要用"男儿有泪不轻弹"的说法过度压抑孩子的情绪。情绪不是洪水猛兽，孩子有自己的情绪表达方式。父母要鼓励孩子表达情绪，同时学会控制情绪。

很多父母非常关注孩子的学习成绩，发脾气大多因为孩子的考试分数不理想，没有意识到自己是在给孩子做社会情绪能力的示范。父母多用"我"的字句跟孩子沟通，不要老说"你"的字句。因为"你"的字句常常是伪装的指责，指向对方的行为个性，容易陷入指责和评判中，让对方感觉很不好。说话以"你"开头，也不容易让孩子理解父母的感受。当我们和孩子说什么事情都用"我"开头，说话过程中不评判对方，学会表达自己的心声，也学会倾听对方的感受。慢慢地，孩子就跟你学会了适度表达情绪。

而且请记住，禁止用攻击性的语言或行为表达情绪。

现在很多家庭都是三代同堂，或祖辈参与孙辈的教养，教育理念的差异导致家庭矛盾叠加。长时间的忍耐、妥协、退让实际上是情绪的压抑，不良情绪长久累积最终导致的是：不在沉默中爆发，就在沉默中变态。

很多时候父母对孩子发火并非孩子的缘故，孩子是无辜的。父母要学习理解自己和他人的情绪，要经常反思，做坏情绪终止者。当孩子的想法跟自己不一致时，父母的心智要"更新迭代"，改变自己，不强行要求孩子改变，而是更多地接纳，与孩子共情。父母不要把工作中的坏情绪带回家，进门前可以先整理一下自己的情绪。

每个家庭成员都可以自由表达情绪，只要对自己无害、对他人无害，就是一种适合的方式。每个人适合的情绪宣泄方式不一样，不带攻击性是表达情绪的底线。

有时候确实控制不了自己的情绪，发了脾气怎么办？

1. 和孩子坦诚道歉

承认自己的冲动，为说过伤害孩子的话和做过过激行为的事道歉，降低孩子内心的恐惧和误会。

2. 与孩子分享你的感觉

告诉孩子他这么做给你造成的困扰和怒火，让孩子理解并明白自己的不当行为。

3. 共同寻找解决问题的方法

道歉与共情都是在为寻找解决问题做铺垫，遣散孩子心里的误会后，和他们共同讨论不当行为如何改正，不当情绪如何发泄。修复关系的另一面，是帮助孩子理智对待自己的情绪和行为。

是人，就会产生各种各样的情绪，这些情绪一旦产生，你能够化解掉，那说明你的心理是健康的。大家用这样的方式去体验情绪，去体验我们自己的状态、情绪和家人的状态、情绪和你身边人的状态、情绪，其实是一种幸福的体验过程。我们需要正视我们的情绪，情绪是支持我们内心的。一个人，真正的要让自己的格局打开，必须去品尝情绪、品读情绪，用情绪去了解自己，懂得自己、认识自己，这是最好的一个方法。